Harry Zingel

Bilanzanalyse nach HGB

200 Jahre Wiley – Wissen für Generationen

Jede Generation hat besondere Bedürfnisse und Ziele. Als Charles Wiley 1807 eine kleine Druckerei in Manhattan gründete, hatte seine Generation Aufbruchsmöglichkeiten wie keine zuvor. Wiley half, die neue amerikanische Literatur zu etablieren. Etwa ein halbes Jahrhundert später, während der »zweiten industriellen Revolution« in den Vereinigten Staaten, konzentrierte sich die nächste Generation auf den Aufbau dieser industriellen Zukunft. Wiley bot die notwendigen Fachinformationen für Techniker, Ingenieure und Wissenschaftler. Das ganze 20. Jahrhundert wurde durch die Internationalisierung vieler Beziehungen geprägt – auch Wiley verstärkte seine verlegerischen Aktivitäten und schuf ein internationales Netzwerk, um den Austausch von Ideen, Informationen und Wissen rund um den Globus zu unterstützen.

Wiley begleitete während der vergangenen 200 Jahre jede Generation auf ihrer Reise und fördert heute den weltweit vernetzten Informationsfluss, damit auch die Ansprüche unserer global wirkenden Generation erfüllt werden und sie ihr Ziel erreicht. Immer rascher verändert sich unsere Welt, und es entstehen neue Technologien, die unser Leben und Lernen zum Teil tiefgreifend verändern. Beständig nimmt Wiley diese Herausforderungen an und stellt für Sie das notwendige Wissen bereit, das Sie neue Welten, neue Möglichkeiten und neue Gelegenheiten erschließen lässt.

Generationen kommen und gehen: Aber Sie können sich darauf verlassen, dass Wiley Sie als beständiger und zuverlässiger Partner mit dem notwendigen Wissen versorgt.

William J. Pesce
President and Chief Executive Officer

Peter Booth Wiley
Chairman of the Board

Harry Zingel

Bilanzanalyse nach HGB

WILEY-VCH Verlag GmbH & Co. KGaA

1. Auflage 2007

Bibliografische Information der Deutschen Nationalbibliothek
Die Deutsche Nationalbibliothek verzeichnet diese Publikation in der Deutschen Nationalbibliografie; detaillierte bibliografische Daten sind im Internet über http://dnb.d-nb.de abrufbar.

Printed in the Federal Republic of Germany

Gedruckt auf säurefreiem Papier.

Druck: Strauss GmbH, Mörlenbach
Bindung: Litges & Dopf Buchbinderei GmbH, Heppenheim

ISBN: 978-3-527-50251-6

Inhaltsübersicht

Inhaltsverzeichnis

1.
Einführung

1.1. Warum noch Handelsrecht?

Obwohl schon 1998 durch den damaligen § 292a HGB (jetzt außer Kraft) Konzernmuttergesellschaften mit Sitz in Deutschland die Anwendung der damaligen *International Accounting Standards* (IAS) gestattet wurde, und seit 2005 alle »kapitalmarktnahen« Unternehmen nach Artikel 4 der Verordnung (EG) Nr. 1606/2002 des Europäischen Parlaments und des Rates vom 19. Juli 2002 betreffend die Anwendung internationaler Rechnungslegungsstandards (ABl. EG Nr. L 243 S. 1) die *International Financial Reporting Standards* (IFRS) anwenden müssen, ist der Kreis der HGB-Nutzer noch immer groß – und wird es voraussichtlich auch noch auf absehbare Zeit bleiben. Denn während man nach der Osterweiterung der EU am 1. Mai 2005 in manchem mittel- und osteuropäischen Beitrittsstaat die bisherigen handelsrechtlichen Rechnungslegungsvorschriften einfach ersatzlos zugunsten der internationalen Rechnungslegung abgeschafft hat, hat der deutsche Gesetzgeber sogar das handelsrechtliche Konzernrechnungswesen unangetastet gelassen – und das Handelsgesetzbuch durch eine Reihe von Reformen insbesondere im Zusammenhang mit der Offenlegung der Jahresabschlüsse »internationalisiert«. Insbesondere das Bilanzrechtsreformgesetz (BilReG) aus dem Jahre 2005 ist in diesem Zusammenhang zu nennen. Es ist also offensichtlich, daß noch auf absehbare Zeit Bedarf für das Handelsrecht bestehen wird, jedenfalls bei deutschen Unternehmen. Deutschland aber ist die größte Volkswirtschaft innerhalb der Europäischen Union.

1.2. An wen sich dieses Buch richtet

Der Autor ist seit vielen Jahren Mitglied in zahlreichen Prüfungsausschüssen, unter anderem an einer Berufsakademie für das duale BA-Studium der Betriebswirtschaft und an einer Industrie- und Handelskammer für die Lehrgänge »Bilanzbuchhalter«, »Bilanzbuchhalter International«, »Geprüfter Betriebswirt/IHK« und »Geprüfter Technischer Betriebswirt«. Auch wenn die Inhalte der Prüfungen selbstverständlich insgesamt der Amtsverschwiegenheit unterliegen, können die in solchen

Prüfungen verwendeten *Konzepte* doch präsentiert werden. Das Buch richtet sich also an Lernende und Lehrende gleichermaßen, denn es zeigt, welche Anforderungen in Prüfungen so gestellt werden können, und auch, wie man diesen gerecht wird.

Zugleich will dieses Buch ein kleines und übersichtliches *Nachschlagewerk* sein. Es richtet sich damit an alle Praktiker und Bilanzanalysten, die die den einzelnen Auswertungsverfahren zugrundeliegenden Mechanismen nicht nur schematisch anwenden, sondern auch vertieft verstehen wollen. Es enthält daher eine Vielzahl von Beispielen, in denen die Feinheiten wie auch die Fallen der handelsrechtlichen Jahresabschlußanalyse dargestellt werden.

Nicht gedacht ist es als Leitfaden für die Jahresabschlußerstellung, denn hier geht es nicht um die Aufstellung eines Abschlusses, sondern »nur« um dessen Interpretation.

1.3. Wie dieses Buch benutzt werden will

Dieses Buch ist mehr als eine Formelsammlung: es ist ein *kommentiertes Nachschlagewerk*. Es listet nicht nur mathematische Verfahren und numerische Techniken auf, sondern will dem Nutzer einen Überblick über die zugrundeliegenden Rechtsvorschriften und die darauf basierenden Anwendungen von Auswertungstechniken geben. Das ist besonders im handelsrechtlichen Kontext bedeutsam, enthält das HGB doch eine Zahl von Besonderheiten insbesondere im Zusammenhang mit der so wichtigen kaufmännischen Vorsicht, die eine unkritische Herangehensweise geradezu verbieten: durch die kaufmännische Vorsicht werden Aktiva nämlich häufig unterbewertet und Passiva überschätzt. Das führt zu erheblichen stillen Reserven, die in die Jahresabschlußanalyse einbezogen ein ganz anderes Bild der Unternehmenslage vermitteln können. So werden z.B. aufgrund des Verbots der Aktivierung unentgeltlich erworbener immaterieller Vermögensgegenstände des Anlagevermögens (§ 248 Abs. 2 HGB) insbesondere virtuelle Güter praktisch aus der Bewertung ausgeschlossen, denn der damalige Reichsgesetzgeber, der das HGB in seiner Urfassung am 10. Mai 1897 ins Reichsgesetzblatt schrieb (RGBl. 1897, S. 219), konnte von Software und Markenbewertung noch nichts ahnen. Solche historischen Altlasten aber sollten vor der Anwendung von Kennzahlen- und Ratingmethoden durch eine entsprechende Umbewertung der Bilanzposten und Einbeziehung nicht bilanzierungsfähiger, aber gleichwohl werthaltiger Positionen in die Jahresabschlußanalyse berücksichtigt werden. Aus diesem Grund werden zunächst die zugrundeliegenden Rechtsvorschriften dargestellt und im Anschluß wird an vielen Beispielen die Anwendung von Standardtechniken gerade für den handelsrechtlichen Kontext demonstriert. Auch wenn viele Verfahren wie beispielsweise die horizontalen und die vertikalen Kennziffern universell gültig sind, so werden sie in diesem Buch doch in einer speziell handelsrechtlichen Variante dargestellt, die nicht ohne weiteres beispielsweise auf das internationale Rechnungswesen oder etwa US-GAAP übertragbar ist.

Ein weiteres Problem ist der Maßgeblichkeitsgrundsatz. Nach § 254 Satz 1 HGB können steuerliche Abschreibungen auch in der Handelsbilanz angesetzt werden; umgekehrt sind steuerrechtliche Wahlrechte bei der Gewinnermittlung in Übereinstimmung mit der handelsrechtlichen Jahresbilanz auszuüben (§ 5 Abs. 1 Satz 2 EStG). Diese enge Verzahnung der steuer- und der handelsrechtlichen Rechnungslegung, die gleichwohl im Laufe der Jahre durch die vielen Steuerreformen zahlreiche Durchbrechungen und Ausnahmen erfahren hat, macht die Auswertung eines handelsrechtlichen Abschlusses ungleich schwieriger, denn während das Handelsrecht zwar noch ein den tatsächlichen Verhältnissen entsprechendes Bild vermitteln will (§ 238 Abs. 1 Satz 2 HGB), zielt das Steuerrecht jenseits aller Rechtssystematisierungen eher auf staatliche Einnahmeerzielung. Steuer- und Handelsbilanz widersprechen einander also vielfach (z.B. Pflichten und Gebote zur Teilwertabschreibung in § 253 Abs. 2 und 3 HGB bei gleichzeitigem Verbot eben dieser Teilwertabschreibung in § 6 Abs. 1 Nr. 1 und 2 EStG).

Das Buch vermittelt daher erst die zugrundeliegenden Rechtsvorschriften und kommt erst dann zu den einzelnen Auswertungsmethoden. Auch wenn Formeln nachgeschlagen werden können, sollte der Leser doch die Kapitel über die zugrundeliegenden Ansatz- und Bewertungsvorschriften berücksichtigen, weil sie für die Anwendung der konkreten Verfahren in aller Regel bedeutsam sind.

1.4. Formale Hinweise

Eine Erläuterung aller verwendeten Symbole finden Sie im Anhang. Auf Symbolerläuterungen unmittelbar an den Formeln wird daher verzichtet.

In allen Zahlenbeispielen, die die Umsatzsteuer voraussetzen, wird ein Umsatzsteuersatz von 19% angewandt. Dies entspricht dem Sachstand ab 2007.

In Formeln, die die Prozentrechnung voraussetzen, wird 100% als 1 dargestellt, weil dies auch in sämtlichen Tabellenkalkulationsprogrammen gebräuchlich ist. Es ist sinnvoll, sich von Anfang an eine dem üblichen Arbeitswerkzeug angemessene Arbeitsweise anzueignen. Also: Auf eine Zahl 10 % aufzuschlagen, wird nicht als

$$\frac{X \times 110}{100}$$

dargestellt, sondern einfach als

$$X \times 1{,}1 \hspace{6cm} \text{F 1.2}$$

Die 110 und die 100 werden also *gekürzt*. Soll der Prozentanteil einer Größe (A) von einer anderen Größe (B) berechnet werden, so wird die Berechnung ebenfalls ohne die »100« dargestellt, also nicht als

$$Anteil = \frac{A \times 100}{B} \hspace{5cm} \text{F 1.3}$$

sondern einfach als

$$Anteil = \frac{A}{B} \hspace{5.5cm} \text{F 1.4}$$

Dies entspricht ebenfalls der Eingabe in einem Tabellenkalkulationsprogramm, wo die virtuelle Multiplikation mit »100« durch die Formatierung und nicht durch die Formel selbst erreicht wird.

2.
Grundlegende
Jahresabschluß-Regelungen

2.1. Rechtsquellen

Grundsätzlich kann man auch im Bereich des Jahresabschlusses drei wesentliche Rechtsquellen unterscheiden:

1. Schriftlich fixiertes (kodifiziertes) Recht in Gestalt von Gesetzen, Verordnungen, Richtlinien, Erlassen und BMF-Schreiben,
2. Rechtsprechung der Gerichte und
3. Gewohnheitsrecht.

Diese Rechtsquellen kann man nach verschiedenen Kriterien differenzieren. Hier interessieren uns nur das Steuer- und Handelsrecht.

2.1.1. Steuer- und Handelsrecht

Zum kodifizierten Recht gehören im wesentlichen das Handels- und Steuerrecht, die zwei konkurrierende Rechtsbereiche bilden, weil die gleichen Phänomene wie Abschreibung oder Umlaufvermögensbewertung oft widersprüchlich geregelt werden. Grundlegend sind im Bereich des Handelsrechts das Handelsgesetzbuch (HGB) und im Bereich des Steuerrechts die Abgabenordnung (AO). Hinzu kommen eine Vielzahl speziellerer Gesetze, die im Handelsrecht die einzelnen Rechtsformen oder Branchen, im Steuerrecht aber die einzelnen Steuerarten betreffen:

- Handelsrechtliche Regelwerke wären beispielsweise das GmbH-Gesetz, das Genossenschaftsgesetz (GenG), das Publizitätsgesetz (PublG), das Aktiengesetz (AktG) oder auch das Versicherungsaufsichtsgesetz (VAG) und das Kreditwesengesetz (KWG);
- steuerrechtliche Rechtsvorschriften sind zum Beispiel das Einkommensteuergesetz (EStG) für natürliche Personen, das Körperschaftsteuergesetz (KStG) für juristische Personen, das Umsatzsteuergesetz (UStG), das Gewerbesteuergesetz (GewStG), das Bewertungsgesetz (BewG) und eine Vielzahl weiterer Einzelsteuergesetze.

Die Rechtsprechung ist insbesondere im Steuerrecht bedeutsam, wo eine Vielzahl komplexer und oft schwer verständlicher Regelungen genügend Angriffsfläche für gerichtliche Auseinandersetzungen bieten.

Rechtsprechung, kaufmännische Übung, Literatur und insbesondere die steuerlichen Regelungen auf der Ebene der Richtlinien und Erlasse haben im Laufe der Zeit ein mehr oder weniger scharf umrissenes Regelwerk der *Grundsätze der Ordnungsgemäßen Buchführung* (GoB) entwickelt, das nur teilweise (z.B. in den §§ 238 ff. HGB und in § 252 HGB) gesetzlich kodifiziert ist.

Das Gewohnheitsrecht spielt im Bereich des deutschen Handelsrechts eine viel geringere Rolle als es beispielsweise im internationalen Kontext der Fall ist. Dennoch bestehen aber gewohnheitsrechtliche Regelungen, auf die sich das HGB auch eindeutig beruft: Nach § 238 Abs. 1 Satz 2 HGB muß die Buchführung beispielsweise so beschaffen sein, daß sie einem »sachverständigen Dritten« innerhalb angemessener Zeit einen Überblick über die Geschäftsvorfälle und über die Lage des Unternehmens vermitteln kann. Es wird aber nirgendwo geregelt, was dieser »Sachverstand« im Einzelfall sei. Das HGB verpflichtet den Kaufmann also auf »Üblichkeit«. Hierzu zählt beispielsweise das Buchen in der Form »Soll AN Haben«, das nirgendwo gesetzlich kodifiziert ist.

2.1.2. Übersicht über die Regelungen des HGB

Anders als beispielsweise das internationale Rechnungswesen enthält das HGB spezielle Vorschriften für bestimmte Rechtsformen, Größenklassen und Branchen.

2.1.2.1. Allgemeine Gliederung

Die handelsrechtlichen Vorschriften für den Jahresabschluß befinden sich von wenigen Ausnahmen abgesehen im 3. Buch des HGB in den §§ 238 ff. und gliedern sich in folgende Teile:

1. §§ 238–263   Grundlegende Vorschriften für alle Kaufleute
2. §§ 264–335b   Zusätzliche Vorschriften für Kapitalgesellschaften
3. §§ 336–339   Zusätzliche Vorschriften für eingetragene Genossenschaften
4. §§ 340–341p   Zusätzliche Regeln für Unternehmen bestimmter Geschäftszweige, insbesondere für Kreditinstitute, Finanzdienstleister und Versicherungen
5. §§ 342, 342a   Privates Rechnungslegungsgremium, Rechnungslegungsbeirat
6. §§ 342b–342e   Prüfstelle für Rechnungslegung.

Die für die Buchführung und ihre Auswertung wichtigsten Vorschriften finden sich in den §§ 238-263 sowie in den §§ 264-335b HGB. Die weiteren Regelungen werden mangels Relevanz für das Thema des Buches nur soweit als nötig behandelt.

2.1.2.2. Rechtsformenspezifische Regelungen

Rechtsformenspezifische Vorschriften finden sich u.a. im Handelsgesetzbuch auch außerhalb des 3. Buches in den gesellschaftsrechtlichen Regelungen für die offene Handelsgesellschaft und die Kommanditgesellschaft, ferner für die Aktiengesellschaft im Aktiengesetz sowie für die GmbH im GmbHG. Weiterhin sind zu beachten das Publizitätsgesetz und für die Genossenschaft, speziell die Genossenschaftsprüfung, das Genossenschaftsgesetz.

Beispiel: Die Vorschriften zur Gewinnverteilung bei der offenen Handelsgesellschaft (oHG) befinden sich in § 121 HGB, und das Aktiengesetz (AktG) enthält eine Vielzahl von Gewinnverwendungsregeln für die AG.

Allgemein kann man sagen, daß für Kapitalgesellschaften wesentlich detailliertere und spezifischere Regelungen gelten als für Personengesellschaften. Dies kann insbesondere mit dem viel größeren volkswirtschaftlichen Risiko begründet werden, das in Kapitalgesellschaften präsent ist, insbesondere bei Insolvenz.

Beispiel: Jeder buchführungspflichtige Kaufmann ist verpflichtet, einen handelsrechtlichen Jahresabschluß aufzustellen (§ 242 Abs. 1 HGB). Dieser hat nach § 246 Abs. 1 Satz 1 HGB sämtliche Vermögensgegenstände, Schulden, Rechnungsabgrenzungen, Aufwendungen und Erträge zu enthalten. In der Bilanz müssen das Anlage- und das Umlaufvermögen, das Eigenkapital und die Rechnungsabgrenzungen gesondert ausgewiesen und »hinreichend aufgegliedert« werden (§ 247 Abs. 1 HGB). Wie weit diese »hinreichende Aufgliederung« geht, ist nirgendwo geregelt.

Eine Kapitalgesellschaft hingegen ist hinsichtlich der Inhalte der Bilanz an das Gliederungsschema des § 266 Abs. 2 und 3 HGB gebunden. Während der Personengesellschaft also vergleichsweise weitreichende Freiheiten in Art und Inhalt der Bilanz gewährt werden, ist die Kapitalgesellschaft an detaillierte Vorschriften gebunden.

2.1.2.3. Größenspezifische Vorschriften

Viele Regelungen für Kapitalgesellschaften sind von der Größe der jeweiligen Gesellschaft abhängig. Je größer die Gesellschaft, desto weitreichender und detaillierter sind die anwendbaren Vorschriften. Das grundlegende Maß befindet sich in § 267 HGB. Diese Regelung differenziert drei Größenklassen aufgrund von je zwei Schwellenwerten für vier Merkmale:

	Untergrenze	Obergrenze	
Bilanzsum.:	4.015.000 Euro	16.060.000 Euro	
Umsätze:	8.030.000 Euro	32.120.000 Euro	
Mitarbeiter:	50 Personen	250 Personen	
Größen- klasse	Kleine Gesellschaft	Mittelgroße Gesellschaft	Große Gesellschaft

Abbildung 2.1: Die drei Größenklassen der Kapitalgesellschaften nach § 267 HGB

Große Kapitalgesellschaften sind nur solche, die zwei der drei vorstehenden Merkmale der oberen Grenzwerte überschreiten, oder deren Anteilsscheine an einem geregelten Markt gehandelt werden (§ 267 Abs. 2 Satz 1 und 2 HGB).

Beispiel: Eine Aktiengesellschaft habe 12 Mio. Euro Bilanzsumme, 40 Mio. Euro Umsatzerlöse und 220 Mitarbeiter. Sie gilt daher als mittelgroße Kapitalgesellschaft. Werden mehr Mitarbeiter eingestellt, also beispielsweise 260 Personen beschäftigt, so gilt die Gesellschaft als große Kapitalgesellschaft. Geht die Gesellschaft jedoch schon mit einem Mitarbeiterstamm von 220 Leuten an die Börse, so wird die Gesellschaft alleine hierdurch zu einer »großen« Kapitalgesellschaft.

Bei der Bemessung der Mitarbeiterzahl ist jeweils ein Viertel der Summe der am 31. März, 30. Juni, 30. September und 31. Dezember im In- und Ausland beschäftigten Personen zu berücksichtigen. Auszubildende bleiben außer Ansatz.

Beispiel: In einer GmbH waren in einem Jahr beschäftigt:

	31.03.	30.06.	30.09.	31.12.
Mitarbeiter:	80	100	120	100

Gemäß der Viertelregel des § 267 Abs. 4 HGB ist der Durchschnitt aus der Summe der vier Viertel der Mitarbeiterzahlen zu bilden:

	31.03.	30.06.	30.09.	31.12.	Summe
Viertelregel:	20	25	30	25	100

Die Gesellschaft hat damit im Sinne der Durchschnittsregel 100 Mitarbeiter.

Die Größenklassenregelung ist insbesondere für den Grad der Differenziertheit des Ausweises des Jahresabschlusses bedeutungsvoll. Kleine und mittelgroße Gesellschaften haben Erleichterungen hinsichtlich Zahl und Umfang der im Jahresabschluß offenzulegenden Tatsachen (u.a. §§ 266 Abs. 1 Satz 3 i.V.m. § 327 Nr. 1 HGB oder § 288 HGB). Nur große Kapitalgesellschaften müssen den Jahresabschluß im Bundesanzeiger veröffentlichen (§ 327 Abs. 2 HGB). Kleine Kapitalgesellschaften unterliegen nicht der Pflicht zur Prüfung des Jahresabschlusses (§ 316 Abs. 1 Satz 1 HGB). Die Gesellschaften haben also u.U. ein Interesse, nicht als »mittlere« oder »große« Kapitalgesellschaften klassifiziert zu werden, da dies mit erheblichen Mehrkosten der und erhöhten Publizitätspflichten verbunden ist.

2.1.2.4. Branchenspezifische Regelungen

Branchenspezifische Regelungen finden sich insbesondere für das Versicherergewerbe im Versicherungsaufsichtsgesetz (VAG) und für das Kreditgewerbe im Kreditwesengesetz (KWG). Im HGB befinden sich entsprechende Sondervorschriften in den §§ 340 bis 341p HGB. Auch für Kraftwerksbetreiber, Krankenhäuser und viele andere Branchen gibt es mehr oder weniger konsistente Sonderrechte. Dabei sind insbesondere die sonderrechtlichen Einschränkungen für bestimmte Branchen verfassungsrechtlich bedenklich (Art. 3 Abs. 1 GG), was aber in Deutschland niemanden zu interessieren scheint. Diese Regelungen sind jedoch im Kontext des vorliegenden Werkes nicht von Bedeutung.

2.2. Inhaltliche und normative Grundlagen

2.2.1. Bestandteile des Jahresabschlusses

Der handelsrechtliche Jahresabschluß besteht allgemein aus folgenden Teilen, die teilweise für alle Bilanzierungspflichtigen gelten, zum Teil aber auch nur rechtsformenspezifisch anwendbar sind:

- **Bilanz,** § 242 Abs. 3 HGB: Zunächst für alle buchführungspflichtigen Kaufleute, in § 266 HGB aber für Kapitalgesellschaften in viel größerem Detail geregelt als für Personengesellschaften.
- **GuV-Rechnung,** § 242 Abs. 3 HGB: Ebenfalls zunächst für alle buchführungspflichtigen Kaufleute, aber wiederum für die Kapitalgesellschaften in § 275 HGB in viel größerem Detail geregelt.
- **Anhang,** §§ 284 ff. HGB: Die Erläuterungspflicht zu Bilanz und GuV trifft nur Kapitalgesellschaften.
- **Lagebericht,** § 289 HGB: Auch diese weitergehende Berichtspflicht trifft nur Kapitalgesellschaften.
- **Konzernabschluß,** § 297 HGB: Verbundene Unternehmen (d.h., Konzerne im aktienrechtlichen Sinne) müssen einen Gesamtabschluß anfertigen, der aus der Summe der Abschlüsse der Einzelgesellschaften besteht, aus dem aber die gegenseitigen Wertbeziehungen herausgerechnet werden.

Aus dem internationalen Rechnungswesen stammen drei weitere Bestandteile des Jahresabschlusses, die derzeit noch nicht im Rahmen des

Einzelabschlusses vorgeschrieben sind, über deren verpflichtende allgemeine Einführung aber schon seit Jahren diskutiert wird:

- Die **Eigenkapitalveränderungsrechnung** zeigt alle Wertbewegungen, die im Laufe des Jahres eine Veränderung des Eigenkapitals bewirkt haben, was bei Personengesellschaften unproblematisch ist aber bei Kapitalgesellschaften aufwendig sein kann.
- Die **Kapitalflußrechnung** zeigt alle Ein- und Auszahlungen, also im Gegensatz zur Gewinn- und Verlustrechnung keine zahlungsungleichen Aufwendungen und Erträge, dafür aber die Verwendung der Zahlungsmittel, die der Gesellschaft während einer Rechnungsperiode zur Verfügung standen.
- Die optionale **Segmentberichterstattung** zeigt die einzelnen strategischen Geschäftseinheiten der Unternehmung.

Im Bereich des Konzernabschlusses sind die Eigenkapitalveränderungsrechnung und die Kapitalflußrechnung jedoch schon jetzt auch im Handelsrecht gesetzlich vorgeschrieben (§ 297 Abs. 1 HGB).

2.2.2. Zwecke des Jahresabschlusses

Der Jahresabschluß dient zunächst als periodisches Informationsinstrument für externe Unternehmensbeteiligte (z.B. stille Gesellschafter, § 233 HGB), die keine Möglichkeit haben, sich laufend anhand interner Betriebsdaten über die Lage des Unternehmens zu informieren. Insbesondere ist er Informationsbasis der Finanzbehörden für die Steuerbemessung und Datenquelle der Kreditgeber, insbesondere der Banken aber u.U. auch der Lieferanten oder anderer Behörden, z.B. der Gewerbeämter.

Weiterhin ist der Jahresabschluß eine wichtige Informationsquelle für interne Interessenten, insbesondere die Geschäftsführung, leitende Angestellte oder auch Mitarbeiter, die sich zumindest bei Kapitalgesellschaften durch die Veröffentlichungspflicht stets Zugang zum Jahresabschluß verschaffen können. Hier liefert der Jahresabschluß auch die grundlegenden Daten zur Kennzahlenrechnung. Die Methoden für solche Auswertungen sind Hauptgegenstand dieses Buches.

Schließlich erfüllt der Jahresabschluß je nach Rechtsform unterschiedliche Zahlungsbemessungsaufgaben, die insbesondere bei der Gewinnverteilung und der Bemessung der quantitativen Gesellschafterrechte zum Ausdruck kommen.

Außerdem kann der Jahresabschluß rechtsformabhängig die Kompetenzen zwischen den Organen des Unternehmens derart abgrenzen, indem durch ihn Bilanzposten quantifiziert werden, über die die eine oder andere Gruppe entscheiden kann (z.B. Hauptversammlung über Bilanzgewinn, Vorstand über Rücklagen).

2.2.3. Aufstellungsfristen für den Jahresabschluß

Die Fristen, innerhalb derer ab Schluß des Geschäftsjahres der Jahresabschluß aufzustellen ist, sind recht unterschiedlich und inkonsistent geregelt. Die Aufstellungsfristen sind von Rechtsform, Betriebsgröße i.S.d. § 267 HGB und Wirtschaftszweig abhängig:

1. **Einzelkaufleute und Personenhandelsgesellschaften**: Keine feste Frist (gemäß § 243 Abs. 3 HGB innerhalb der einem ordnungsgemäßen Geschäftsgang entsprechenden Zeit), aber nach BFH-Urteil (BStBl. II 1984 S. 227) nicht länger als 1 Jahr;
2. **Personengesellschaften mit Kapitalgesellschaften als Hauptgesellschafter**: Die GmbH & Co. KG und ähnliche Gestaltungsformen wurden seit dem Jahr 2000 in die HGB-Publizität mit einbezogen und unterliegen damit den selben Aufstellungsfristen wie die jeweilige Hauptgesellschaft;
3. **Große und mittlere Kapitalgesellschaften**: Erste 3 Monate nach Ablauf des Geschäftsjahres (durch die gesetzlichen Vertreter, § 264 Abs. 1 HGB), einschließlich Lagebericht;
4. **Kleine Kapitalgesellschaften**: Erste 6 Monate nach Ablauf des Geschäftsjahres (durch die gesetzlichen Vertreter, § 264 Abs. 1 HGB), einschließlich Lagebericht;
5. **Erwerbs- und Wirtschaftsgenossenschaften**: Erste 5 Monate nach Ablauf des Geschäftsjahres (durch den Vorstand, § 336 Abs. 1 HGB), einschließlich Lagebericht;
6. **Publizitätspflichtige Unternehmen**: Erste 3 Monate nach Ablauf des Geschäftsjahres (durch die gesetzlichen Vertreter, § 5 Abs. 1 und Abs. 2 PublG), bei Einzelkaufleuten und Personenhandelsgesellschaften ohne Anhang und Lagebericht;
7. **Kreditinstitute**: Erste 3 Monate nach Ablauf des Geschäftsjahres, § 26 KWG), ohne Fristausweitung für kleine Kreditinstitute, die Kapitalgesellschaften sind, einschließlich Lagebericht (falls zu erstellen);
8. **Versicherungsunternehmen**: Erste 4 Monate nach Ablauf des Geschäftsjahres (durch den Vorstand, § 55 VAG), bei Rückversicherungsunternehmen nach 10 Monaten, einschließlich Lagebericht. Für kleinere Versicherungsvereine und -unternehmen, die nicht Kaufmann sind, gelten die Fristen für Personenunternehmen (vgl. Nr. 1);
9. **Konzerne**: Erste 5 Monate nach Ablauf des Konzerngeschäftsjahres (durch die gesetzlichen Vertreter des Mutterunternehmens, § 290 HGB und § 13 PublG), einschließlich Konzernlagebericht.

Allgemein ist das Interesse des Gesetzgebers sichtbar, mit wachsender Größe strengere Maßstäbe anzulegen, offensichtlich um eine bessere Kontrolle bei größerem gesellschaftlichem Interesse zu ermöglichen.

Inhaltliche und
normative
Grundlagen

2.2.4. Publizität des Jahresabschlusses

Unter Publizität versteht man allgemein die Offenlegung der Inhalte des Jahresabschlusses Dritten gegenüber. Die Publizität umfaßt damit alle Vorschriften und Maßnahmen zur Veröffentlichung und Verbreitung von Jahresabschlußinformationen. Diese Form der Publizität ist sozusagen die Fortsetzung der allgemeinen Aufbewahrungspflicht, weil sie aufbewahrungspflichtige Aufzeichnungen oder ihre Auswertungen erfaßt.

Die Vorschriften zur Offenlegung wurden 1999 für Zeiträume ab 2000 durch das Kapitalgesellschaften- und Co-Richtlinie-Gesetz (KapCoRiLiG) neu gefaßt und sind primär im Handelsgesetzbuch, sekundär im Publizitätsgesetz niedergelegt.

Je weitreichendere Publizitätsvorschriften für einen bestimmten Jahresabschluß gelten, desto tiefgreifender ist dessen Informationsgehalt. Die Publizität erleichtert damit die Jahresabschlußanalyse.

2.2.4.1. Anwendungsbereich

Die Offenlegungsvorschriften erfassen nach der Einführung des § 264a HGB nunmehr:

- Kapitalgesellschaften (z.B. AG und GmbH) und
- Personengesellschaften (offene Handelsgesellschaft und Kommanditgesellschaft), bei denen zumindest ein haftender Gesellschafter keine natürliche Person ist. Diese Konstruktion betrifft insbesondere die GmbH & Co. KG, die Stiftung und Co., die AG und Co. KG sowie die »mehrstöckige« GmbH & Co. KG.

Die Anwendung auch auf gemischte Gesellschaftsformen ist die wesentliche Neuerung der Offenlegungsvorschriften durch das Kapitalgesellschaften- und Co-Richtlinie-Gesetz, das im wesentlichen eine EU-Richtlinie und die Rechtsprechung des EuGH umsetzt.

Die gesetzlichen Publizitätsvorschriften sind vielfach nur noch ein Mindeststandard, der in der Praxis längst überschritten wird, weil die Offenlegung von Unternehmensdaten als Marketingmaßnahme insbesondere im Zusammenhang mit dem Kapitalmarkt verstanden wird.

2.2.4.2. Umfang und Erleichterungen

Die Publizität umfaßt

- die Erstellung des Jahresabschlusses,
- die Prüfung des Jahresabschlusses und
- die Veröffentlichung des Jahresabschlusses.

	Kleine Gesellschaft (§ 267 Abs. 1 HGB)	Mittelgroße Gesellschaft (§ 267 Abs. 2 HGB)
Frist	bis zu 6 Monate, soweit ordungsgemäßer Geschäftsgang (§ 264 Abs. 1 HGB)	3 Monate, d.h. keine Erleichterung vorgesehen (§ 264 Abs. 1 HGB)
Bilanz	verkürzte Bilanz (§ 266 Abs. 1 Satz 3 HGB), keine Aufstellung eines Anlagegitters (§ 274a Nr. 1 HGB)	keine Erleichterung (d.h., vollumfänglich nach § 266 Abs. 2 und 3 HGB)
Gewinn- und Verlustrechnung	Zusammenfassung zum Posten »Rohergebnis« (§ 276 i.V.m. § 275 Abs. 2 oder Abs. 3 HGB); keine Erläuterungspflicht im Anhang zu den Posten »außerordentliche Erträge« und »außerordentliche Aufwendungen« (§ 276 Satz 2 i.V.m. § 277 Abs. 4 Satz 2 und 3 HGB)	Zusammenfassung zum Posten »Rohergebnis« (§ 276 i.V.m. § 275 Abs. 2 oder Abs. 3 HGB)
Anhang	keine Erläuterung für bestimmte Forderungen (§ 274a Nr. 2 HGB), bestimmte Verbindlichkeiten (§ 274a Nr. 4 HGB), Rechnungsabgrenzungsposten (§ 274a Nr. 4 HGB), Aufwendungen für die Ingangsetzung und Erweiterung des Geschäftsbetriebs (§ 274a Nr. 5 HGB), Unterschiedsbetrag bei Anwendung einer Bewertungsmethode nach § 240 Abs. 4, § 256 S. 1 HGB (§ 288 Satz 1 i.V.m. § 284 Abs. 2 Nr. 4 HGB), Angaben gemäß § 285 Satz 1 Nr. 2 bis 5a HGB (§ 288 Satz 1 HGB), Gesamtbezüge der Mitglieder eines Geschäftsführungsorgans (§ 288 Satz 1 i.V.m. § 285 Satz 1 Nr. 9 Buchst. a	keine Erläuterungspflicht für Aufgliederung der Umsatzerlöse nach Tätigkeitsbereichen sowie nach geographisch bestimmten Märkten (§ 288 Satz 2 i.V.m. § 285 Satz 1 Nr. 4 HGB)

	Kleine Gesellschaft (§ 267 Abs. 1 HGB)	Mittelgroße Gesellschaft (§ 267 Abs. 2 HGB)
Anhang (Fortsetzung)	und b HGB), nicht gesondert ausgewiesene »sonstige Rückstellungen« (§ 288 Satz 1 i.V.m. § 285 Satz 1 Nr. 12 HGB)	
Lagebericht	keine Angabe nicht-finanzieller Leistungs-indikatoren (§ 289 Abs. 3 HGB) erforderlich, ansonsten keine Erleichterungen mehr.	keine Angabe nicht-finanzieller Leistungs-indikatoren (§ 289 Abs. 3 HGB) erforderlich, ansonsten keine Erleichterungen mehr.

Abbildung 2.2: Publizitätserleichterungen für kleine und mittelgroße Kapitalgesellschaften

Die Vorschriften werden gemäß der oben dargestellten Größenklassen gestaffelt. Allgemein gilt, daß eine kleinere Größenklasse auch geringere Publizitätspflichten bedeutet, was ein Vorteil u.a. von Factoring sein kann. Für große Kapitalgesellschaften gelten alle Vorschriften des Handelsrechts uneingeschränkt. Für mittlere oder kleinere Gesellschaften bestehen verschiedene mehr oder weniger gravierende größenabhängige Erleichterungen.

Eine Kapitalgesellschaft gilt stets als große Kapitalgesellschaft, wenn ihre Aktien, Anteilsscheine oder andere von ihr ausgegebene Wertpapiere an einer Börse in einem Mitgliedstaat der Europäischen Union zum amtlichen Handel oder zum geregelten Markt zugelassen sind oder die Zulassung zum amtlichen Handel oder zum geregelten Markt beantragt ist. Sie verliert damit durch das Going-Public alle Publizitätserleichterungen.

Die Vorschriften über die Offenlegung greifen nur, wenn die aufgeführten Merkmale an zwei aufeinanderfolgenden Abschlußstichtagen über- oder unterschritten werden (§ 267 Abs. 3 HGB), bei Umwandlung oder Neugründung aber schon am ersten Abschlußstichtag nach der Umwandlung oder Neugründung.

Während die vorstehende Abbildung 2.2 die Erleichterungen in der Offenlegung einzelner Posten des Jahresabschlusses zeigt, faßt die Abbildung 2.3 die Reduzierungen im Umfang der Offenlegungsvorschriften bei kleinen und mittelgroßen Gesellschaften i.S.d. § 267 HGB zusammen. Auch bedingt eine geringere Publizität einen geringeren Informationsgehalt des Jahresabschlusses, der für Auswertungen und Analysen zur Verfügung steht.

Die entsprechenden Regelungen stammen alle noch aus der Zeit vor dem Internet. Da Online-Publikationen viel kostengünstiger sind als Printveröffentlichungen, und die Publikation von Unternehmensdaten die Gewinnung von Investoren unterstützt, wird heute oft viel weitrei-

	Kleine Gesellschaft (§ 267 Abs. 1 HGB)	Mittelgroße Gesellschaft (§ 267 Abs. 2 HGB)
Bilanz	verkürzte Bilanz (§ 266 Abs. 1 Satz 3 i.V.m. § 326 HGB)	verkürzte Bilanz mit Zusatzangaben (§ 266 Abs. 1 Satz 3 i.V.m. § 327 Nr. 1 HGB)
GuV	keine Offenlegung vorgeschrieben	keine Erleichterungen im Umfang vorgesehen
Anhang	nur Angaben zur Bilanz (§ 326 Satz 2 i.V.m. § 288 Satz 1 HGB)	Offenlegung ohne folgende Angaben: Aufgliederung der Verbindlichkeiten (§ 327 Nr. 2 i.V.m. § 285 Satz 1 Nr. 2 HGB), Ausmaß von steuerlichen Abschreibungen (§ 327 Nr. 2 i.V.m. § 285 Satz 1 Nr. 5 HGB), Materialaufwand des Geschäftsjahres (§ 327 Nr. 2 i.V.m. § 285 Satz 1 Nr. 8 Buchst. a HGB), nicht gesondert ausgewiesene »sonstige Rückstellungen« (§ 327 Nr. 2 i.V.m. § 285 Satz 1 Nr. 12 HGB)
Ergebnisverwendung	keine Offenlegung vorgeschrieben	AG: immer, GmbH: Einschränkung (§ 325 Abs. 1 Satz 1, Halbsatz 2 HGB)
Frist	12 Monate (§ 326 Abs. 1 HGB)	12 Monate (§ 325 Abs. 1 Satz 1 HGB)
Ort und Form	Publizität im Handelsregister (§ 325 Abs. 1 HGB), d.h., Hinterlegung und Hinterlegungs-Bekanntmachung.	Publizität im Handelsregister (§ 325 Abs. 1 HGB), d.h., Hinterlegung und Hinterlegungs-Bekanntmachung.
	Das ist bereits eine Erleichterung: große Gesellschaften müssen zusätzlich noch im Bundesanzeiger publizieren (§ 325 Abs. 1 HGB).	

Abbildung 2.3: Umfang der Offenlegungspflicht bei kleinen und mittleren Gesellschaften

chender publiziert, als dies gesetzlich erforderlich wäre. Die hier zusammengefaßten Rechtsvorschriften sind daher eher theoretisch und als Mindeststandard zu verstehen.

Inhaltliche und normative Grundlagen

2.2.4.3. Publizität nach dem Publizitätsgesetz

Das Publizitätsgesetz enthält dem Handelsgesetzbuch parallele Vorschriften über Offenlegung. Das kompliziert die Rechtslage, weil das Publizitätsgesetz und das Handelsgesetzbuch einander nunmehr überschneiden. Ein Unternehmen kann also nach dem einen, dem anderen oder beiden Gesetzen offenlegungspflichtig sein. Das Publizitätsgesetz erfaßt nach § 3 Abs. 1 PublG folgende Rechtsformen:

* Personenhandelsgesellschaften oder Einzelkaufleute,
* Vereine, deren Zweck auf einen wirtschaftlichen Geschäftsbetrieb gerichtet ist,
* rechtsfähige Stiftungen des bürgerlichen Rechts, wenn sie ein Gewerbe betreiben,
* Körperschaften, Stiftungen oder Anstalten des öffentlichen Rechts, die Kaufmann nach § 1 HGB sind oder als Kaufmann im Handelsregister eingetragen sind.

Diese Unternehmen müssen aber nur nach dem Publizitätsgesetz Rechnung legen, wenn sie (§ 1 Abs. 1 PublG) für den Tag des jeweiligen Jahresabschlusses und die beiden darauf folgenden Abschlußstichtage zwei der folgenden drei Merkmale erfüllen:

* Bilanzsumme > 65 Mio. Euro,
* Umsatzerlöse > 130 Mio. Euro und
* durchschnittlich über 5.000 Arbeitnehmer.

Das Gesetz gilt nicht für Genossenschaften und Unternehmen ohne eigene Rechtspersönlichkeit einer Gemeinde, eines Gemeindeverbandes oder eines Zweckverbandes sowie für Verwertungsgesellschaften nach dem Gesetz über die Wahrnehmung von Urheberrechten und verwandten Schutzrechten vom 9. September 1965 (§ 3 Abs. 1 und 2 PublG).

Zusätzlich zu den eigentlichen handelsrechtlichen Inhalten müssen nach § 5 Abs. 5 PublG zusätzlich zur Bilanz die folgenden Sachverhalte offengelegt werden:

* Die Umsatzerlöse im Sinne des § 277 Abs. 1 HGB,
* die Erträge aus Beteiligungen,
* die Löhne, Gehälter, sozialen Abgaben sowie Aufwendungen für Altersversorgung und Unterstützung,
* die Bewertungs- und Abschreibungsmethoden einschließlich wesentlicher Änderungen,
* die Zahl der Beschäftigten.

Ähnlich dem HGB enthält auch das PublG Vorschriften über die Prüfung des Jahresabschlusses durch Abschlußprüfer (§ 6 PublG), den Aufsichtsrat (§ 7 PublG) und die Feststellung des Jahresabschlusses (§ 8 PublG). Eine Zusammenlegung des PublG mit dem HGB wäre eigentlich sinnvoll, ist aber unwahrscheinlich.

2.2.4.4. Nichthandelsrechtliche Publizitätsregelungen

Der *Deutsche Corporate Governance Kodex*, der ab 2002 durch das Transparenz- und Publizitätsgesetz für börsennotierte Aktiengesellschaften verpflichtend geworden ist, enthält eine Vielzahl von Spezialregelungen, die u.a. auch als Offenlegungsregeln betrachtet werden können. Erstmals wird hier auch das Internet als Pflichtmedium eingeführt. Der Kodex dient aber primär einer »guten« Geschäftsführung und weniger der Publizität quantitativer Unternehmensdaten. Er ist damit aus publizitätsrechtlicher Sicht gleichsam eine »Nebenrechtsquelle« und für Zwecke der numerischen Bilanzanalyse höchstens punktuell von Interesse.

Die Reform des § 24c KWG bewirkt, daß praktisch alle Behörden *automatisierten Zugang zu den Daten von Bankkunden* haben. Was einst als Maßnahme zur Aufdeckung von Geldern des internationalen Terrorismus gedacht war, wird heute zur Steuerfahndung und zum Auffinden von Sozialbetrügern eingesetzt. Dies ist zwar keine Publizitätsregel im eigentlichen Sinne, weil der Konten- oder Depotinhaber nichts selbst veröffentlichen muß (das tut die Bank für ihn durch Einmeldung des Kontos in die zentrale Erfassung), aber wirtschaftliche Sachverhalte werden hierdurch publik.

Weiterhin ergeben sich Offenlegungsregelungen aus einem *Qualitätsmanagementsystem*. Insbesondere sind das Qualitätsmanagementhandbuch und bestimmte weitere Aufzeichnungen kunden- und lieferantenöffentlich. Die können daher punktuell in Einzelfällen auch für die quantitative Abschlußanalyse bedeutsam sein.

Schließlich können u.U. viel umfassendere und detailliertere Offenlegungsregeln aus einem betrieblichen *Risikomanagementsystem* abgeleitet werden. Dieses ist vielfach aufgrund von EU-Richtlinien vorgeschrieben, insbesondere in bestimmten Branchen (gefahrgeneigte Technologien, Medizintechnik usw). Durch die Reform des § 289 HGB ist ab Geschäftsjahr 2005 auch eine erheblich erweiterte Risikoberichterstattung im Lagebericht vorgesehen. Diese erfaßt bei großen Gesellschaften auch nichtfinanzielle Leistungsindikatoren aus dem Umwelt- und dem Personalbereich (§ 289 Abs. 3 HGB). Indirekt sind in Regelungen wie § 289 Abs. 1 Satz 4 HGB auch Methoden wie die Stärken-Schwächen-Analyse und die dieser nachfolgende SWOT-Matrix aus dem Marketing vorgeschrieben. Dies kann den Informationsgehalt des Jahresabschlusses erheblich erhöhen, insbesondere was zukunftsorientierte Daten angeht, denn »klassische« Jahresabschlußdaten sind stets vergangenheitsorientiert und u.U. bei ihrer Publikation schon bis zu einem Jahr alt.

3.
Einzelprobleme des HGB-Abschlusses

3.1. Wichtige Bilanzierungspflichten, -gebote und -verbote

Bilanzierungsfähigkeit ist allgemein die Eignung dem Grunde nach, als Aktiv- oder Passivposten in der Bilanz berücksichtigt werden zu können. Sie gliedert sich in Aktivierungs- und Passivierungsfähigkeit. Nichtberücksichtigung von Posten durch Bilanzierungsverbote verringern die Aussagekraft des Jahresabschlusses und erfordern vor der quantitativen Auswertung eine Gegenrechnung.

3.1.1. Bilanzierungspflicht

Bilanzierungspflicht ist der pflichtgemäße Ansatz eines Vermögensgegenstandes oder einer Schuldposition in der Bilanz aufgrund einer zwingenden Rechtsvorschrift.

Grundsätzlich gilt die Bilanzierungspflicht aufgrund des Vollständigkeitsgrundsatzes für sämtliche Vermögensgegenstände und Schulden (§ 246 Abs. 1 HGB), soweit sie dem Bilanzierungspflichtigen zuzurechnen sind. Steuerrechtliche Regeln betreffen hier insbesondere das Betriebsvermögen, speziell gewillkürtes und notwendiges Betriebsvermögen. Die Zurechnung des Vermögensgegenstandes geschieht durch Eigentum (§ 39 Abs. 1 AO). Gegenstände, an denen ein Bilanzierungspflichtiger kein Eigentum besitzt, können ihm dennoch aufgrund wirtschaftlichen Eigentums zuzurechnen sein (§ 39 Abs. 2 AO). Das ist insbesondere bei Leasing häufig der Fall (Aktivierung des Leasinggegenstandes beim Leasingnehmer im Rahmen von »Finance Leasing«).

Die Bilanzierungspflicht gliedert sich in Aktivierungs- und Passivierungspflicht. Als Ausnahme kann von der Bilanzierungspflicht ein gesetzliches Bilanzierungsverbot oder Bilanzierungswahlrecht bestehen. Auf diese beiden Fälle wird anschließend eingegangen.

Einen abschließenden Katalog der bilanzierungspflichtigen Vermögensgegenstände und Schulden stellt das HGB nicht auf. Allgemein ist von einem Bilanzierungsgebot auszugehen, wenn alle folgenden Fragen jeweils mit »Ja« beantwortet werden:

1. Handelt es sich um bilanzierungsfähige Wirtschaftsgüter? Insbesondere muß der Gegenstand selbständig nutzbar sein und einen wirtschaftlichen Wert besitzen. Steuerrechtlich vgl. insbesondere R 4.2 EStR.
2. Sind diese dem Bilanzierungspflichtigen zuzurechnen? Diese Frage ist etwa bei Leasinggegenständen oder Mietereinbauten von Bedeutung. Im Steuerrecht vgl. hierzu insbesondere § 39 AO.
3. Ein konkretes Bilanzierungsverbot ist nicht festgelegt?
4. Der Bilanzierende hat kein Bilanzierungswahlrecht?

Diese allgemeine Regel wird durch einige gesetzlich festgelegte spezielle Bilanzierungsgebote ergänzt:

- Allgemein gilt stets das Vollständigkeitsgebot (§ 246 Abs. 1 HGB): Der Jahresabschluß hat sämtliche Vermögensgegenstände, Schulden, Rechnungsabgrenzungsposten, Aufwendungen und Erträge zu enthalten, soweit gesetzlich nichts anderes bestimmt ist (d.h. es gilt der Grundsatz der Vollständigkeit).
- Abgrenzungsgebot für das Anlagevermögen (§ 247 Abs. 2 HGB): Zum Anlagevermögen gehören die Gegenstände, die bestimmt sind, dauernd dem Betrieb zu dienen.
- Pflicht zur Rückstellungsbildung (§ 249 Abs. 1 HGB): Die Pflicht, Rückstellungen zu bilden, ist handels- und steuerrechtlich unterschiedlich ausgebildet. Der im HGB aufgezählte Katalog von Rückstellungsgründen ist im Steuerrecht stark eingeschränkt. Das betrifft insbesondere Rückstellungen für Abraumbeseitigung, Rückstellungen für drohende Verluste aus schwebenden Geschäften, Rückstellungen für Gewährleistungen, Rückstellungen für latente Steuern, Rückstellungen für Pensionen und ähnliche Verpflichtungen und Rückstellungen für ungewisse Verbindlichkeiten.
- Pflicht zur Bildung von Rechnungsabgrenzungsposten (§ 250 Abs. 1 HGB).
- Nicht durch Eigenkapital gedeckter Fehlbetrag bei Kapitalgesellschaften (§ 268 Abs. 3 HGB): Sofern das Eigenkapital durch Verluste aufgebraucht wird, ist dieser Betrag am Schluß der Bilanz auf der Aktivseite (nach den Rechnungsabgrenzungsposten) mit der Bezeichnung »Nicht durch Eigenkapital gedeckter Fehlbetrag« gesondert auszuweisen.
- Latente Steuern (§ 274 Abs. 1 HGB): Diese nur von Kapitalgesellschaften zu bildende Rückstellung soll dem Umstand Rechnung tragen, daß die spätere tatsächliche Ertragssteuerbelastung höher ist als die, die sich aus späteren Handelsbilanzergebnissen fiktiv ergeben würde. Ursache für eine solche Abweichung könnte sein, daß die Gesellschaft z.B. Bilanzierungshilfen in Anspruch nimmt, die Herstellungskosten umfassender ansetzt, als das Steuerrecht es zuläßt, oder in der Steuerbilanz höhere Absetzungen für Abnutzungen vornehmen muß als in der Handelsbilanz.

3.1.2. Bilanzierungsverbote

Bilanzierungsverbote bestehen im gesetzlichen Verbot, bestimmte Vermögensgegenstände und Schulden bilanziell zu erfassen. Sie bestehen für die Aktivseite (Aktivierungsverbote) und für die Passivseite (Passivierungsverbote). Man unterscheidet implizite und explizite Bilanzierungsverbote:

Implizite Bilanzierungsverbote bedeuten, daß mit der Beschränkung des Bilanzinhalts auf Vermögensgegenstände, Schulden, Rechnungsabgrenzungsposten und Eigenkapital (§ 246 Abs. 1 HGB) im Umkehrschluß zu folgern ist, daß alles, was sich begrifflich nicht unter diese Größen subsumieren läßt, von vornherein mit einem Bilanzierungsverbot belegt ist. In der Praxis trifft das aber kaum jemals auch wirklich zu. Ferner findet sich in § 249 Abs. 1 HGB ein abschließender Katalog von Rückstellungsgründen, der im gleichen Umkehrschluß die Bildung von Rückstellungen für alle anderen Sachverhalte und Tatbestände ausschließt.

Explizite Bilanzierungsverbote stellen in konkreten Einzelfällen klar, daß bestimmte wirtschaftliche Tatbestände wegen fehlender Qualifizierung als Vermögensgegenstand oder Schuld nicht bilanzierungsfähig sind bzw. schränken den Kreis der grundsätzlich bilanzierungsfähigen Vermögensgegenstände und Schulden ein. Explizite Bilanzierungsverbote ergeben sich zunächst aus § 248 HGB und umfassen

- Gründungs- und Eigenkapitalbeschaffungsaufwendungen (§ 248 Abs. 1 HGB) und
- nicht entgeltlich erworbene immaterielle Vermögensgegenstände des Anlagevermögens (§ 248 Abs. 2 HGB).

Steuerrechtliche Beschränkungen der Rückstellungsbildung sind weitere explizite Bilanzierungsverbote.

Während die praktische Bedeutung der impliziten Bilanzierungsverbote für die Jahresabschlußanalyse eher gering ist, führen explizite Bilanzierungsverbote in manchen Branchen zu einer drastischen Verzerrung der Bilanzdaten. Eine entsprechende Gegenrechnung (Umbewertung) vor der Kennzahlenrechnung ist daher unerläßlich.

Beispiel: Der Autor dieses Werkes lebt im wesentlichen von der Autorentätigkeit, die nicht nur Bücher, sondern auch Software, Skripte und vieles mehr erfaßt. Diese stellen Werte dar, die langfristig genutzt werden sollen. Sie gehören also eigentlich in Gestalt von Computerdateien zum Anlagevermögen (§ 247 Abs. 2 HGB). Da dies alles eigene Schriftwerke sind, die der Autor selbst auch technisch produziert (Satz, Layout), sind sie i.S.d. § 248 Abs. 2 HGB »unentgeltlich erworben« (denn es wurde ja keine externe Leistung beispielsweise eines Satzstudios eingekauft) und wären nicht bilanzierungsfähig. Gleiches gilt vielfach auch für Marken- und andere gewerbliche Schutzrechte, die dem Reichsgesetzgeber noch nicht bekannt waren.

Wichtige
Bilanzierungs-
pflichten, -gebote
und -verbote

3.1.3. Bilanzierungswahlrechte

Unter Bilanzierungswahlrechten versteht man durch eine Rechtsvorschrift dem Bilanzierenden eingeräumte Rechte, einen Vermögensgegenstand oder eine Schuldposition zu bilanzieren oder dies zu unterlassen.

Ein Bilanzierungswahlrecht stellt eine Durchbrechung des Vollständigkeitsgrundsatzes dar. Er hat damit stets Ausnahmecharakter. Alle Bilanzierungsgebote, -verbote und -wahlrechte können im Handels- und im Steuerrecht uneinheitlich geregelt sein. Aufgrund der Urteile des BFH vom 3.2.1969 und vom 24.6.1969 (BStBl. II 1969, S. 291 und 581) gilt aber:

Handelsbilanz	Steuerbilanz
Aktivierungsgebot	Aktivierungsgebot
Aktivierungswahlrecht	Aktivierungsgebot
Aktivierungsverbot	Aktivierungsverbot
Passivierungsgebot	Passivierungsgebot
Passivierungswahlrecht	Passivierungsverbot
Passivierungsverbot	Passivierungsverbot

Man kann unterscheiden in

* »echte« Wahlrechte, die explizit in einem Gesetz zu finden sind, und
* »unechte« Wahlrechte, die in einer fehlenden oder unklaren Regelung bestehen.

Im Handelsgesetzbuch sind die folgenden »echten« Bilanzierungswahlrechte normiert:

* Die Sonderposten mit Rücklageanteil (§§ 247 Abs. 3, 273 HGB). Diese Position ist insbesondere aufgrund der sogenannten »umgekehrten Maßgeblichkeit« erforderlich (§ 5 Abs. 1 EStG und §§ 247 Abs. 3, 254 und 273 HGB). Personenunternehmen können sämtliche nach steuerrechtlichen Vorschriften zulässigen Rücklageposten auch in der Handelsbilanz ausweisen. Für Kapitalgesellschaften ist dieses Bilanzierungswahlrecht eingeschränkt: Nach § 273 HGB ist der Ausweis eines Sonderpostens mit Rücklageanteil nur dann möglich, wenn die steuerrechtliche Anerkennung von dem Ansatz in der Handelsbilanz abhängig ist, also ausschließlich in den Fällen der »umgekehrten Maßgeblichkeit«.
* Verschiedene Rückstellungswahlrechte nach § 249 HGB und Art. 28 Abs. 1 EGHGB), die aufgrund der ihnen entgegenstehenden steuerrechtlichen Verbote jedoch weitgehend wertlos sind.
* Aufwandsberücksichtigte Zölle, Verbrauchsteuern und Umsatzsteuer (§ 250 Abs. 1 HGB): Soweit Zölle und Verbrauchsteuern auf am Stichtag vorhandenes Vorratsvermögen als Aufwand erfaßt wurden, dürfen die Beträge als Rechnungsabgrenzungsposten ausgewiesen werden.

rechtlich / sachlich	»echte« Wahlrechte	»unechte« Wahlrechte
Bilanzierung	• Sonderposten mit Rücklageanteil (§§ 247 Abs. 3, 273 HGB) • Bildung von Aufwandsrückstellungen (§ 249 Abs. 2 HGB) • Aktivierung von Ingangsetzungsaufwendungen (§ 269 HGB) • Als Aufwand berücksichtigte Zölle und • Aufwands-USt. (§ 250 Abs. 1 Satz 2 HGB)	• Schätzung der Prozeßrisiken bei der Bildung von Rückstellung für Prozeßrisiken • Abgrenzung der Instandhaltungsaufwendungen von nachträglichen Anschaffungskosten
Bewertung	• Wahl der Abschreibungsmethode, § 253 Abs. 2 HGB • Umfang der Herstellungskosten (mit oder ohne Gemeinkosten), § 255 Abs. 2 HGB	• Schätzung der Nutzungsdauer bei Anlagevermögensgegenständen • »Angemessenheit« der Gemeinkostenzuschläge z.B. mit einem BAB
Ausweis	• Disagio bei Darlehen (§ 250 Abs. 3 HGB) • Bilanzgliederung für kleine und mittlere Unternehmen (§ 266 Abs. 1 HGB) • Geschäfts- oder Firmenwert (§ 255 Abs. 4 HGB) • Verfahrenswahl GuV • Beurteilung der Nutzungsdauer und Ausweis beim Anlagevermögen oder Umlaufvermögen (§ 247 Abs. 1 und 2 HGB)	• Debitorischer Ausweis von Kundenforderungen gegen notleidende nahestehende Unternehmen • Abgrenzung des gewöhnlichen vom außerordentlichen Ergebnis
Gliederung	• »Hinreichende Aufgliederung« der Bilanz bei Personengesellschaften (§ 247 Abs. 1 HGB)	• Methodenwahl und Buchführungsorganisation im Sinne der Grundsätze ordnungsgemäßer Buchführung

Abbildung 3.1: Übersicht über verschiedene handelsrechtliche Bilanzierungswahlrechte

31

Wichtige Bilanzierungspflichten, -gebote und -verbote

- Darlehensabgelder (§§ 250 Abs. 3, 268 Abs. 6 HGB): Ist der Rückzahlungsbetrag eines Darlehens höher als der Auszahlungsbetrag, so darf für diesen Unterschiedsbetrag ein Rechnungsabgrenzungsposten gebildet werden.
- Geschäfts- oder Firmenwert (§ 255 Abs. 4 HGB): Im Unternehmen gewachsene (sog. originäre) Geschäfts- oder Firmenwerte unterliegen dem Bilanzierungsverbot nach § 248 Abs. 2 HGB. Nur für entgeltlich erworbene (sog. derivative) Geschäfts- oder Firmenwerte läßt das HGB ein Ansatzwahlrecht zu.
- Kosten für die Ingangsetzung und die Erweiterung des Geschäftsbetriebs (§§ 268 Abs. 2, 269 HGB). Durch diese nur für Kapitalgesellschaften geltende Vorschrift kann in der Gründungs- und Erweiterungsphase eines Unternehmens eine buchmäßige Überschuldung vermieden werden. Da hierbei ein selbständig bewert- und veräußerbares Wirtschaftsgut nicht entsteht, handelt es sich um eine sogenannte Bilanzierungshilfe. In Betracht kommen Aufwendungen, um den Betrieb produktionsbereit zu machen und Kosten für den Aufbau der betrieblichen Organisation wie etwa Kosten der Betriebs-, Verwaltungs- und Vertriebsorganisation, nicht aber Aufwendungen für die Gründung selbst oder die Beschaffung des Eigenkapitals. Ausweis gem. § 269 HGB vor dem Anlagevermögen und Einbeziehung in den Anlagespiegel. Darüber hinaus Erläuterung im Anhang.
- Abgrenzungsposten für latente Steuern (§ 274 Abs. 2 HGB). Auch diese Vorschrift gilt nur für Kapitalgesellschaften. Sie ist anwendbar in den Fällen, in denen spätere Ertragsteuerbelastungen niedriger sind als die, die sich fiktiv nach dem handelsbilanziellen Ergebnis ergeben würden. Mögliche Ursachen können z.B. sein: Behandlung des Disagios als sofortiger Aufwand, höhere Abschreibungen in der Handelsbilanz als steuerrechtlich zugelassen, Ermittlung der Herstellungskosten ohne Einbeziehung der Fertigungs- und Materialgemeinkosten sowie des Wertverzehrs des in der Fertigung eingesetzten Anlagevermögens, Aufwendungen für einen erworbenen Firmenwert werden als sofortiger Aufwand behandelt.

Beispiel: Bilanzierungswahlrechte bei Kapitalgesellschaften. Eine Kapitalgesellschaft nimmt in einem Wirtschaftsjahr zur Finanzierung umfangreicher betrieblicher Investitionen ein Darlehen in Höhe von 1 Mio. Euro auf. Der Auszahlungsbetrag beläuft sich auf 975.000 Euro. Der Differenzbetrag von 25.000 Euro ist ein sogenanntes Abgeld (Disagio oder Damnum).

Bei der Ermittlung des Jahresüberschusses wird dieses Disagio als sofortiger betrieblicher Aufwand behandelt. Das ist handelsrechtlich nach § 250 Abs. 3 HGB alternativ zum Ausweis als Rechnungsabgrenzungsposten zulässig. Für die steuerliche Gewinnermittlung ist jedoch stets ein aktiver Rechnungsabgrenzungsposten zu bilden und auf die Laufzeit des Darlehens zu verteilen (§ 5 Abs. 5 Nr. 1 EStG). Handels- und Steuerrecht widersprechen sich also direkt, und der steuerliche Gewinn des fraglichen Wirtschaftsjahres ist also um 25.000 Euro höher als der handelsrechtliche Gewinn.

In den Folgejahren wird der Rechnungsabgrenzungsposten steuerlich gewinnmindernd aufgelöst; die künftige Steuerbelastung liegt also unter derjenigen, die sich nach den Handelsbilanzgewinnen ergäbe.

Die GmbH kann diesen Effekt durch eine aktivische Abgrenzung latenter Steuern in ihrer Schlußbilanz des Jahres der Darlehensaufnahme dokumentieren. Beträgt etwa die Gewinnsteuerbelastung für den steuerlichen Mehrgewinn 9.000 Euro (angenommener Wert), so darf dieser Betrag statt als Aufwand auch als aktiver Rechnungsabgrenzungsposten behandelt werden (§ 274 Abs. 1 HGB).

3.2. Grundprobleme der Bewertung

Bewertung ist die Frage der Bilanzierung eines Gegenstandes der Höhe nach. Nur die Gegenstände, die aufgrund einer Bilanzierungspflicht oder eines Bilanzierungswahlrechtes in die Bilanz aufgenommen werden, sind Gegenstand der Bewertung. Je »realistischer« die Bewertung, desto aussagekräftiger sind die Auswertungsrechnungen aufgrund der Daten des Abschlusses.

3.2.1. Allgemeine Bewertungsgrundsätze

Bewertungsgrundsätze sind allgemeingültige Regeln, nach denen die Bewertung von Bilanzposten vorzunehmen ist. Diese Bewertungsgrundsätze sind nur teilweise kodifiziert, teilweise gewohnheitsrechtlich. Die wichtigsten Bewertungsvorschriften sind nach § 252 Abs. 1 HGB:

1. Die Wertansätze in der Eröffnungsbilanz des Geschäftsjahrs müssen mit denen der Schlußbilanz des vorhergehenden Geschäftsjahrs übereinstimmen. Zwischen den Bilanzen darf keine Änderung vorgenommen werden.

2. Bei der Bewertung ist von der Fortführung der Unternehmenstätigkeit auszugehen, sofern dem nicht tatsächliche oder rechtliche Gegebenheiten entgegenstehen. Dieser Grundsatz ist u.a. die Begründung für die Abschreibung.

3. Die Vermögensgegenstände und Schulden sind zum Abschlußstichtag einzeln zu bewerten. Da dies bei einer Vielzahl von Kleinobjekten nicht praktisch durchführbar ist, gibt es Bewertungsvereinfachungsverfahren.

4. Es ist vorsichtig zu bewerten. Insbesondere sind alle vorhersehbaren Risiken und Verluste, die bis zum Abschlußstichtag entstanden sind, zu berücksichtigen, selbst wenn diese erst zwischen dem Abschlußstichtag und dem Tag der Aufstellung des Jahresabschlusses bekanntgeworden sind; Gewinne sind nur zu berücksichtigen, wenn sie am Abschlußstichtag realisiert sind. Dies führt tendenziell zu einer Unterbewertung der Aktiva und einer Überbewertung der Schulden. Es bilden sich aufgrund dieses Grundsatzes stille Reserven auf beiden Seiten der Bilanz, die die Aussagekraft des Abschlusses erheblich mindern können.
5. Aufwendungen und Erträge des Geschäftsjahrs sind unabhängig von den Zeitpunkten der entsprechenden Zahlungen im Jahresabschluß zu berücksichtigen. Dieser Grundsatz ist das Fundament der Buchungen zur Periodenabgrenzung.
6. Die auf den vorhergehenden Jahresabschluß angewandten Bewertungsmethoden sollen beibehalten werden. Dieser Stetigkeitsgrundsatz besagt für die Bilanzanalyse, daß auch die in einem Abschluß angewandten Auswertungsmechanismen beibehalten werden können.

3.2.2. Wichtige Bewertungsmaßstäbe

Bewertungsmaßstäbe sind Wertansätze, die theoretisch und abstrakt definiert sind und in ihrer jeweils konkreten Ausgestaltung bei der Bewertung im Rahmen der Jahresabschlußarbeiten zur Anwendung kommen.

3.2.2.1. Anschaffungskosten

Anschaffungskosten sind nach § 255 Abs. 1 HGB alle Aufwendungen, die geleistet werden müssen, um einen Vermögensgegenstand zu erwerben und ihn in einen betriebsbereiten Zustand zu versetzen, soweit sie dem Vermögensgegenstand einzeln zugeordnet werden können.

Zu den Anschaffungskosten gehören neben dem eigentlichen Kaufpreis des Vermögensgegenstandes auch die Anschaffungsnebenkosten sowie die nachträglichen Anschaffungskosten. Anschaffungspreisminderungen sind abzusetzen (§ 255 Abs. 1 HGB). Die Umsatzsteuer ist bei umsatzsteuerabzugsberechtigten Unternehmen nicht mitzurechnen. Die Anschaffungskosten sind die numerische Grundlage für die steuer- und handelsrechtliche Abschreibung, sowie für die Bewertung von Vermögensgegenständen in der Bilanz aber auch für die Bewertung des Verbrauches für Zwecke der Kostenrechnung oder Kalkulation. Die Anschaffungskosten einzelner Gegenstände sind zusammenzufassen, wenn diese Gegenstände nicht selbständig nutzbar sind. Bei der Bewertung kommt es stets auf die einzelne nutzbare bzw. tatsächlich genutzte Einheit an (sog. Verkehrsfähigkeit).

Anschaffungspreis	Bei vorsteuerabzugsberechtigten Unternehmern i.d.R. der Netto-Kaufpreis
+ Nebenkosten	Beispiele: Bezug und Anlieferung, Notar, Fundament, Zulassung, Makler usw.
+ Nachträgliche Anschaffungskosten	Beispiele: Erschließung, Umbau, Zubehör, administrative Kosten, Genehmigung
– Anschaffungskostenminderungen	Beispiele: Rabatte, Boni, Skonti, Gutschriften wegen Mängelrügen usw.
= Aktivierbare Anschaffungskosten des Bilanzierungsobjektes	

Abbildung 3.2: Steuer- und handelsrechtliche Definition der Anschaffungskosten

Aus kostenrechnerischer Sicht sind die Anschaffungskosten natürlich keine Kosten, sondern Ausgaben und Auszahlungen. Der Gesetzgeber nimmt es mit solchen Begrifflichkeiten jedoch nicht sehr genau.

3.2.2.2. Herstellungskosten

Während die Definition der Anschaffungskosten im Steuer- und im Handelsrecht einheitlich ist, unterscheiden sich die Definitionen der Herstellungskosten im Handelsrecht von denen im Steuerrecht.

Nach § 255 Abs. 2 HGB sind Herstellungskosten »die Aufwendungen, die durch Verbrauch von Gütern und Inanspruchnahme von Diensten für die Herstellung eines Vermögensgegenstands, seine Erweiterung oder für eine über seinen ursprünglichen Zustand hinausgehende wesentliche Verbesserung entstehen«. Dazu gehören, so der Gesetzestext, »die Materialkosten, die Fertigungskosten und die Sonderkosten der Fertigung. Bei der Berechnung der Herstellungskosten dürfen auch angemessene Teile der notwendigen Materialgemeinkosten, der notwendigen Fertigungsgemeinkosten und des Wertverzehrs des Anlagevermögens, soweit er durch die Fertigung veranlaßt ist, eingerechnet werden. Kosten der allgemeinen Verwaltung sowie Aufwendungen für soziale Einrichtungen des Betriebs, für freiwillige soziale Leistungen und für betriebliche Altersversorgung brauchen nicht eingerechnet zu werden«. Der Bilanzierende hat also mehrere Wahlrechte.

R 6.3 EStR und H 6.3 EStH definieren aber, daß in die Herstellungskosten eines Wirtschaftsgutes auch »angemessene Teile der notwendigen Materialgemeinkosten und Fertigungsgemeinkosten sowie der Wertverzehr des Anlagevermögens« einzubeziehen sei. Die entsprechenden handelsrechtlichen Wahlrechte des Bilanzierenden bestehen also nicht im Zusammenhang mit dem Steuerrecht. Die Regelung ist also insofern uneinheitlich:

Handelsrecht (§ 255 Abs. 2 HGB)		Steuerrecht (R 6.3 EStR)	
Pflicht	Fertigungsmaterial + Fertigungslöhne + Sondereinzelkosten d. Fert. = **Mindest-Herstellungskosten**	Pflicht	Fertigungsmaterial + Fertigungslöhne + Sondereinzelkosten d. Fert. + Materialgemeinkosten + Fertigungsgemeinkosten = **Mindest-Herstellungskosten**
Wahl	+ Materialgemeinkosten + Fertigungsgemeinkosten + Verwaltungsgemeinkosten + Fremdkapitalzinsen = **Höchst-Herstellungskosten**	Wahl	+ Verwaltungsgemeinkosten (keine Fremdkapitalzinsen) = **Höchst-Herstellungskosten**

Abbildung 3.3: Steuer- und handelsrechtlich widersprüchliche Definition der Herstellkosten

Indirekt setzt der Begriff der Herstellungskosten den Begriff der Anschaffungskosten voraus, weil alle hergestellten Güter zunächst angeschafft werden müssen.

Die Bewertung ist insofern problematisch, als die Kostenrechnung keine Schuldzinsen in ihre Rechnung einbezieht, dafür aber – von der Finanzierung unabhängige – kalkulatorische Zinsen. Auch die Abschreibung als Wertverzehr bestehenden Anlagevermögens ist lediglich ein steuerliches Phänomen, während die Kostenrechnung den Wiederbeschaffungswert der künftigen Ersatzanlage abschreibt für Zwecke der Refinanzierung. Der Ansatz kalkulatorischer Kosten ist aber durch H 6.3 EStH ausdrücklich untersagt. Die bilanzielle Bewertung ist damit niemals im eigentlichen Sinne »wahr«, d.h. sie gibt niemals den wirklichen Faktoreinsatz wieder.

Da die steuerrechtlichen Vorschriften für die Herstellungskostenermittlung den aktivierungspflichtigen Teil der Herstellungskosten weiter fassen, kommt hierdurch eine höhere Bewertung und damit indirekt eine höhere Steuerlast heraus. Das Steuererzielungsmotiv des Gesetzgebers führt damit indirekt zu einer Aushöhlung des Vorsichtsgedankens, der die Wahlrechte in § 255 Abs. 2 HGB motiviert. Wird von einem Bilanzierenden eine Einheitsbilanz angestrebt, die steuer- wie handelsrechtlichen Regelungen gleichermaßen entspricht, so wäre zu überlegen, die handelsrechtlichen Wahlrechte so auszulegen, daß der konkrete Ausweis mit den steuerrechtlichen Vorschriften übereinstimmt. Anders als etwa bei der Problematik der Teilwertabschreibungen ist dies (derzeit?) noch möglich, weil es im Möglichkeitsraum der steuerlichen und handelsrechtlichen Wahlrechte noch einen Überschneidungsbereich gibt.

Kapitalgesellschaften müssen im Anhang zum Jahresabschluß Angaben zur Einbeziehung von Zinsen in die Herstellungskosten machen (§

Einzelprobleme des
HGB-Abschlusses

284 Abs. 2 Nr. 5 HGB). Eine umfassende Aufstellung über die Ausübung der Wahlrechte ist jedoch nicht vorgesehen. Das mindert den Informationsgehalt des Abschlusses. Insbesondere bei weitergehenden Auswertungen wie der Deckungsbeitrags- und der Break Even Analyse und den darauf aufbauenden Methoden z.B. der Sortimentsplanung sollte die Berechnungsmethode der Herstellungskosten genau bekannt sein.

3.2.2.3. Weitere Wertmaßstäbe

Ein Grundgedanke des Handelsrechts ist das Niederstwertprinzip. Diese auf der kaufmännischen Vorsicht aus § 252 Abs. 1 Nr. 4 HGB beruhende Vorschrift besagt, daß

- Vermögensgegenstände (Aktiva) tendenziell stets durch Vorwegnahme künftiger Risiken und Verluste niedrig bewertet werden sollten,
- Schulden (Passiva) aber stets mit dem höchsten Wert angesetzt werden müssen, wiederum um künftige Risiken vorwegzunehmen.

Man spricht in diesem Zusammenhang auch vom sogenannten Imparitätsprinzip.

Im Zusammenhang mit Anlagen finden sich zwei Wertmaßstäbe:

- **Buchwert** ist der durch Abschreibung (planmäßige wie außerordentliche) im Zeitablauf aus einem ursprünglichen (historischen) Anschaffungs- oder Herstellungskostenwert entstehende Zeitwert eines Vermögensgegenstandes. Die Summe der Buchwerte der in der Bilanzposition zu erfassenden Vermögensgegenstände zu einem Bilanzstichtag ergibt die aggregierte Bilanzierung dieser (gleichartigen) Vermögensgegenstände in der Bilanz.
- **Erinnerungswert** ist der Restwert, der nach vollendeter Abschreibung in den Büchern aufgrund des Vollständigkeitsgrundsatzes verbleibt, wenn der abgeschriebene Gegenstand tatsächlich noch vorhanden ist. Vielfach wird heute kein Erinnerungswert mehr vorgesehen, da die Anlagebuchführung per Computer stattfindet und ein Erinnerungswert nicht mehr zur Wahrung der Vollständigkeit erforderlich ist.

Spezielle Bewertungsmaßstäbe der Handelsbilanz sind:

- **Börsen- oder Marktwert** ist der Bewertungsmaßstab für das Umlaufvermögen gemäß § 253 Abs. 3 Satz 1 HGB, der aufgrund einer objektiven Bewertung durch einen Handelsplatz entsteht.
- **Beizulegender Stichtagswert** sowohl des Anlage- als auch des Umlaufvermögens ist nach § 253 Abs. 2 Satz 3 und Abs. 3 Satz 2 HGB einem Vermögensgegenstand zuzuweisen, wenn ein Börsen- oder Marktpreis nicht festzustellen ist.

- **Wert nach »vernünftiger kaufmännischer Beurteilung«** ist der Auffangwertmaßstab nach § 253 Abs. 4 HGB. Auch nach § 253 Abs. 3 Satz 4 HGB dürfen Vermögensgegenstände nach »vernünftiger kaufmännischer Beurteilung« abgeschrieben werden, wenn dies notwendig ist, um zu verhindern, daß der Wert des Vermögensgegenstandes in nächster Zeit aufgrund von Wertschwankungen verändert werden muß.
- **Schwankungsreservewert** ist der weiter verminderte Wert, der angesetzt werden darf um zu verhindern, daß infolge von Wertschwankungen der Wertansatz von Vermögensgegenständen in nächster Zukunft erneut verändert werden muß (§ 253 Abs. 3 Satz 3 HGB). Dieser relativ selten verwendete Bewertungsmaßstab kann etwa bei Waren mit großen Marktwertschwankungen zur Anwendung kommen.
- **Steuerbilanzwert** ist der steuerrechtlich vorgeschriebene, u.U. von handelsrechtlichen Regelungen abweichende Wert, der aber nach § 254 HGB aufgrund des Maßgeblichkeitsprinzipes dennoch handelsrechtlich zum Ansatz kommen darf. Da insbesondere in § 6 Abs. 1 Nr. 1 und 2 EStG Abschreibungen aufgrund vorübergehender Wertminderung verboten sind, dies aber u.a. in § 253 Abs. 3 Satz 1 bis 3 HGB geboten ist, entsteht oft ein dem handelsrechtlichen Ansatz widersprechender steuerrechtlicher Wertansatz.
- **Nennwert** ist der Währungsbetrag, auf den eine Forderung oder Verbindlichkeit lautet. Nach § 283 HGB ist das gezeichnete Kapital einer Kapitalgesellschaft zum Nennwert auszuweisen.
- **Rückzahlungsbetrag** ist in § 253 Abs. 1 Satz 2 HGB der Wertausweis für Verbindlichkeiten. Dies ist insbesondere bei Disagio von Bedeutung, denn dann liegt der Rückzahlungsbetrag eines Darlehens über seinem Auszahlungsbetrag. Dieser Wertausweis steht mit der steuerrechtlichen Abzinsungspflicht des § 6 Abs. 1 Nr. 3 EStG in Konflikt.
- **Barwert** ist der Bewertungsmaßstab für Rentenverpflichtungen, für die eine Gegenleistung nicht mehr zu erwarten ist (§ 253 Abs. 1 Satz 2 HGB). Der Barwert ist durch Abzinsung zu ermitteln. Steuerrechtlich ist für Pensionsverpflichtungen ein gesetzlicher Zinssatz von 6 % vorgeschrieben (§ 6a Abs. 3 Satz 3 EStG). Auch durch die Abzinsung der Verbindlichkeiten aufgrund § 6 Abs. 1 Nr. 3 EStG zum Zinssatz von 5,5 % ergibt sich ein Barwert.

Spezielle Bewertungsmaßstäbe der Steuerbilanz sind:

- **Teilwert** ist der ungefähr mit dem Buchwert deckungsgleiche Zeitwert, der sich aus historischen Anschaffungs- oder Herstellungskosten vermindert um planmäßige und außerplanmäßige Abschreibungen ergibt (§ 6 Abs. 1 Nr. 1 EStG). Da das Steuerrecht aber außerplanmäßige Abschreibungen nur bei dauernder Wertminderung zuläßt, ist dieser nicht mit dem entsprechenden handelsrechtlichen Wert identisch.

- **Gemeiner Wert** ist im Bewertungsgesetz der Wert, der dem Preis entspricht, den ein Wirtschaftsgut unter Berücksichtigung objektiver Marktmaßstäbe im Verkauf erzielen würde (§ 9 Abs. 1 und 2 BewG). Der gemeine Wert ist für die Bilanzanalyse nur von untergeordneter Bedeutung, aber etwa bei der Überführung von Wirtschaftsgütern in ein Privatvermögen bei Betriebsaufgabe relevant (§ 16 Abs. 3 Satz 3 EStG).

3.2.2.4. Bewertungsfreiheit für geringwertige Wirtschaftsgüter

Aus Vereinfachungsgründen können geringwertige, einer selbständigen Nutzung fähige Vermögensgegenstände des abnutzbaren beweglichen Anlagevermögens mit Anschaffungs- oder Herstellungskosten unter 410,00 Euro im Jahr ihrer Anschaffung oder Herstellung sofort abgeschrieben werden (§ 6 Abs. 2 EStG). Sie werden im Jahr der Anschaffung im Anlagenspiegel als Zugang und als Abgang ausgewiesen.

Anlagegüter unter 100,00 € werden im Zugangszeitpunkt gleich als Aufwand verbucht, so daß Aktivierung und Vollabschreibung überhaupt nicht erforderlich sind (R 6.13 Abs. 2 Satz 2 EStR).

Diese Regelung führt – wie viele Abschreibungen – zur Bildung einer Stillen Reserve, weil Werte aus dem Anlagevermögen ausgebucht werden, die faktisch noch vorhanden sind und einen Wert repräsentieren. Es kann daher sinnvoll sein, bei der Vorbereitung einer Bilanzanalyse die abgeschriebenen, aber noch vorhandenen geringwertigen Wirtschaftsgüter zu addieren. Dies ist insbesondere bei Kennzahlen wie der Anlagedeckung oder der Anlageintensität bedeutsam.

Eine solche Korrekturrechnung ist vergleichsweise einfach, denn für die geringwertigen Wirtschaftsgüter ist ein besonderes Verzeichnis mit den Angaben nach § 6 Abs. 2 EStG zu führen, sofern sich diese Angaben nicht schon aus der Buchführung ergeben.

3.3. Bewertungsvorschriften für das Anlagevermögen

Anlagevermögensgegenstände sind Güter, die dazu bestimmt sind, dem Unternehmen langfristig zu dienen (§ 247 Abs. 2 HGB). Eine Legaldefinition, was unter »langfristig« zu verstehen sei, fehlt; allgemein wird jedoch eine Nutzung über mehrere Jahre als »langfristig« betrachtet. Das Anlagevermögen unterliegt der planmäßigen und ggfs. der außerplanmäßigen Abschreibung (§ 253 Abs. 2 HGB). Die verwendeten Abschreibungsmethoden sind aus dem Anlagespiegel ersichtlich. Die Abschreibung ist eine – mehr oder weniger – fiktive Bewertung des Wert-

Bewertungs-fall / Gegenstand	Normale Bewertung	Außerplanmäßige Wertminderung			Außerplanmäßige Wertmehrung	
		Vorübergehend		Dauernd	Allgemeine Regel	Kapitalgesellsch.
		Allgemeine Regel	Kapitalgesellsch.			
Abnutzbares Anlagevermögen	<u>Generell:</u> Bewertung zu **Anschaffungs- oder Herstellungs-kosten** minus planmäßige AfA (§ 253 Abs. 2 Satz 1 HGB, § 6 Abs. 1 Nr. 1, §§ 7 ff. EStG).	<u>Handelsrecht:</u> **Wahlrecht** (§ 253 Abs. 2 Satz 3 HGB) = gemäßigtes Niederstwertprinzip, <u>Steuerrecht:</u> Wahlrecht nur bei voraussichtlich dauernder Wertminderung (§ 6 Abs. 1 Satz 2 EStG), sonst **Verbot.**	<u>Generell:</u> Wahlrecht nur bei voraussichtlich dauernder Wertminderung (§ 6 Abs. 1 Satz 2 EStG i.V.m. § 279 Abs. 1 HGB), sonst **Verbot.**	<u>Generell:</u> (strenges Niederstwertprinzip), § 253 Abs. 2 Satz 3, § 6 Abs. 1 Nr. 1 Satz 2 EStG), sogenannte Teilwertabschreibung.	<u>Handelsrecht:</u> **Wahlrecht** (§ 253 Abs. 5 HGB), <u>Steuerrecht:</u> Aufwertungs**gebot** (§ 7 Abs. 1 Satz 4 Teilsatz 2 EStG).	<u>Generell:</u> Aufwertungs**gebot** (§ 7 Abs. 1 Satz 4 Teilsatz 2 EStG), ferner § 280 Abs. 1 HGB. Das Aufwertungswahlrecht des § 280 Abs. 2 HGB ist durch § 7 Abs. 1 Satz 4 Teilsatz 2 EStG praktisch wertlos.
Nicht abnutzbares Anlagevermögen	<u>Generell:</u> **Anschaffungs-/Herstell-ungskosten** § 253 Abs. 1 Satz 1 HGB, § 6 Abs. 1 Nr. 2 EStG).	<u>Handelsrecht:</u> Wahlrecht (§ 6 Abs. 1 Satz 2 EStG), sonst **Verbot.**	<u>Handelsrecht:</u> **Verbot** der außerordentlichen Abschreibung (§ 279 Abs. 1 Satz 2 HGB).			
Umlaufvermögen	<u>Generell:</u> Bewertung zu **Anschaffungs- oder Herstellungs-kosten** (§ 253 Abs. 1 Satz 1 HGB, § 6 Abs. 1 Nr. 2 EStG). Bewertungsvereinfachung: **Verbrauchsfolgebewer-tung** (§ 256 HGB und § 6 Abs. 1 Nr. 2a EStG), insbes. **FIFO** und **LIFO.** Handelsrecht: zusätzlich **Durch-schnittsbewertung** (§ 240 Abs. 4 HGB), **Gleichbewertung** (§ 240 Abs. 3 HGB).	<u>Handelsrecht:</u> **Pflicht** (§ 253 Abs. 3 Satz 1 HGB) = strenges Niederstwertprinzip, <u>Steuerrecht:</u> Wahlrecht nur bei voraussichtlich dauernder Wertminderung (§ 6 Abs. 1 Satz 2 EStG), sonst **Verbot.** **Direkter Widerspruch zwischen Handels- und Steuerrecht** und damit faktische Abkehr vom Maßgeblichkeitsprinzip!		<u>Generell:</u> **Pflicht** (strenges Niederst-wertprinzip), § 253 Abs. 3 HGB, § 6 Abs. 1 Nr. 2 EStG), sogenannte Teilwertabschreibung.	<u>Handelsrecht:</u> **Wahlrecht** (§ 253 Abs. 5 HGB), **Steuerrecht:** keine eindeutige Regelung in § 6 Abs. 1 Nr. 2 EStG.	

Abbildung 3.4: Gesamtübersicht über die handels- und steuerrechtlichen Bewertungsvorschriften für Vermögensgegenstände

verlustes der Anlagegüter und heißt daher treffend auch Absetzung für Abnutzung (AfA).

3.3.1. Grundsätzliche Regelungen

§ 253 Abs. 2 Satz 1 und 2 HGB schreiben nur vor, daß bei Anlagegütern, deren Nutzung zeitlich beschränkt ist, eine planmäßige Abschreibung vorzunehmen sei. Die Regelung enthält aber keinen Hinweis auf die anzuwendende Methode. Theoretisch wären also nahezu sämtliche denkbaren Abschreibungsmethoden handelsrechtlich zulässig, solange sie einem sachverständigen Dritten ein den tatsächlichen Verhältnissen entsprechendes Bild vermitteln (§ 238 HGB). Nach § 254 Satz 1 HGB können Abschreibungen aber auch vorgenommen werden, um Vermögensgegenstände mit einem nur steuerrechtlich zulässigen Wert anzusetzen. Faktisch hat sich durch diesen Maßgeblichkeitsgrundsatz die steuerliche Abschreibung der §§ 7 ff. EStG auch handelsrechtlich durchgesetzt. Es sind damit praktisch nur drei Verfahren zulässig:

- die **lineare** Abschreibung in gleichbleibenden Abschreibungsbeträgen auf den jeweiligen historischen Anschaffungs- oder Herstellungskostenwert des Anlagegegenstandes (§ 7 Abs. 1 EStG);
- die **degressive** Abschreibung in fallenden Abschreibungsbeträgen auf den jeweiligen Buchwert des Anlagegegenstandes (§ 7 Abs. 2 EStG) und
- die **Abschreibung nach Gesetzesvorgabe** beispielsweise bei Immobilien in vom Gesetz normierten festen Abschreibungsbeträgen (z.B. in § 7 Abs. 4 EStG mit sehr komplizierten Regelungen in § 7 Abs. 5 EStG).

Über die Nutzungsdauer der abzuschreibenden Anlagegegenstände enthält das Handelsrecht keinerlei Aussage. § 253 Abs. 2 Satz 2 HGB spricht nur von der Verteilung der Anschaffungs- oder Herstellungskosten auf die Geschäftsjahre, in denen der Vermögensgegenstand »voraussichtlich« genutzt wird. Dies kann als Gebot, über die betriebsübliche bzw. technische Nutzungsdauer abzuschreiben, verstanden werden. Auf diese Art würde ein den tatsächlichen Verhältnissen entsprechendes Bild vermittelt.

Wiederum durch das Maßgeblichkeitsprinzip »sickern« auch hier steuerrechtliche Vorschriften in das Handelsrecht ein, denn im Steuerrecht sind mehr oder weniger fiktive Nutzungsdauern durch die AfA-Tabellen vorgeschrieben. Diese Nutzungsdauern, die bei der letzten Reform dieser Tabellen im Jahre 2001 nahezu alle verlängert wurden, werden oft auch im Handelsrecht verwendet, obwohl sie eigentlich nur steuerrechtlich verbindlich sind. Nur die kalkulatorische Abschreibung ist diesbezüglich an keinerlei Vorschrift gebunden.

3.3.2. Planmäßige und außerplanmäßige Abschreibung

Neben der planmäßigen Abschreibung ist auch eine außerplanmäßige Absetzung zulässig, wenn der Vermögensgegenstand eine unerwartete Wertminderung erfährt. § 253 Abs. 2 Satz 3 HGB enthält hierfür das Wertmaß des »beizulegenden Wertes«. Zudem sind Abschreibungen im Rahmen »vernünftiger kaufmännischer Beurteilung« zulässig (§ 253 Abs. 4 HGB). Ein niedrigerer Wertansatz darf allgemein auch beibehalten werden, wenn die Gründe hierfür entfallen sind (§ 253 Abs. 5 HGB); Kapitalgesellschaften hingegen dürfen die »vernünftige kaufmännische Beurteilung« nicht anwenden und dürfen nur bei dauernder Wertminderung außerplanmäßig abschreiben (§ 279 Abs. 1 HGB). Dies gleicht dem Verbot der steuerrechtlichen Teilwertabschreibung bei vorübergehender Wertminderung in § 6 Abs. 1 Nr. 1 Satz 2 EStG. Anders als der handelsrechtliche Gesetzgeber ist der Steuergesetzgeber hier jedoch eher durch das Einnahmeerzielungsmotiv getrieben, denn je weniger abgeschrieben werden kann, desto höher ist potentiell die Ertragsteuerbelastung.

Außerplanmäßige Abschreibungen können stille Reserven in der Bilanz bilden, wenn sie auf Legalgründe zurückgeführt werden können, der Vermögensgegenstand aber weiterhin nutzbar ist. Bei der Bilanzanalyse sind also entsprechende Vorgänge ggfs. zu untersuchen und bei der Umbewertung der Bilanzpositionen zu berücksichtigen.

3.3.3. Lineare und degressive Abschreibung

Diese beiden ausschließlich in § 7 Abs. 1 und 2 EStG geregelten, aber handelsrechtlich im Wege der Maßgeblichkeit regelmäßig anwendbaren Verfahren der planmäßigen Abschreibung sind die vermutlich bekanntesten Abschreibungsmethoden.

Die *lineare Abschreibung* beruht auf den historischen Anschaffungs- und Herstellungskosten und legt die planmäßige Nutzungsdauer i.d.R. der jeweiligen AfA-Tabelle zugrunde. Die Abschreibung erfolgt in gleich hohen Abschreibungsraten. In Euro ist die lineare Abschreibung eines Jahres der Buchwert geteilt durch die Nutzungsdauer:

$$Lin.AfA_{EUR} = \frac{AK}{n}$$

F 3.1

In Prozent ist die jährliche Abschreibung 100 dividiert durch die Nutzungsdauer:

$$Lin.AfA_{\%} = \frac{100}{n}$$

F 3.2

Der Buchwert einer Periode t ist für alle $t > 0$ der historische Anschaffungs- oder Herstellungskostenwert der Anlage minus die Summe der kumulierten Abschreibungen:

$$Buchwert_t = AK - \sum_{i=1}^{t-1} Lin.AfA_{EUR_i}$$

F 3.3

Beispiel: Eine Anlage im Neuwert von 60.000 Euro sei über fünf Jahre linear abzuschreiben. Die Abschreibungstabelle sieht folgendermaßen aus:

t	Abschreibung	Zeitwert
0		60.000,00 €
1	12.000,00 €	48.000,00 €
2	12.000,00 €	36.000,00 €
3	12.000,00 €	24.000,00 €
4	12.000,00 €	12.000,00 €
5	12.000,00 €	0,00 €

Steuerlich ist seit dem Jahre 2005 bei Anschaffungen während des Jahres zeitanteilig abzuschreiben. Hierbei genügt es, in Monaten zu rechnen (§ 7 Abs. 1 Satz 4 EStG). Wurde die Anlage aus dem vorstehenden Beispiel am 01.04.2006 angeschafft, so wären $^3/_{12}$ der Abschreibung des Jahres 2006 abzusetzen. In 2006 dürften also nur noch $^9/_{12}$ des eigentlichen Abschreibungsbetrages von 12.000 Euro angesetzt werden. Da dieser Betrag »übrig« bleibt, ergibt sich ein sechstes Abschreibungsjahr, obwohl die Abschreibung weiterhin nur über fünf Jahre läuft. Das sieht folgendermaßen aus:

t	Jahr	Abschreibung	Zeitwert
0			60.000,00 €
1	2006	9.000,00 €	51.000,00 €
2	2007	12.000,00 €	39.000,00 €
3	2008	12.000,00 €	27.000,00 €
4	2009	12.000,00 €	15.000,00 €
5	2010	12.000,00 €	3.000,00 €
6	2011	3.000,00 €	0,00 €

Die *degressive Abschreibung* hingegen wird in fallenden Abschreibungsbeträgen angegeben. Die Abschreibungsbeträge fallen, weil sie sich auf den Zeitwert der Anlage (und nicht, wie bei der linearen AfA) auf den Neuwert richten. Da aber der Zeitwert sinkt, sinken auch die jährlichen Abschreibungsbeträge.

Da der maximale Prozentsatz, zu dem degressiv abgeschrieben werden darf, höher ist als bei der linearen Abschreibung, vermittelt diese Methode zumindest am Anfang einen steuerlichen Vorteil. Sie war daher auch Gegenstand wiederholter Steuerreformen, bei denen das Ziel der staatlichen Einnahmeerzielung mit der Notwendigkeit der Gewährung von Steuererleichterungen nicht nur zur Förderung des Arbeitsmarktes miteinander mit abwechselndem Erfolg konkurrierten:

Maximal zulässige degressive Abschreibung		
Anschaffung	Relativregel	Absolutregel
	(nach § 7 Abs. 2 Satz 2 Teilsätze 2 und 3 EStG)	
bis 2000	3 × lineare AfA	max. 30%
2001 – 2005	2 × lineare AfA	max. 20%
2006 – 2007	3 × lineare AfA	max. 30%
ab 2008	wieder wie 2001?	wieder wie 2001?

Abbildung 3.5: Die maximale Höhe der degressiven Abschreibung im Zeitablauf

Beispiel: Für verschiedene Nutzungsdauern n in Jahren ergeben sich aus F 3.2 die entsprechenden linearen Abschreibungswerte. Wie hoch aber ist die zulässige maximale degressive Abschreibung?

n	lin. AfA	Max. degressive AfA	
		2001–2005	2006–2007
30	3,33%	6,67%	10,00%
20	5,00%	10,00%	15,00%
15	6,67%	13,33%	20,00%
12	8,33%	16,67%	25,00%
10	10,00%	20,00%	30,00%
8	12,50%	20,00%	30,00%
6	16,67%	20,00%	30,00%
5	20,00%	20,00%	30,00%
4	25,00%	20,00%	30,00%
3	33,33%	20,00%	30,00%

Das Beispiel demonstriert zunächst, daß die damalige Steuerreform von 2001 eine erhebliche Steuerverschärfung, die neuerliche Reform von 2006 hingegen eine Steuererleichterung dargestellt hat.

Es zeigt aber auch, daß bei Nutzungsdauern unter zehn Jahren kein weiterer Anstieg der degressiven Abschreibung über 20% bzw. 30% hinaus mehr möglich ist. Der steuerliche Vorteil, den diese Methode vermittelt, schrumpft also mit kürzerer Nutzungsdauer. Mehr noch ist bei einer Nutzungsdauer von nur drei Jahren (gemäß AfA-Tabelle sind das aber nur PC-Computer, Notebooks und Workstations) die degressive Abschreibung sogar von Anfang an kleiner als die mögliche lineare Abschreibung. Die degressive Abschreibung »lohnt« sich daher nur bei mittel- bis langfristig nutzbaren Anlagegütern wie etwa Industriemaschinen, Fahr- oder Flugzeugen.

Leider erreicht eine Abschreibung, die sich nur auf den Zeitwert richtet, den Nullpunkt nicht. Das macht die Verhältnisse hier etwas komplizierter.

Beispiel: Eine im Jahre 2006 mit einem Neuwert von 80.000 Euro angeschaffte Anlage sei über zehn Jahre degressiv abzuschreiben:

t	Abschreibung	Zeitwert
0		80.000,00 €
1	24.000,00 €	56.000,00 €
2	16.800,00 €	39.200,00 €
3	11.760,00 €	27.440,00 €
4	8.232,00 €	19.208,00 €
5	5.762,40 €	13.445,60 €
6	4.033,68 €	9.411,92 €
7	2.823,58 €	6.588,34 €
8	1.976,50 €	4.611,84 €
9	1.383,55 €	3.228,29 €
10	968,49 €	2.259,80 €

§ 7 Abs. 3 Satz 1 EStG läßt daher einen Wechsel von der degressiven zur linearen Methode zu. Dies ist eine Durchbrechung des Grundsatzes der Methodenstetigkeit (§ 252 Abs. 1 Nr. 6 HGB). Leider gibt es keine Vorschrift darüber, zu welchem Zeitpunkt dieser Wechsel durchzuführen sei. Es bestehen daher eine Vielzahl von Faustregeln, die aber von der höchsten zulässigen degressiven AfA abhängig sind. Wir haben in diesem Beispiel den Wechsel zur linearen AfA im achten Jahr vollzogen, nachdem im siebten Jahr der degressive Restwert i.H.v. 6.588,34 Euro unter den Wert einer anfänglichen linearen Rate i.H.v. 8.000 gefallen ist:

t	Abschreibung	Zeitwert
0		80.000,00 €
1	24.000,00 €	56.000,00 €
2	16.800,00 €	39.200,00 €
3	11.760,00 €	27.440,00 €
4	8.232,00 €	19.208,00 €
5	5.762,40 €	13.445,60 €
6	4.033,68 €	9.411,92 €
7	2.823,58 €	6.588,34 €
8	2.196,11 €	4.392,23 €
9	2.196,11 €	2.196,12 €
10	2.196,12 €	0,00 €

Auch für die degressive Abschreibung gilt die Vorschrift der zeitanteiligen Abschreibung. Wurde beispielsweise das Anlagegut wiederum am 01.04.2006 angeschafft, so sind auch hier $^3/_{12}$ der eigentlichen Abschreibung des Jahres 2006 abzusetzen. Anstatt 24.000 Euro können in 2006 also nur 18.000 Euro abgesetzt werden. Die Tabelle umfaßt jetzt wiederum ein »zusätzliches« Abschreibungsjahr, denn im 11. Kalenderjahr vollendet sich die zehnjährige Gesamtnutzungsdauer. Das sieht folgendermaßen aus:

t	Jahr	Abschreibung	Zeitwert
0			80.000,00 €
1	2006	18.000,00 €	62.000,00 €
2	2007	18.600,00 €	43.400,00 €
3	2008	13.020,00 €	30.380,00 €
4	2009	9.114,00 €	21.266,00 €
5	2010	6.379,80 €	14.886,20 €
6	2011	4.465,86 €	10.420,34 €
7	2012	3.126,10 €	7.294,24 €
8	2013	2.352,98 €	4.941,26 €
9	2014	2.196,11 €	2.745,15 €
10	2015	2.196,11 €	549,04 €
11	2016	549,04 €	0,00 €

3.3.4. Leistungsbezogene Abschreibung

Eine leistungsbezogene Abschreibung bewertet einen Anlagegegenstand nicht nach einer festen Nutzungszeit, sondern nach seiner tatsächlichen Abnutzung. Hierfür ist ein Leistungszählwerk oder ein sonstiges objektives Verbrauchsmaß erforderlich, was bei Fahrzeugen regelmäßig durch den Kilometerzähler und bei Industriemaschinen häufig durch einen Prozeß- oder Vorgangszähler gegeben ist. Selbst viele Computerdrucker besitzen bereits eine solche Zählfunktion. Zudem muß die technische Gesamtleistung bekannt sein. Steuerlich ist diese Methode nach § 7 Abs. 1 Satz 6 EStG zulässig; allerdings muß ein belegmäßiger Nachweis über die Höhe der entnommenen Leistungseinheiten geführt werden. Dies kann durch Fahrtenbücher, Maschinenlogbücher und vergleichbare Aufzeichnungen geschehen.

Die Höhe der jährlichen Abschreibung würde sich in diesem Verfahren bemessen aus

$$LeistungsAfA_{EUR} = AK \times \frac{Jahresleistung}{Gesamtleistung}$$

F 3.4

In Prozent ergibt sich pro Periode

$$LeistungsAfA_{\%} = \frac{Jahresleistung}{Gesamtleistung}$$

F 3.5

Beispiel: Ein neuer Kleinlastkraftwagen mit Anschaffungskostenwert von 60.000 Euro habe eine technische Gesamtlebensdauer von 250.000 km. Die Abschreibung für jeden Kilometer ist also $^1/_{250.000}$ von 60.000 Euro. Aufgrund der Fahrtenbuchdaten der einzelnen Jahre ergebe sich beispielhaft:

t	Leistung	Abschreibung	Zeitwert
0			60.000,00 €
1	50.000 km	12.000,00 €	48.000,00 €
2	30.000 km	7.200,00 €	40.800,00 €
3	60.000 km	14.400,00 €	26.400,00 €
4	70.000 km	16.800,00 €	9.600,00 €
5	40.000 km	9.600,00 €	0,00 €
Σ	250.000 km	60.000,00 €	

Die leistungsbezogene Abschreibung erbringt die »beste« Anlagebewertung. Leider ist sie bei vielen Anlagen mangels erforderlicher Daten nicht möglich, und wird bei anderen Anlagen, wie insbesondere Fahrzeugen, wo sie möglich wäre, wegen der damit verbundenen höheren Verwaltungsaufwendungen unterlassen.

3.3.5. Darstellung des Anlagevermögens im Abschluß

Für die Bilanzanalyse ist die Kenntnis des Anlagevermögens bedeutsam. Während die Abschreibungsmethode für jede Anlage separat gewählt werden kann, besteht nach § 268 Abs. 2 Satz 2 und 3 HGB die Pflicht, in der Bilanz oder im Anhang

- die **gesamten Anschaffungs- oder Herstellungskosten,**
- **Zugänge** (beispielsweise durch nachträgliche Erweiterungen, also nachträgliche Anschaffungs- oder Herstellungskosten),
- **Abgänge** (beispielsweise durch Schäden oder Demontage von Anlageteilen),
- **Umbuchungen** (etwa durch Übertragung von Anlageteilen von einer Anlage auf eine andere oder Übertragung der ganzen Anlage von einem Bereich in einen anderen),
- **Zuschreibungen** (beispielsweise durch fortfallende vorübergehende Wertminderungen) und
- **Abschreibungen** (gemäß den diversen hierfür geltenden Vorschriften)

gesondert auszuweisen. Man spricht in diesem Zusammenhang vom Anlagespiegel oder Anlagegitter. Dieses bietet die wesentliche Grundlage für die anlagebezogenen Daten der Bilanzanalyse.

3.4. Bewertungsvorschriften für das Umlaufvermögen

Zum Umlaufvermögen gehören alle Gegenstände, die nicht dazu bestimmt sind, dem Unternehmen langfristig zu dienen (§ 247 Abs. 2 HGB). Wie auch beim Anlagevermögen entscheidet also ausschließlich die Nutzungs*absicht* des Bilanzierenden. Das reale Nutzungsverhalten ist nur nachrangig bedeutsam.

Beispiel: Ein Autohändler hat zahlreiche Fahrzeuge auf dem Hof stehen. Da er diese verkaufen möchte, handelt es sich um Umlaufvermögen – auch dann, wenn ihm dies bei den »Ladenhütern« nicht immer so schnell gelingt, wie es eigentlich beabsichtigt war. Entnimmt der Händler aber ein Fahrzeug, um es als Dienstfahrzeug für Kundenbesuche zu nutzen, so wird aus dem Umlauf- ein Anlagevermögensgegenstand – obwohl das Dienstfahrzeug noch immer auf dem gleichen Hof steht.

3.4.1. Grundsatz der Einzelbewertung

Grundsätzlich gilt stets der Grundsatz der Einzelbewertung (§ 252 Abs. 1 Nr. 3 HGB), der besagt, daß jeder Vermögensgegenstand und Schuldposten einzeln zu bewerten ist. Hierbei ist die sogenannte Verkehrsfähigkeit maßgeblich, d.h. die selbständige Nutzbarkeit des Gegenstandes entscheidet über die Bilanzierungspflicht. Jeder selbständig nutzbare Gegenstand ist dabei eine verkehrsfähige und damit eine bewertungsfähige Einheit. Ein-, An- oder Umbauten, die keiner eigenständigen Nutzung fähig sind, sind mit dem Gegenstand, dem sie zuzuordnen sind, als Einheit zu bewerten.

Die exakte Zuordnung von Teilen zu verkehrsfähigen Gesamteinheiten kann problematisch sein und Anlaß zu Streitigkeiten mit Finanzämtern und vor den Gerichten geben, denn Steuerpflichtige sehen gerne verkehrsfähige Einheiten, die möglichst als geringwertige Wirtschaftsgüter einer sofortigen Abschreibung zugänglich sind, während Finanzämter eher Einbauten in bestehende Wirtschaftsgüter sehen, deren Abschreibung sich dann zwar erhöht, was aber insgesamt im jeweiligen Jahr doch steuerlich ungünstiger ist.

Da im Bereich des Umlaufvermögens aber schon einzelne Schrauben oder Kleinteile u.U. verkehrsfähig sein können, wäre die Einzelbewertung jedes einzelnen Gegenstandes wie beispielsweise im Bereich des Anlagevermögens in großen Lägern in aller Regel praktisch undurchführbar. Der Gesetzgeber hat daher Erleichterungen bei Erfassung und Bewertung vorgesehen, die als Bewertungsvereinfachungsverfahren bekannt sind.

3.4.2. Bewertungsvereinfachungsverfahren

Die drei wesentlichen Methoden sind hier

- die **Gleichbewertung** nach § 240 Abs. 4 HGB,
- die **Durchschnittsbewertung** nach § 240 Abs. 3 HGB und
- die **Verbrauchsfolgebewertung** nach § 256 HGB.

Die auch als Festbewertung bezeichnete *Gleichbewertung* betrifft Vermögensgegenstände des Sachanlagevermögens und Roh-, Hilfs- und Betriebsstoffe. Diese dürfen, wenn sie regelmäßig ersetzt werden und ihr Gesamtwert für das Unternehmen von nachrangiger Bedeutung ist, mit einer gleichbleibenden Menge und einem gleichbleibenden Wert angesetzt werden, sofern ihr Bestand in seiner Größe, seinem Wert und seiner Zusammensetzung nur geringen Veränderungen unterliegt (§ 240 Abs. 3 HGB). In diesem Fall ist dennoch alle drei Jahre eine körperliche Bestandsaufnahme erforderlich. Neben vielen Materialarten betrifft dies insbesondere Kleinwerkzeuge wie Bohrmaschinen, Handwerkzeuge oder kleine Meßgeräte, die zwar eigentlich Anlagevermögen sind, deren Wert aber nachrangig ist, und die für den täglichen Bedarf regelmäßig ersetzt werden. Im Grunde ist diese Methode einfach eine qualifizierte Schätzung. Wegen der wertmäßigen Nachrangigkeit ist die Auswirkung der hier immer bedingten Schätzungenauigkeit auf die Bilanzanalyse gering. Dies ist auch ertragsteuerlich zulässig.

Gleichartige Vermögensgegenstände des Vorratsvermögens sowie andere gleichartige oder annähernd gleichwertige bewegliche Vermögensgegenstände und Schulden können jeweils zu einer Gruppe zusammengefaßt und mit dem *gewogenen Durchschnittswert* angesetzt werden (§ 240 Abs. 4 HGB). Dieses Verfahren ist auch als Durchschnittsmethode bekannt und ein anerkanntes mathematisch-statistisches Verfahren gemäß § 241 Abs. 1 HGB. Das Steuerrecht nennt diese Methode »Gruppenbewertung« (R 6.8 Abs. 4 Satz 1 EStR). Der gewogene Durchschnitt ergibt sich aus

$$\mu_{gewogen} = \frac{\sum_{i=1}^{n}(q_i \times x_i)}{n} = \frac{1}{n} \times \sum_{i=1}^{n}(q_i \times x_i) \qquad \text{F 3.6}$$

Beispiel: In einem Lager werden die folgenden Wertbewegungen registriert:

Nr.	Menge	Stück	Wert
1	200 St	15,00 €/St	3.000,00 €
2	1.000 St	16,00 €/St	16.000,00 €
3	600 St	18,00 €/St	10.800,00 €
4	1.200 St	19,00 €/St	22.800,00 €

5	400 St	22,00 €/St	8.800,00 €
6	100 St	23,00 €/St	2.300,00 €
Σ	3.500 St		63.700,00 €

Der Schlußbestand betrage 550 Stück. Werden diese nach gewogenem Durchschnitt bewertet, so wäre die Bewertung

$$\mu_{gewogen} = \frac{63.700\,€}{3.500\,St} = 18,20\,€\,/\,St \qquad \text{F 3.7}$$

Der Gesamtbestand des Lagers am Stichtag i.H.v. 550 Stück wäre damit zu 10.010 Euro zu bewerten. Der Materialaufwand, der durch Entnahme von insgesamt 2.950 Stück entstanden ist, wäre mit 53.690 Euro zu bewerten.

Die *Verbrauchsfolgebewertung* besteht darin, daß die zuerst oder zuletzt angeschafften Vermögensgegenstände in einer bestimmten Reihenfolge verbraucht und entsprechend bewertet werden. Die Methode ist nach § 256 HGB im Rahmen der Grundsätze der ordnungsgemäßen Buchführung zulässig, was indirekt einen belegmäßigen Nachweis fordert, daß die unterstellte Verbrauchsreihenfolge auch tatsächlich eingehalten wird. Man unterscheidet praktisch nur noch zwei Methoden:

- die **FIFO**-Methode (First In First Out) und
- die **LIFO**-Methode (Last In First Out).

Nach § 6 Abs. 1 Nr. 2a EStG darf unterstellt werden, daß die zuletzt angeschafften oder hergestellten Vermögensgegenstände zuerst verbraucht werden. LIFO ist damit ausdrücklich steuerlich zulässig. Hiervon darf nur mit Zustimmung des Finanzamtes abgewichen werden (§ 6 Abs. 1 Nr. 2a Satz 3 EStG). Dies kann faktisch auch FIFO zulassen. Früher übliche Methoden wie HIFO (Highest In First Out) und LOFO (Lowest In First Out) sind steuerlich unzulässig und damit auch handelsrechtlich nicht üblich, obwohl § 256 HGB kein diesbezügliches Verbot enthält.

Handelsrechtlich war über ein Verbot von LIFO nachgedacht worden; dieses Verbot ist im Bereich der internationalen Rechnungslegung schon vorhanden, wo im Rahmen von IAS 2.25 ff. nur noch die Durchschnittsmethode und FIFO zulässig sind. Das ist auch sinnvoll, weil betriebswirtschaftlich nur im Rahmen der Durchschnitts- und der FIFO-Bewertung Aussagen[1] über die durchschnittliche und maximale Lager-

---

1 Bei Durchschnittsbewertung ist die maximale Lagerdauer das Doppelte der durchschnittlichen Lagerdauer; bei FIFO-Bewertung verdoppelt sich aber die durchschnittliche Lagerdauer und gleicht dann der maximalen Lagerdauer. Verderben also bei Durchschnittsbewertung ganz wenige Produkte wegen Überlagerung, so würde bei Umstellung auf FIFO plötzlich alles vergammeln. Mehr Details vgl. vom gleichen Autoren in der gleichen Reihe »BWL-Formelsammlung«, Weinheim 2006, S. 96 ff., sowie »IFRS-Formelsammlung«, a.a.O., S. 27 ff.

dauer möglich sind. LIFO schließt solche Aussagen prinzipiell aus – und ist zudem mit verderblichen Gütern meist nicht machbar, weil hier die untersten Güter in der LIFO-Reihenfolge theoretisch unendlich lange liegen bleiben und verderben könnten. Daß die deutsche Steuerverwaltung derzeit offenbar LIFO zur einzig noch zulässigen Verbrauchsfolgebewertung machen will, erscheint geradezu als Irrsinn und zeugt vom mangelnden betriebswirtschaftlichen Sachverstand des Steuergesetzgebers.

Beispiel: In einem Lager werden die schon bekannten Wertbewegungen registriert:

FIFO	Nr.	Menge	Stück	Gesamt	**LIFO**
	1	200 St	15,00 €/St	3.000,00 €	
	2	1.000 St	16,00 €/St	16.000,00 €	
	3	600 St	18,00 €/St	10.800,00 €	
	4	1.200 St	19,00 €/St	22.800,00 €	
	5	400 St	22,00 €/St	8.800,00 €	
	6	100 St	23,00 €/St	2.300,00 €	
	Σ	3.500 St		63.700,00 €	

Der Schlußbestand betrage 550 Stück. Die FIFO-Bewertung des Schlußbestandes muß nun von »unten« nach »oben« erfolgen, weil die zuletzt zugegangenen Vermögensgegenstände noch vorhanden sind. Die FIFO-Bewertung des Schlußbestandes wäre also $100 \times 23 + 400 \times 22 + 50 \times 19 = 12.050$ Euro. Der Materialaufwand wäre dann 63.700 Euro – 12.050 Euro = 51.650 Euro.

Bei LIFO hingegen müßte die Bewertung des Schlußbestandes »von oben« aus erfolgen. Es wäre also $200 \times 15 + 350 \times 16 = 8.600$ Euro als Bilanzwert auszuweisen. Der LIFO-bezogene Aufwand wäre jetzt aber 63.700 Euro – 8.600 Euro = 55.100 Euro.

Das Bild ändert sich aber, wenn der Preis des bewerteten Bedarfsobjektes im Laufe der Rechnungsperiode fällt anstatt wie im vorigen Beispiel zu steigen. Nehmen wir mal an, daß die Wertbewegung folgendermaßen ausgesehen habe:

Nr.	Menge	Stück	Gesamt
1	200 St	22,00 €/St	4.400,00 €
2	1.000 St	20,00 €/St	20.000,00 €
3	600 St	21,00 €/St	12.600,00 €
4	1.200 St	19,00 €/St	22.800,00 €
5	400 St	18,00 €/St	7.200,00 €
6	100 St	16,00 €/St	1.600,00 €
Σ	3.500 St		68.600,00 €

Der Schlußbestand betrage hier auch wieder 550 Stück. Der Börsen- oder Marktpreis i.S.d. § 253 Abs. 3 Satz 1 HGB am Stichtag betrage jedoch

Bewertungsvor-
schriften für das
Umlaufvermögen

15 Euro. Aufgrund dieser Wertminderung ist also eine Teilwertabschreibung vorzunehmen.

Handelsrechtlich ist der Gegenstand damit in jedem Fall nur mit 15 Euro pro Stück oder insgesamt mit 15 × 550 = 8.250 Euro zu bilanzieren. Da die Durchschnittsbewertung gemäß F 3.6 aber einen Stückwert von 19,60 Euro liefert, wäre die Differenz i.H.v. 19,60 Euro – 15 Euro = 4,60 Euro pro Stück oder 4,60 × 550 = 2.530 Euro die Teilwertabschreibung. Diese Wertminderung ist handelsrechtlich vorgeschrieben (»sind Abschreibungen vorzunehmen...«, § 253 Abs. 3 Satz 1 HGB), steuerrechtlich nach § 6 Abs. 1 Nr. 2 Satz 2 EStG aber verboten. Eine Einheitsbilanz, die gleichermaßen steuer- und handelsrechtlichen Anforderungen genügt, wäre hier also nicht mehr möglich.

Gleichermaßen wäre bei Anwendung von FIFO oder LIFO vorzugehen.

Für den Bilanzanalytiker sind die angewandten Bewertungsmethoden bei einer Kapitalgesellschaft aus dem Anhang ersichtlich, denn nach § 284 Abs. 2 HGB müssen die angewandten Bewertungs- und Bilanzierungsmethoden sowie die Bewertungsvereinfachungsverfahren offengelegt werden.

3.4.3. Bewertung der Forderungen

Forderungen sind Ansprüche gegenüber anderen Rechtspersonen auf Geld- oder Sachleistungen. Langfristige Forderungen sind in der Bilanz in entsprechenden Positionen des Anlagevermögens ausgewiesen, im Umlaufvermögen unter dem Posten »Forderungen und sonstige Vermögensgegenstände«. Dieser wiederum ist unterteilt in »Forderungen aus Lieferungen und Leistungen«, »Forderungen gegen verbundene Unternehmen«, »Forderungen gegen Unternehmen, mit denen ein Beteiligungsverhältnis besteht« und »Sonstige Vermögensgegenstände«, wobei Forderungen auch in der letzten Position vorkommen.

Wesentliche Bewertungsprobleme sind in diesem Zusammenhang

- die Bewertung **zweifelhafter Forderungen** und der **Forderungsausfälle** sowie
- die Bewertung von **Fremdwährungsforderungen**.

Zweifelhafte Forderungen (sogenannte »Dubiose«) sind solche, deren Eingang aus objektiven Gründen (etwa gegen den Leistungspflichtigen eingeleitetes Insolvenzverfahren) als nicht sicher gilt. Sie sind bilanziell jedoch nicht gesondert darzustellen. Entsprechende Wertberichtigungen werden deshalb bei den jeweiligen Bilanzposten direkt abgesetzt. Diese Methode ist handelsrechtlich geboten, steuerrechtlich aber als »Teilwertabschreibung« eingeschränkt. Sie reduziert zudem den Informationsgehalt des Jahresabschlusses für die Abschlußanalyse.

Nach § 268 Abs. 4 HGB müssen Kapitalgesellschaften bei jedem gesondert ausgewiesenen Posten den Betrag derjenigen Forderungen vermerken, die eine Restlaufzeit von mehr als einem Jahr haben (nur bei den im Umlaufvermögen ausgewiesenen Forderungen, nicht auch bei denen im Anlagevermögen). Dieser Vermerk kann aus Gründen der Klarheit und Übersichtlichkeit statt in der Bilanz auch im Anhang in einem Forderungsspiegel gemacht werden.

Die handelsrechtliche Bewertung der Forderungen erfolg grundsätzlich mit dem Nennwert, sofern davon ausgegangen werden kann, daß die Forderung vollständig eingeht. Zweifelhafte Forderungen sind mit ihrem wahrscheinlichen Wert anzusetzen und uneinbringliche Forderungen sind auszubuchen.

Sind Erkenntnisse vorhanden, wonach an einem vollständigen Forderungseingang zu zweifeln ist, so sind nach Handelsrecht Abschreibungen auf Forderungen in Höhe des erwarteten Forderungsausfalles vorzunehmen (strenges Niederstwertprinzip, § 253 Abs. 1 Nr. 3 HGB). Forderungen sind grundsätzlich einzeln zu bewerten (§ 252 Abs. 1 Nr. 6 HGB). Man spricht dann von der sogenannten Einzelwertberichtigung.

Beispiel: Eine Forderung betrage 8.999,00 Euro. Dieser Betrag ist, wie alle Forderungen, ein Bruttobetrag inkl. 19 % USt. Die Abgrenzung in »Dubiose« ist bereits eine Einzelbewertungsmaßnahme. Nunmehr erfahren wir vom Insolvenzverwalter, daß die voraussichtliche Insolvenzquote 40% betrage. Dies bedeutet, daß 60% der Forderung voraussichtlich verloren sind. Es wären also 60% der Nettoforderung in Höhe von 7.562,18 Euro = 4.537,31 Euro abzuschreiben. Diese Abschreibung ist rein handelsrechtlich, weil noch keine endgültige Wertminderung vorliegt. Die Umsatzsteuer darf aus dem gleichen Grund noch nicht korrigiert werden[1]. Steuerrechtlich wird die Abschreibung erst bei Abschluß des Insolvenzverfahrens wirksam. Auch die Umsatzsteuerschuld darf erst bei Abschluß des Insolvenzverfahrens korrigiert werden.

Beträgt die tatsächliche Insolvenzquote dann auch wirklich 40 %, so ist eine Umsatzsteuerkorrektur i.H.v. 60 % der ursprünglichen Umsatzsteuer i.H.v. 1.436,82 Euro = 862,09 Euro zu erfassen.

Beträgt die tatsächliche Insolvenzquote beispielsweise 50 %, so wäre zunächst die Forderung i.H.v. 10 % der ursprünglichen Forderung oder 756,22 Euro zu erhöhen und dann die Umsatzsteuer nur um 50 % oder 718,41 Euro zu vermindern. Beträgt die wirkliche Insolvenzquote aber nur 10 %, sind also 90 % der ursprünglichen Forderung verloren, so wäre eine weitere Forderungsabschreibung um zusätzliche 30 % in Höhe von 2.268,66 Euro und eine Umsatzsteuerkorrektur i.H.v. 90 % oder 1.293,13 Euro zu buchen.

1 Dies gilt nur für einen »Sollversteuerer« i.S.d. § 20 UStG. Wird die Umsatzsteuer nach vereinnahmten Entgelten berechnet, wäre sie mangels Zahlung gar nicht entstanden. Da diese umsatzsteuerliche Abrechnungsmethode jedoch nur für vergleichsweise kleine Unternehmen möglich ist, betrifft sie die meisten Unternehmen, deren Bilanzen veröffentlicht (und damit analysiert) werden, jedoch nicht.

Bewertungsvorschriften für das Umlaufvermögen

Wie bei der Bewertung der verschiedenen Materialarten kann auch eine Einzelbewertung der Forderungen unmöglich sein, weil der Aufwand, für eine Vielzahl von Kunden jeweils einzelne Bonitätsprüfungen durchzuführen, in keinem Verhältnis zum Nutzen stehen würde. Es können daher auch Kategorien von Risikoklassen gebildet werden, auf deren Bestand ein pauschaler Abschlag genommen wird. Das entspricht im wesentlichen den Bewertungsvereinfachungsverfahren für das Material und ist eine Erleichterung zum Einzelwertprinzip. Man spricht dann von der Pauschalwertberichtigung. Auch diese ist auf den Nettowert vorzunehmen und ist zunächst steuerlich irrelevant. Auch hier darf eine Umsatzsteuerkorrektor erst bei endgültigem Ausfall der Forderung vorgenommen werden.

Beispiel: Ein Versandhaus habe Kleinforderungen gegen viele Privatkunden i.H.v. 2 Mio. Euro. Erfahrungsgemäß betrage die Ausfallquote hier vier Prozent. Vom Nettowert der Forderungen i.H.v. 1.680.672,27 Euro ist also eine handelsrechtliche Pauschalwertberichtigung i.H.v. 4 % oder 67.226,89 Euro zu bilden.

Aufgrund der Einschränkung der Teilwertabschreibung ist die Abschreibung auf Forderungen ab 1999 steuerrechtlich vielfach unzulässig. Um dieses Problem zu lösen, führt man indirekte Abschreibungen durch. Diese Methode besteht darin, einen passiven Korrekturposten in Höhe der Abschreibung zu buchen. Das eigentliche Forderungskonto bleibt dadurch unangetastet und das Verbot der steuerlichen Teilwertabschreibung bei vorübergehender Wertminderung bleibt gewahrt. Der Abschlußleser sollte aber prüfen, ob im vorliegenden Abschluß solche indirekten Korrekturen vorhanden sind, und diese ggfs. manuell saldieren, so daß der »wahre« Wert der Forderungen in die Berechnungen eingeht.

Forderungen in ausländischer Währung sind zunächst mit dem maßgeblichen Wechselkurs zum Zeitpunkt der Erstverbuchung zu bewerten. Am Stichtag greift das Vorsichtsprinzip (§ 252 Abs. 1 Nr. 4 HGB). Ist der Fremdwährungskurs zum Euro gestiegen, so darf die Forderung nicht erhöht werden, weil künftige Gewinne nicht vorweggenommen werden dürfen. Ist der Kurs hingegen gefallen, so ist eine Reduzierung der Forderung verpflichtend, weil dies ein vorweggenommener Verlust ist.

Dieses sogenannte Imparitätsprinzip führt zu einer schleichenden Unterbewertung insbesondere von langfristigen Forderungen, aber entsprechend auch zu einer Überbewertung von (langfristigen) Verbindlichkeiten, die bei jedem Kursanstieg ja erhöht werden müssen.

3.5. Sonderposten mit Rücklageanteil

Aufgrund des Grundsatzes der umgekehrten Maßgeblichkeit finden steuerrechtliche Vorschriften im handelsrechtlichen Jahresabschluß ihren Platz. Ein besonders interessanter Posten ist der sogenannte Sonderposten mit Rücklageanteil.

3.5.1. Definition der Sonderposten mit Rücklageanteil

Sonderposten mit Rücklageanteil sind Passivposten im handelsrechtlichen Jahresabschluß, die aufgrund der umgekehrten Maßgeblichkeit auf steuerrechtlichen Vorschriften beruhen und zugleich handelsrechtlich zulässig sind. Grundsätzlich dürfen steuerrechtlich zulässige Rücklagen auch in der Handelsbilanz als Passivposten ausgewiesen werden (§ 247 Abs. 3 HGB). Diese Formen von Rücklagen, die meist aufgrund recht spezifischer Regelungen für bestimmte Einzeltatbestände vorgesehen sind, stellen vielfach eine indirekte Steuerbefreiung oder Steuerermäßigung für bestimmte Personengruppen oder Sachverhalte dar. Die in die Rücklage einbezogenen Beträge werden dabei oft der Besteuerung nach folgendem Muster entzogen:

1. Aufgrund eines spezifischen Sachverhaltes wird zunächst ein Sonderposten mit Rücklageanteil gebildet. Der in diesen eingestellte Betrag unterliegt nicht mehr der Besteuerung,
2. bei Verwirklichung eines bestimmten Sachverhaltes wird dieser Sonderposten gewinnerhöhend aufgelöst, was die Besteuerung wieder verschärft,
3. gleichzeitig tritt vielfach ein anderer Sachverhalt hinzu, etwa eine Sonderabschreibung, was den zuvor durch Rückstellungsbildung von Besteuerung befreiten Betrag wiederum steuerfrei stellt.

3.5.2. Bilanzieller Ausweis der Sonderposten mit Rücklageanteil

Kapitalgesellschaften dürfen den Sonderposten mit Rücklageanteil nur insoweit bilden, als das Steuerrecht die Anerkennung eines Wertansatzes bei der steuerlichen Gewinnermittlung davon abhängig macht, daß der Sonderposten in der Handelsbilanz gebildet wird (§ 273 HGB). Durch diese Bestimmung dürfen nur solche Passivposten in den Sonderposten mit Rücklageanteil aufgenommen werden, für die die umgekehrte Maßgeblichkeit gilt. Art und Anzahl solcher steuerrechtlicher Korrekturen unterlag in den vergangenen Jahren starken Schwankungen.

Der bilanzielle Ausweis der Sonderposten mit Rücklageanteil erfolgt nach § 273 Satz 2 HGB bei den Passiva »vor den Rückstellungen«. Das Bilanzgliederungsschema wird daher insofern erweitert.

```
A. Eigenkapital:
   I.   Gezeichnetes Kapital;
   II.  Kapitalrücklage;
   III. Gewinnrücklagen:
        1. gesetzliche Rücklagen;
        2. Rücklagen für eigene Anteile;
        3. satzungsmäßige Rücklagen;
        4. andere Gewinnrücklagen.
   IV.  Gewinnvortrag/Verlustvortrag;
   V.   Jahresüberschuß/Jahresfehlbetrag.

   Sonderposten mit Rücklageanteil

B. Rückstellungen:
   1. Rückstellungen für Pensionen und ähnliche Verpflichtungen;
   2. Steuerrückstellungen;
   3. Sonstige Rückstellungen.
```

Abbildung 3.6: Bilanzieller Ausweis der Sonderposten mit Rücklageanteil (§ 273 HGB)

Kapitalgesellschaften müssen zu den Sonderposten mit Rücklagenanteil folgende Erläuterungen machen:

1. Die Vorschriften, nach denen der Sonderposten gebildet wurde, sind in Bilanz oder Anhang anzugeben (§§ 273, 281 Abs. 1 HGB).
2. Im Anhang ist der Betrag der im Geschäftsjahr allein nach steuerrechtlichen Vorschriften vorgenommenen Abschreibungen, getrennt nach Anlage- und Umlaufvermögen, anzugeben, soweit er sich nicht aus der Bilanz oder der GuV-Rechnung ergibt, und hinreichend zu begründen (§ 281 Abs. 2 Satz 1 HGB).
3. Erträge aus der Auflösung des Sonderpostens mit Rücklageanteil sind in dem Posten »Sonstige betriebliche Erträge«, Einstellungen in den Sonderposten mit Rücklageanteil in dem Posten »Sonstige betriebliche Aufwendungen« der GuV-Rechnung gesondert auszuweisen oder im Anhang anzugeben (§ 281 Abs. 2 Satz 2 HGB).

Für die Zusammenstellung dieser Anhangangaben ist ein Sonderpostenspiegel gut geeignet. Dieser ist im wesentlichen nur eine tabellarische Darstellung aller Anhangangaben zu den Sonderposten mit Rücklageanteil (§§ 273, 281 HGB). Der Sonderpostenspiegel ähnelt damit dem Rückstellungsspiegel und sollte folgende Spalten besitzen:

- Angewandte Rechtsquelle,
- genauer Rückstellungsgrund,
- Kontonummer und evtl. Belegnummer(n), um eine Rückverfolgung der einzelnen Geschäftsfälle in der Buchführung zu ermöglichen (eine Bedingung, die von den entsprechenden Rechtsquellen vielfach ausdrücklich genannt wird),

- Beträge des Geschäftsjahres: Anfangsbestand, Verbrauch, Auflösung, Zuführung und Endbestand zum Bilanzstichtag.

3.5.3. Konkrete Einzelfälle

Derzeit gibt es die folgenden Vorschriften, aufgrund derer Sonderposten mit Rücklageanteil gebildet werden können:

- **Rücklage nach § 6b EStG:** Übertragung stiller Reserven. Bei der Veräußerung von Immobilien können in bestimmten Fällen stille Reserven übertragen werden. Hierfür darf entweder der bei dem Veräußerungsgeschäft entstandene Gewinn steuerfrei abgezogen werden (§ 6b Abs. 1 und 2 EStG), oder eine den steuerlichen Gewinn mindernde Rücklage gebildet werden (§ 6b Abs. 3 EStG). Voraussetzung für die Bildung dieser Rücklage ist aber, daß der Steuerpflichtige den Gewinn nach § 4 Abs. 1 oder § 5 EStG ermittelt, die veräußerten Wirtschaftsgüter im Zeitpunkt seiner Veräußerung mindestens sechs Jahre ununterbrochen zum Anlagevermögen einer inländischen Betriebsstätte gehört haben (diese Frist verkürzt sich für Anteile an Kapitalgesellschaften allerdings auf ein Jahr und entfällt ganzlich für lebendes Inventar land- und forstwirtschaftlicher Betriebe), die angeschafften oder hergestellten Wirtschaftsgüter zum Anlagevermögen einer inländischen Betriebsstätte eines Betriebs des Steuerpflichtigen gehören, der bei der Veräußerung entstandene Gewinn bei der Ermittlung des im Inland steuerpflichtigen Gewinns nicht außer Ansatz bleibt und der Gewinnabzug und die Bildung und Auflösung der Rücklage in der Buchführung verfolgt werden können (§ 6b Abs. 4 EStG). Diese Vorschrift ist im wesentlichen ein Geschenk an die Immobilienwirtschaft.
- **Rücklage nach § 6d EStG:** Euro-Umrechnungsrücklage. Gewinne, die nach dem 31.12.1998 bei der Umrechung von Fremdwährungswährungsverbindlichkeiten in Euro entstanden, konnten ebenfalls in eine den steuerlichen Gewinn mindernde Rücklage eingestellt werden. Hierdurch wurden Wertsteigerungen durch Wechselkursänderungen infolge der Einführung des Euro aufgrund ihrer Endgültigkeit entgegen der grundlegenden Vorschrift der kaufmännischen Vorsicht (§ 252 Abs. 1 Nr. 4 HGB) vorweggenommen. Die Rücklage war spätestens am Schluß des fünften nach dem 31. Dezember 1998 endenden Wirtschaftsjahres gewinnerhöhend auszulösen, also insofern nur eine Steuerverschiebung. Inzwischen hat sich diese Vorschrift durch Zeitablauf erledigt.
- **Rücklage nach § 7g EStG:** Ansparabschreibung für kleine und mittelständische Betriebe. Steuerpflichtige, die die in § 7g Abs. 2

EStG genannten Grenzwerte hinsichtlich verschiedener Detailgrößen nicht überschreiten, können für die künftige Anschaffung oder Herstellung von neuen beweglichen Wirtschaftsgütern des Anlagevermögens eine steuerfreie Rücklage bilden, die die künftige Abschreibung auf diese Anlagegüter vorwegnimmt (§ 7g Abs. 3 EStG), die sogenannte Ansparabschreibung. Für Bildung und Auflösung dieser Rücklage sind eine Zahl recht spitzfindiger Vorschriften gegeben, die insbesondere auch Existenzgründer begünstigen sollen.

- **Rücklage nach R 6.6 EStR**: Übertragung stiller Reserven bei Ersatzbeschaffung. Wenn ein Wirtschaftsgut des Anlage- oder Umlaufvermögens infolge höherer Gewalt oder infolge oder zur Vermeidung eines behördlichen Eingriffs gegen Entschädigung aus dem Betriebsvermögen ausscheidet (etwa bei drohender Enteignung), es innerhalb einer bestimmten Frist durch ein funktionsgleiches Wirtschaftsgut (das sogenannte Ersatzwirtschaftsgut) ersetzt wird, und diese Vorgehensweise in der Handelsbilanz ersichtlich ist, können auf die Anschaffungs- oder Herstellungskosten des Ersatzwirtschaftsgutes die aufgedeckten stillen Reserven des abgegangenen Wirtschaftsgutes übertragen werden (R 6.6 Abs. 1 Satz 2 EStR). Hierfür darf wiederum eine den steuerlichen Gewinn mindernde Rücklage gebildet werden (R 6.6 Abs. 4 EStR).

- **Rücklage nach R 6.5 EStR**: Zuschußrücklage bei Zuschüssen für Anlagegüter. Werden Anlagegüter mit Zuschüssen aus öffentlichen oder privaten Mitteln angeschafft oder hergestellt, so hat der Steuerpflichtige ein Wahlrecht: Er kann die Zuschüsse als Betriebseinnahmen ansetzen; in diesem Fall werden die Anschaffungs- oder Herstellungskosten der betreffenden Wirtschaftsgüter durch die Zuschüsse nicht berührt; die Zuschüsse sind jedoch steuerpflichtig. Er kann die Zuschüsse aber auch erfolgsneutral behandeln; in diesem Fall dürfen die Anlagegüter, für die die Zuschüsse gewährt worden sind, nur mit den Anschaffungs- oder Herstellungskosten bewertet werden, die der Steuerpflichtige selbst, also ohne Berücksichtigung der Zuschüsse aufgewendet hat. Voraussetzung für die erfolgsneutrale Behandlung der Zuschüsse ist, daß in der handelsrechtlichen Jahresbilanz entsprechend verfahren wird.

  Werden Zuschüsse gewährt, die erfolgsneutral behandelt werden sollen, wird aber das Anlagegut ganz oder teilweise erst in einem auf die Gewährung des Zuschusses folgenden Wirtschaftsjahr angeschafft oder hergestellt, so kann in Höhe der noch nicht verwendeten Zuschußbeträge eine steuerfreie Rücklage (der Sonderposten mit Rücklageanteil) gebildet werden, die im Wirtschaftsjahr der Anschaffung oder Herstellung auf das Anlagegut zu übertragen ist. Für die Bildung der Rücklage ist Voraussetzung, daß in der handelsrechtlichen Jahresbilanz ein entsprechender Passivposten in mindestens gleicher Höhe ausgewiesen wird.

3.6. Rückstellungen und außerbilanzielle Posten

Ist der Ausweis der Verbindlichkeiten meist noch vergleichsweise offensichtlich, bilden doch die Rückstellungen ein besonderes Problem. Das gilt um so mehr, als sie auch mit außerbilanziellen Eventualverbindlichkeiten im Zusammenhang stehen.

3.6.1. Definition der Rückstellungen

Rückstellungen sind ein Sonderfall von bilanziell auszuweisenden Verbindlichkeiten für Aufwendungen des abzuschließenden Geschäftsjahres, die dem Grunde nach feststehen, deren Höhe und/oder Fälligkeitszeit jedoch noch unbekannt sind. Hauptunterscheidungsmerkmal von den herkömmlichen Verbindlichkeiten ist also die Ungewißheit von Höhe und Zeit; ist auch die Zahlungspflicht dem Grunde nach ungewiß, so entstehen Eventualverbindlichkeiten:

Abgrenzung der verschiedenen Arten von Verbindlichkeiten

Zahlungs-pflicht	Zahlungs-zeit	Zahlungs-höhe	Art von Position und deren bilanzielle Behandlung
gewiß	gewiß	gewiß	Bilanzierung einer normalen Verbindlichkeit
gewiß	mindestens ein Merkmal ungewiß		Bilanzierung einer Rückstellung
ungewiß	(nicht mehr relevant)		außerbilanzieller Ausweis einer Eventualverbindlichkeit

Abbildung 3.7: Die Abgrenzung der verschiedenen Arten von Verbindlichkeiten

Hauptregelungsquelle ist im Handelsrecht § 249 HGB und im Steuerrecht die §§ 5 Abs. 4, 4a, 4b EStG. Die steuer- und die handelsrechtlichen Regelungen sind außerordentlich uneinheitlich und widersprechen einander. Das Handelsrecht tendiert dazu, aufgrund der Vorsicht viele Rückstellungen zuzulassen, während das Steuerrecht die damit verbundene Steuerminderung zu vermeiden sucht und daher viele Rückstellungen verbietet.

Nach der Art der Verpflichtung unterscheidet man:

1. Rückstellungen für rechtliche Verpflichtungen (wie etwa Pensions-, Steuer-, Garantierückstellungen),
2. Rückstellungen für drohende Verluste aus schwebenden Geschäften,

3. Rückstellungen für wirtschaftliche Verpflichtungen (sogenannte Kulanzrückstellungen),
4. Aufwandsrückstellungen.

§ 249 HGB enthält einen abschließenden Rückstellungskatalog, der im einzelnen festlegt, für welche Rückstellungsarten eine Ansatzpflicht (Passivierungspflicht) bzw. ein Ansatzwahlrecht (Passivierungswahlrecht) besteht. Für andere als die in § 249 Abs. 1 und Abs. 2 HGB bezeichneten Zwecke dürfen Rückstellungen auch handelsrechtlich nicht gebildet werden. Rückstellungen sind demnach für ungewisse Verbindlichkeiten und für drohende Verluste aus schwebenden Geschäften zu bilden. Ferner sind sie zulässig für

1. im Geschäftsjahr unterlassene Aufwendungen für Instandhaltung, die im folgenden Geschäftsjahr innerhalb von drei Monaten nachgeholt werden,
2. im Geschäftsjahr unterlassene Aufwendungen für Abraumbeseitigung, die im folgenden Geschäftsjahr nachgeholt werden,
3. Gewährleistungen, die ohne rechtliche Verpflichtung erbracht werden.

Rückstellungen dürfen außerdem für ihrer Eigenart nach genau umschriebene, dem Geschäftsjahr oder einem früheren Geschäftsjahr zuzuordnende Aufwendungen gebildet werden, die am Abschlußstichtag wahrscheinlich oder sicher, aber hinsichtlich ihrer Höhe oder des Zeitpunkts ihres Eintritts unbestimmt sind (§ 249 Abs. 2 HGB). Rückstellungen sind nur in Höhe des Betrags anzusetzen, der nach vernünftiger kaufmännischer Beurteilung notwendig ist (§ 253 Abs. 1 HGB). Grundgedanke ist hier wiederum die allgemeine kaufmännische Vorsicht (§ 252 Abs. 1 Nr. 4 HGB). Das bedeutet für Pensionsrückstellungen einen Ansatz zum versicherungsmathematischen Barwert, in den anderen Fällen einen Ansatz in Höhe des Betrags, mit dessen Inanspruchnahme gerechnet werden muß. Rückstellungen dürfen nur aufgelöst werden, soweit der Grund hierfür entfallen ist (§ 249 Abs. 3 HGB).

Steuerrechtlich ist die Bildung und Beibehaltung von Rückstellungen gegenüber dem Handelsrecht stark eingeschränkt. Rückstellungen, für die in der Handelsbilanz ein Passivierungswahlrecht besteht, sind in der Steuerbilanz nicht zugelassen. Hier obsiegt das Motiv der staatlichen Einnahmeerzielung.

Rückstellungen für die Verpflichtung zu einer Zuwendung anläßlich eines Dienstjubiläums (sogenannte Jubiläumsrückstellungen) dürfen nur gebildet werden, wenn das Arbeits- oder Dienstverhältnis mindestens zehn Jahre ununterbrochen bestanden hat, das Dienstjubiläum das Bestehen eines Dienstverhältnisses von mindestens 15 Jahren voraussetzt, die Zusage schriftlich erteilt ist und soweit der Zuwendungsberechtigte seine Anwartschaft nach dem 31. Dezember 1992 erwirbt (§ 5 Abs. 4 EStG), Aufwandsrückstellungen für die Anschaffung oder Herstellung von Wirtschaftsgütern (§ 5 Abs. 4b EStG) und Rückstellungen für drohende Verluste aus schwebenden Geschäften (§ 4a EStG) sind im Steuerrecht ganz verboten.

Der Steuergesetzgeber hat hier den Boden des kaufmännischen Vorsichtsprinzipes verlassen. Das Regelungsmotiv der Einnahmeerzielung eines kleptokratischen Staates hat den Vorsichtsgedanken so weit pervertiert, daß durch den direkten Widerspruch der beiden Rechtsgebiete eine Einheitsbilanz, die steuer- und handelsrechtlichen Vorschriften gleichermaßen genügt, zumeist nicht mehr möglich ist. Insofern wirkt sich das Motiv der staatlichen Einnahmeerzielung rechtskomplizierend aus.

3.6.2. Verschiedene Arten von Rückstellungen

Rückstellungen für *Abraumbeseitigungen* sind eine Form der Aufwandsrückstellungen, die weniger wegen eines vollständigen Schuldenausweises aufgrund des Grundsatzes der Vollständigkeit (§ 246 Abs. 1 Satz 1 HGB) als mehr zur Periodenabgrenzung der Aufwandskategorien (Grundsatz der Periodenabgrenzung, § 252 Abs. 1 Nr. 5 HGB) gebildet werden (§ 249 Abs. 1 Nr. 1 HGB). Sie sind nach § 249 Abs. 1 Nr. 1 HGB verpflichtend zu bilden, nach § 5 Abs. 4b Satz 1 EStG jedoch u.U. verboten. Einer handelsrechtlichen Passivierungspflicht steht also ein steuerrechtliches Verbot gegenüber!

Der anzusetzende Betrag bemißt sich nach den Kosten für die entsprechenden Maßnahmen, die nach vernünftiger kaufmännischer Beurteilung zu bemessen sind (§ 253 Abs. 1 HGB).

Dies entspricht von der Logik her den Rückstellungen für unterlassene Instandhaltungen, die ebenfalls als Aufwandsrückstellung in Höhe der erwarteten Instandhaltungsaufwendungen zu buchen sind.

Rückstellungen für *drohende Verluste aus schwebenden Geschäften* (die sogenannten »Drohverlustrückstellungen«) sind zu bilden, weil schwebende Geschäfte so lange keine bilanzielle Berücksichtigung finden, wie davon ausgegangen werden kann, daß sich Leistung und Gegenleistung wertmäßig entsprechen. Ist allerdings zu befürchten, daß der Wert der eigenen Leistung den der Gegenleistung übersteigt, so ist eine Rückstellung im Handelsrecht vorgeschrieben, im Steuerrecht jedoch verboten.

Gewährleistungsrückstellungen bringen das Risiko zum Ausdruck, daß ein Unternehmen für Gewährleistungsansprüche haften muß. Für diese rechtlich (noch) nicht geltend gemachten, aber wirtschaftlich begründeten Verbindlichkeiten besteht nach § 249 Abs. 1 Nr. 2 HGB eine Passivierungspflicht. Rückstellungen für Gewährleistungen sind vorstellbar als Einzelrückstellungen über genau abgegrenzte Einzelrisiken oder als Pauschalrückstellungen für ganze Risikogruppen aus dem Jah-

61

Steuerbilanzgewinn < Handelsbilanzgewinn

Mögliche Gründe: Aktivierung von Aufwendungen für die Ingangsetzung und Erweiterung des Geschäftsbetriebs bei Kapitalgesellschaften nach § 269 HGB in der Handelsbilanz (Aktivierungsverbot in der Steuerbilanz, d.h., die Aufwendungen mindern den steuerlichen Gewinn und damit die Steuerschuld), Aktivierung von Fremdkapitalzinsen nach § 255 Abs. 3 HGB in der Handelsbilanz (soweit deren Aktivierung gemäß R 6.3 EStR verboten ist), Bewertung von Vorräten in der Handelsbilanz bei steigenden Preisen nach dem FIFO-Verfahren (Bewertung in der Steuerbilanz nach der Durchschnittsmethode).

Geschäftsjahr
(und frühere Jahre)

→

Ausgleich der
Ergebnisdifferenz
in späteren
Geschäftsjahren
(z.B. durch Abschreibung aktivierter
Posten)

Handelsbilanzgewinn < Steuerbilanzgewinn

Ausweis als

Rückstellung i.S.d. § 249 Abs. 1 Satz 1 HGB
(§ 274 Abs. 1 HGB)

= Passive latente Steuerabgrenzung

Bei Eintritt des Abgrenzungsfalles ist eine latente Steuer in Höhe der erwarteten Gesamtsteuerdifferenz an Rückstellungen zu buchen und in Folgejahren an die Steuern vom Einkommen und Ertrag mit den tatsächlichen Anteilen der jeweiligen Jahre aufzulösen.

Mögliche Gründe: Nichtaktivierung des Disagios nach § 250 Abs. 3 HGB in der Handelsbilanz (Aktivierungspflicht in der Steuerbilanz), Nichtaktivierung des derivativen Firmenwerts nach § 255 Abs. 4 HGB in der Handelsbilanz (Aktivierungspflicht gemäß § 6 Abs. 1 Nr. 2 EStG und Abschreibung nach § 7 Abs. 1 Satz 3 EStG in der Steuerbilanz), Ansatz der Herstellungskosten in der Handelsbilanz nach § 255 Abs. 2 HGB mit den Einzelkosten (in der Steuerbilanz gemäß R 6.3 EStR unter Einbeziehung der Gemeinkosten), Abwertung von Vorräten in der Handelsbilanz nach § 253 Abs. 3 Satz 3 HGB auf den niedrigeren Zukunftswert (in der Steuerbilanz auf den Teilwert nach § 6 Abs. 1 Nr. 2 EStG), Bewertung von Pensionsrückstellungen unter Verwendung eines niedrigeren als des gemäß § 6a Abs. 3 EStG steuerlich zulässigen Satzes von 6 %, Bildung von Aufwandsrückstellungen nach § 249 Abs. 2 HGB in der Handelsbilanz (in der Steuerbilanz nicht zulässig).

Steuerbilanzgewinn < Handelsbilanzgewinn

Ausweis als

Rechnungsabgrenzungsposten
(§ 274 Abs. 2 HGB)

= Aktive latente Steuerabgrenzung

Bei Eintritt des Abgrenzungsfalles ist ein Rechnungsabgrenzungsposten in Höhe der Ergebnisdifferenz zu bilden, der in den Folgejahren mit den tatsächlichen Anteilen der jeweiligen Jahre erfolgswirksam aufzulösen ist.

Abbildung 3.8: Übersicht über die latente Steuerabgrenzung nach § 274 HGB resumsatz. Die zurückgestellten Beträge haben die geschätzten Kosten der Mängelbeseitigung zu umfassen. Rückstellungen für Gewährleistungen sind nach denselben Bewertungsregeln auch steuerlich zulässig, wenn eine sittliche Verpflichtung vorliegt, der sich der Kaufmann aus geschäftlichen Erwägungen nicht entziehen kann (R 5.7 EStR).

Rückstellungen für *latente Steuern* entstehen durch temporäre Ergebnisdifferenzen i.S.d. § 274 HGB und können auch als Rechnungsabgrenzung in Erscheinung treten. Ausgangspunkt ist die Forderung an den handelsrechtlichen Jahresabschluß, daß der ausgewiesene Steueraufwand und das handelsrechtliche Jahresergebnis in einem sinnvollen Zusammenhang stehen müssen. Dies ist im Grundsatz dann erfüllt, wenn das Maßgeblichkeitsprinzip für alle Ansatz- und Bewertungsfragen zur Anwendung kommt, jedoch nicht bei Durchbrechungen des Maßgeblichkeitsgrundsatzes. Dieser Zusammenhang läßt sich aber nicht herstellen bei solchen Verwerfungen zwischen Handels- und Steuerbilanz, die sich nie bzw. erst bei Liquidation des Unternehmens auflösen. Ergebnisunterschiede jedoch, die sich über einen absehbaren Zeitablauf wieder ausgleichen, stellen den Zusammenhang her. Dies sind die sogenannten »temporären Ergebnisdifferenzen«, die sich z.B. aus unterschiedlichem Abschreibungsverlauf in Handels- und Steuerbilanz ergeben.

Es können aktive und passive latente Steuerabgrenzungen auftreten.

Passive latente Steuerabgrenzungen entstehen, wenn der Handelsbilanzgewinn zunächst höher ist als der Steuerbilanzgewinn. Handelt es sich um eine temporäre Ergebnisdifferenz, so wird in künftigen Jahren der Steuerbilanzgewinn höher sein als der Handelsbilanzgewinn. Für den Ausweis des Steueraufwandes bedeutet dies, daß zunächst weniger Aufwand verrechnet wird, als dem Handelsbilanzergebnis entsprechen würde, und in der Folgezeit, wegen des dann (gegenüber dem Handelsbilanzgewinn) größer ausfallenden Steuerbilanzgewinnes, mehr Steueraufwand zu verrechnen sein wird, als dem Handelsbilanzgewinn entspricht. Daher wird in den ersten Jahren zusätzlich zum tatsächlichen Steueraufwand der Periode die Dotierung einer Rückstellung erforderlich sein, welche in den nachfolgenden Perioden mit der Angleichung der Ergebnisdifferenzen wieder aufzulösen sein wird.

Aktive latente Steuerabgrenzungen entstehen, wenn zunächst das Steuerbilanzergebnis höher ist als das Handelsbilanzergebnis. Dies führt dazu, daß (bei temporären Ergebnisdifferenzen) in späteren Perioden das Handelsbilanzergebnis höher sein wird als das Steuerbilanzergebnis. Auf den Ausweis des Steueraufwands bezogen bedeutet dies, daß zuerst mehr Steueraufwand in der Handelsbilanz verrechnet wird, als dem Handelsbilanzgewinn entspricht, während in den späteren Perioden der ausgewiesene Steueraufwand kleiner sein wird, als dem Handelsbilanzergebnis entspricht. Aus diesem Grunde läßt § 274 Abs. 2 HGB die Bildung eines aktiven latenten Steuerabgrenzungspostens als sogenannte »Bilanzierungshilfe« zu, der mit der Angleichung der beiden Ergebnisse sukzessive aufzulösen ist.

Rückstellungen für Pensionen und ähnliche Verpflichtungen schließlich sind die Arten von Rückstellungen, die die im abzuschließenden Geschäftsjahr begründeten Ansprüche aufgrund unmittelbarer Zusagen für Pensionsanwartschaften (Verpflichtungen gegenüber Personen, bei denen der Versorgungsfall noch nicht eingetreten ist) und für laufende Pensionen (Ruhegelder bei eingetretenem Versorgungsfall infolge Ausscheiden aus der aktiven Tätigkeit) bilanziell zum Ausdruck bringen sollen. Pensionsrückstellungen sind damit eigentlich ein Unterfall der Rückstellungen für ungewisse Verbindlichkeiten, für die handelsrechtlich eine Passivierungspflicht besteht.

Voraussetzung zur Buchung einer Pensionsrückstellung ist stets eine rechtsverbindliche Verpflichtung. Nach § 6 Abs. 1 Nr. 3 EStG besteht Schriftformerfordernis. Hierfür kommt jede schriftliche Festlegung in Betracht, aus der sich der Pensionsanspruch nach Art und Höhe ergibt, z.B. Einzelvertrag, Gesamtzusage (Pensionsordnung), Betriebsvereinbarung, Tarifvertrag, Gerichtsurteil (R 6a Abs. 7 EStR).

Wird in der Zusage ein Vorbehalt gemacht, so kann dieser die Zusage unverbindlich werden lassen. Man spricht dann von einem sogenannten »schädlichen Vorbehalt« (§ 6a Abs. 1 Nr. 2 EStG), weil unverbindliche Zusagen nicht als Pensionsrückstellung verbucht werden dürfen. Beispiele für schädliche Vorbehalte sind etwa (Urteil des Bundesarbeitsgerichts vom 14.12.1956, BStBl 1959 I S. 258):

- »freiwillig und ohne Rechtsanspruch«,
- »jederzeitiger Widerruf vorbehalten«,
- »ein Rechtsanspruch auf die Leistungen besteht nicht«,
- »die Leistungen sind unverbindlich«.

Ein sogenannter »unschädlicher Vorbehalt« ist einer, durch den die Leistung nicht als solche in Frage gestellt werden kann. Ein solcher unschädlicher Vorbehalt im Sinne des § 6a Abs. 1 Nr. 2 EStG liegt vor, wenn der Arbeitgeber den Widerruf der Pensionszusage bei geänderten Verhältnissen nur nach billigem Ermessen (§ 315 BGB), d.h. unter verständiger Abwägung der berechtigten Interessen des Pensionsberechtigten einerseits und des Unternehmens andererseits aussprechen kann. Das gilt in der Regel für die Vorbehalte, die eine Anpassung der zugesagten Pensionen an nicht voraussehbare künftige Entwicklungen oder Ereignisse, insbesondere bei einer wesentlichen Verschlechterung der wirtschaftlichen Lage des Unternehmens, einer wesentlichen Änderung der Sozialversicherungsverhältnisse oder der Vorschriften über die steuerliche Behandlung der Pensionsverpflichtungen oder bei einer Treupflichtverletzung des Arbeitnehmers vorsehen. R 6a Abs. 4 EStR enthält eine Reihe »unschädlicher« Vorbehalte.

3.6.3. Bilanzieller Ausweis der Rückstellungen

Verbindlichkeiten sind handelsrechtlich stets zu ihrem Rückzahlungsbetrag anzusetzen (§ 253 Abs. 1 Satz 2 HGB), Rentenverbindlichkeiten hingegen zu ihrem Barwert. Sie sind also abzuzinsen. Das verlangt auch § 6 Abs. 1 Nr. 3 EStG. Hiervon sind nur Verbindlichkeiten mit einer Restlaufzeit von weniger als einem Jahr ausgenommen.

Die Abzinsung beruht auf der allgemeinen Barwertformel aus der Zinseszinsrechnung:

$$C_0 = C_n \times (1+i)^{-n} = \frac{C_n}{(1+i)^n} \qquad \text{F 3.8}$$

Für den Bilanzansatz einer Verbindlichkeit i.S.d. § 6 Abs. 1 Nr. 3 EStG kann daher bei einem gesetzlichen Zinssatz von 5,5 % gelten:

$$Bilanzwert = Nominalwert \times 1{,}055^{-n} = \frac{Nominalwert}{1{,}055^n} \qquad \text{F 3.9}$$

Die Bewertung der Verbindlichkeiten ist damit insofern unrealistisch, als die gesetzlichen 5,5 % in aller Regel nicht den Kapitalmarktgegebenheiten entsprechen. Es kann daher u.U. erforderlich sein, eine Neubewertung der Verbindlichkeiten herbeizuführen. Erkenntnisgrundlage hierfür kann der Rückstellungsspiegel bzw. der Verbindlichkeitenspiegel sein.

Für die Neubewertung zum Zweck der Bilanzanalyse eignet sich meines Erachtens folgendes Verfahren:

Der Betrieb ist der Ort der Kombination von Produktionsfaktoren. Die Bilanz enthält Kapital in der Passivseite und in Vermögensform manifestes Kapital in der Aktivseite. Die Verzinsung von Bilanzposten sollte daher nach Auffassung des Autor der Kapitalverzinsung entsprechen. Die Kapitalverzinsung besteht aber aus zwei primären Komponenten:

	Allgemeiner Guthabenzins
+	Allgemeines Unternehmensrisiko
=	Mindestrentabilität (R_{min}).

»Allgemeiner Guthabenzins« ist i.d.R. nicht mehr als die jeweilige Main Refinancing Operations Bid Rate (der Mindestbietungssatz der Hauptrefinanzierungsgeschäfte) der Europäischen Zentralbank, weil dies der Zins ist, zu dem Kapital volkswirtschaftlich weitgehend risikofrei (im Bereich zwischen Zentralbank und Geschäftsbanken) zirkuliert. Alle höheren Zinsen wie Giro- oder Darlehenszinsen enthalten bereits spezielle Risiken der jeweiligen Kreditgeber.

»Allgemeines Unternehmensrisiko« ist nach Ansicht des Autors die Insolvenzquote, die insbesondere von der Branche und der Unternehmensgröße abhängt, in der ein Unternehmer tätig ist. Das von den Kritikern dieser Rechenweise immer wieder vorgetragene Argument, kein allgemeines Risiko dürfe in Kosten oder, wie hier, die Bewertung einfließen, weil dem allgemeinen Risiko eine Chance auf Gewinn gegenüberstehe, ist meiner Ansicht nach nicht stichhaltig, weil generell am Kapitalmarkt höhere Nominalzinsen auch höhere Risiken mit sich bringen.

Berücksichtigt man die Verhältnisse in »Krisenbranchen« wie der Bauindustrie oder eben auch in Kleinunternehmen, die kaum Unterstützung bei drohender Insolvenz erhalten[1], so könnte man meines Erachtens rechnen:

	Allgemeiner Guthabenzins (Annahme)	3,5 %
+	Allgemeines Unternehmensrisiko	12,5 %
=	Mindestrentabilität (R_{min})	16,0 %

Eine Verzinsung von 16 % sollte daher für zwei verschiedene Zwecke genutzt werden:

* Zur Bewertung der Verbindlichkeiten in der Bilanzanalyse und
* zur Bemessung der Zins*kosten* (im Gegensatz zu den Zins*aufwendungen*) im Zusammenhang mit der Kostenrechnung. Wir erinnern uns in diesem Fall an den Umstand, daß die an Banken oder andere Gläubiger gezahlten Schuldzinsen natürlich nichts in der Kostenrechnung zu suchen haben, sondern dort ausschließlich die kalkulatorischen Zinsen als echte Kosten auf beispielsweise für in bar bezahlte Anlagen aufgenommen werden, die zwar keine Zinsaufwendungen, stets aber dennoch Zinskosten bedingen.

3.6.4. Außerbilanzielle Posten

Obwohl der Grundsatz der Vollständigkeit aus § 246 Abs. 1 HGB eigentlich vorschreibt, daß sämtliche Vermögensgegenstände, Schulden, Rechnungsabgrenzungsposten, Aufwendungen und Erträge im Jahresabschluß enthalten sein müssen, gibt es doch Posten, die nicht im Abschluß erscheinen. Diese heißen außerbilanzielle Posten. Geschäfte, die sie erzeugen, sind Außerbilanzgeschäfte. Je mehr Außerbilanzgeschäfte

---

1 Große Unternehmen wie Philip Holzmann oder Bombardier erhalten bei drohender Insolvenz vielfache Unterstützung seitens der Politik; in zwei Fällen sogar vom damaligen Bundeskanzler Schröder persönlich. Kleinunternehmen hingegen erhalten in solchen Fällen in aller Regel keine Unterstützung. Sie haben daher ein größeres Insolvenzrisiko.

getätigt werden, desto weniger kann ein sachverständiger Dritter sich einen Überblick über die Lage des Unternehmens verschaffen (§ 238 Abs. 1 Satz 2 HGB) und desto mehr Stille Reserven entstehen.

Bekanntester Fall sind Verbindlichkeiten, die schon dem Grunde nach unsicher sind (vgl. Abbildung 3.7). Ist bei einer Schuld nur der Zeitpunkt oder die Höhe der künftigen Verpflichtung ungewiß, so spricht man von einer Rückstellung. Ist aber die Schuld schon dem Grunde nach unsicher, so wird sie außerbilanziell (§ 251 HGB). Häufigster Fall sind Bürgschaften und indossierte Wechsel, aus denen alle früheren Inhaber gesamtschuldnerisch haften. Jeder, der einen Besitzwechsel weiterreicht, bildet also damit eine sogenannte Eventualverbindlichkeit. Neben diesen vergleichsweise anschaulichen Fällen entstehen außerbilanzielle Eventualverbindlichkeiten regelmäßig durch Derivatgeschäfte. Ab 2005 nehmen sie damit erheblich zu, weil durch den Emissionshandel eine neue Klasse von Derivaten entstanden ist.

Weitere häufige Fälle von Außerbilanzgeschäften sind:

- **Leasing**: Bei Operate Leasing ist (im Gegensatz zum Finance Leasing) die Leasingsache in der Bilanz des Leasinggebers zu erfassen. Der Leasingnehmer ist zwar Besitzer der Sache, aber dennoch nicht bilanzierungspflichtig (§ 39 AO). Insofern entsteht also ein außerbilanzielles Geschäft, das sich nur durch Aufwendungen in der GuV-Rechnung im Jahresabschluß manifestiert.

- **Kreditzusagen**: Aufgrund des Vorsichtsprinzipes ist die Kreditzusage vom Kreditnehmer nicht zu buchen; für die kreditgewährende Bank ergibt sich hingegen eine Bilanzierungspflicht ebenfalls aufgrund des Vorsichtsprinzipes, wenn ein verpflichtendes Geschäft eingegangen wurde.

- **Außenwirtschaftlicher Zahlungsverkehr**: Das Akkreditiv ist ein Sonderfall der außenwirtschaftlichen Kreditzusage. Für die Akkreditivbank ist es aus dem gleichen Grund ein Außerbilanzgeschäft.

- **Treuhandgeschäfte**: Der Treuhänder verwaltet fremdes Vermögen. Aus dieser Sicht sind alle Treuhandgeschäfte stets für den Treuhänder Außerbilanzgeschäfte, weil nichts von dem, was er tut, in seiner Bilanz erscheint. Während echte Treuhandgeschäfte seit dem Ende der Abwicklung des ehemaligen DDR-Vermögens wieder vergleichsweise selten sind, treten sie doch oft im Zusammenhang mit dem Bankgeschäft auf.

- **Depotstimmrecht**: Ein Spezialfall des Treuhandgeschäftes ist die Abtretung des Stimmrechtes von Aktien an den Depotverwalter. Das ist insbesondere im Kleinkundengeschäft der Banken häufig. Die Banken treten damit auf den Hauptversammlungen als Treuhänder vieler Kleinanleger auf. Die Entscheidungen, die sie dort fällen, sind für sie ebenfalls Außerbilanzgeschäfte, weil die Rechtsfolgen stets die Aktieneigentümer (und nicht die depotverwaltenden Banken) treffen. Da mit der Verbreitung der Aktiengeschäfte unter Kleinanlegern insbesondere seit der Emission der T-Aktie im Jahre 1996 die Bedeutung der Depotgeschäfte zunimmt, steigert dies auch die Macht der Banken, die nur durch die Vermögensverwaltung ohne jeglichen eigenen Kapitaleinsatz eine Vielzahl von Mitbestimmungsrechten in Hauptversammlungen erlangen. Das Depotstimmrecht ist daher vielfach in die Kritik gekommen.

- **Weitere Bankgeschäfte**: Schließlich werden vielfach auch praktische Bankgeschäfte wie die Anlageberatung, Vermögensverwaltung oder sogar der Wertpapierhandel zum Außerbilanzgeschäft gezählt, weil in allen diesen Geschäftstypen der Banker als Vertreter einer anderen Person auftreten kann. Insofern kann es sich bei diesen Geschäftsarten auch um Treuhandverhältnisse handeln.
- **Factoring und Zession**: Der Forderungsverkauf (Factoring) kann verdeckt abgewickelt werden. Obwohl er bilanziell erfaßt wird, ähnelt das einem Außerbilanzgeschäft. Die Forderungsabtretung (Zession, Sicherheitsabtretung) hingegen führt nicht zu einer Änderung an den Eigentumsverhältnissen des abgetretenen Rechtes und damit nicht zu einer bilanziellen Auswirkung und ist somit ein echtes Außerbilanzgeschäft.
- **Vorkaufsrechte und Rückkaufverpflichtung**: Hierdurch entstehen ungewisse Schuldverhältnisse in der Weise, daß beim Vorkaufsrecht ein Vorkaufberechtigter die Ausübung des Vorkaufsrechtes erklären kann. Vor dieser Erklärung ist keine bilanzielle Auswirkung gegeben. Rückkaufverpflichtungen bestehen in der Verpflichtung, eine Sache unter bestimmten zuvor ungewissen Bedingungen zurückzukaufen. Sie sind daher echte Eventualverbindlichkeiten, weil der Eintritt der Rückkaufverpflichtung schon dem Grunde nach ungewiß ist.

Die Außerbilanzgeschäfte sind nach § 251 Satz 1 HGB »unter« der Bilanz zu vermerken. Sie dürfen in einem Betrag angegeben werden, was ihre bilanzanalytische Einordnung erschwert, müssen aber auch angegeben werden, wenn ihnen gleichwertige Rückgriffsforderungen gegenüberstehen (§ 251 Satz 2 HGB) – was beispielsweise bei den Wechseln der Fall ist, denn alle Wechselinhaber in der Indossamentenkette nach dem Wechselaussteller haben immer mindestens einen Vorinhaber, gegen den ein Rückgriffsrecht geltend gemacht werden kann.

Wahlweise in der Bilanz oder im Anhang sind jedoch nach § 268 Abs. 7 HGB die gemäß § 251 HGB erfaßten Haftungsverhältnisse »jeweils gesondert« unter Angabe der gewährten Pfandrechte und Sicherheiten anzugeben. Insofern besteht eine weitere Informationsquelle für die Bilanzinterpretation.

Die Wichtigkeit der Außerbilanzgeschäfte ist kaum zu unterschätzen. Es gibt bereits Unternehmen, insbesondere im Bereich der Versicherungen, Kreditinstitute und Finanzdienstleister, deren Eventualverbindlichkeiten ein Vielfaches der Bilanzsumme ausmachen. Auch wenn diese Posten dem Grunde nach unsicher sind, so stellen sie doch einen erheblichen Posten dar.

Hohe Eventualverbindlichkeiten können auch als gesamtwirtschaftliches Risikomaß betrachtet werden, denn volkswirtschaftlich gesehen handelt es sich hierbei um Termingelder der Geldmengen M_3 und M_4. Das ist insbesondere bei Derivatgeschäften der Fall. Kommt es zu einer Vertrauenskrise, so werden die Anleger versuchen, durch Ausstieg aus diesen risikoreichen Geschäftstypen ihre Verluste zu stoppen. Dadurch würden die Termingelder auf die Ebene der Bar- und Buchgeldmenge gelangen und eine Hyperinflation verursachen. Dies allerdings geht über die Bilanzanalyse handelsrechtlicher Abschlüsse hinaus.

3.7. Rechnungsabgrenzungsposten

Rechnungsabgrenzungen sind bilanzmäßiger Ausdruck des Grundsatzes der Periodenabgrenzung, der besagt, daß Aufwendungen und Erträge unabhängig von den zugrundeliegenden Zahlungen (Auszahlungen und Einzahlungen) im Jahresabschluß zu erfassen sind (§ 252 Abs. 1 Nr. 5 HGB). Es kommt also auf Aufwendungen oder Erträge, nicht aber auf die zugrundeliegenden Zahlungsvorgänge an.

Man unterscheidet vier Fälle:

Übersicht über die Rechnungsabgrenzung

Fall		Altes Jahr	Neues Jahr	Bilanzierung
Antizipative Posten	Nachgezahlter Aufwand	Aufwand	Auszahlung	sonst. Verb.
		Beispiel: Nachschüssige Honorarzahlung		
	Nachgezahlter Ertrag	Ertrag	Einzahlung	sonst. Fordrg.
		Beispiel: Nachschüssige Zinserträge		
Transitorische Posten	Vorgezahlter Aufwand	Auszahlung	Aufwand	Aktive RAP
		Beispiel: Versicherung für Folgejahr vorausbezahlt		
	Vorgezahlter Ertrag	Einzahlung	Ertrag	Passive RAP
		Beispiel: Miete im voraus vom Mieter erhalten		

Abbildung 3.9: Übersicht über die Rechnungsabgrenzung

Antizipative Posten sind die Fälle, in denen die Aufwendung im alten Jahr »vorweggenommen« wird. Fehlen beispielsweise noch Rechnungen von externen Dienstleistern, so wäre dennoch für das alte Jahr schon eine sonstige Verbindlichkeit zu erfassen. Ähnlich wäre es bei nachschüssiger Zinsabrechnung an einen Darlehensschuldner, wenn der Zinsertrag noch das alte Jahr betrifft.

Transitorische Posten hingegen sind solche, die in das Folgejahr »hinübergehen« (*lat.* transire = hinübergehen). Haben wir am 1. April eine Kfz-Versicherung für ein Jahr im voraus bezahlt, so wäre ein Viertel für die Monate Januar bis März des Folgejahres abzugrenzen. Umgekehrt müßten wir die für das Folgejahr von einem Mieter im voraus erhaltene Mietzahlung entsprechend abgrenzen.

Dies bedeutet, daß sich in der Position C 8 der Passiva sowie in Position B II 4 der Aktiva des Bilanzgliederungsschemas ebenfalls Rechnungsabgrenzungen verbergen können. Da manche Rechenverfahren insbesondere kurzfristige Verbindlichkeiten von langfristigen Schulden unterscheiden (insbesondere die Berechnung der Liquiditätsgrade), kann eine genaue Kenntnis der Rechnungsabgrenzungen bedeutsam sein. Dies gilt insbesondere auch für die Fälle der abgegrenzten Disagios bei Darlehen, da diese i.d.R. langfristig sind. Dies ist aber nach § 268 Abs. 2 HGB angabepflichtig.

3.8. Ausweis des Eigenkapitals

Viele Auswertungsmechanismen setzen das Eigenkapital mehr oder weniger explizit voraus. Man muß sich also mit dessen bilanziellem Ausweis vertraut machen. Die Ansatzvorschriften sind rechtsformenspezifisch und befinden sich außer im HGB auch in den jeweiligen die einzelnen Rechtsformen betreffenden Regelwerken.

3.8.1. Eigenkapital und Gewinn bei Personengesellschaften

Zu den Personengesellschaften zählen die Gesellschaft bürgerlichen Rechts (§§ 705 – 740 BGB), die offene Handelsgesellschaft (§§ 105 – 160 HGB) und die Kommanditgesellschaft (§§ 161 – 177a HGB). Die GbR spielt für den Bilanzanalytiker i.d.R. keine Rolle, denn sie wird durch Betrieb eines Gewerbes buchführungspflichtig, aber dann auch zur offenen Handelsgesellschaft, denn die oHG ist die GbR der Kaufleute (§ 105 HGB).

Für alle Personenrechtsformen gilt, daß die Vollhafter jeweils über ein eigenes Kapitalkonto verfügen müssen. Diese Kapitalkonten sind aufgrund von § 247 Abs. 1 HGB jeweils einzeln anzugeben. Das Kapital der Kommanditisten in der KG kann in einer Summe angegeben werden, auch wenn mehrere Teilhafter vorhanden sind.

In die Kapitalkonten der Vollhafter werden jeweils die auf die Gesellschafter entfallenden Anteile des Ergebnisses der Gewinn- und Verlustrechnung sowie die Salden der Privatkonten abgerechnet. Das geschieht nach dem folgenden Schema:

Anfangskapital am Beginn der Rechnungsperiode
+ Arbeitsanteil (»Vorabanteil«)
+ Zins auf Einlage i.S.d. § 121 Abs. 1 Satz 1 HGB
+ Restverteilung
± Saldo des Privatkontos
= Endkapital am Schluß der Rechnungsperiode

Beispiel: Eine oHG habe drei Gesellschafter »A«, »B« und »C«. Gesellschafter A erhalte für seine Tätigkeit als Geschäftsführer einen Arbeitsanteil i.H.v. 3.000 Euro pro Monat und auf seine Kapitaleinlage die 4 % des § 121 Abs. 1 Satz 1 HGB. Er hat 68.000 Euro eingelegt. Gesellschafter B hat zwar nur 30.000 Euro in die Gesellschaft eingebracht, aber in Verhandlungen eine Verzinsung i.H.v. 5 % durchgesetzt. Gesellschafter C schließlich habe 25.000 Einlage, erhalte aber eine Kapitalverzinsung i.H.v. 7,5 %. Gesellschafter A habe weiterhin 24.000 Euro auch tatsächlich entnommen, Gesellschafter B habe 9.000 Euro entnommen, aber Gesellschafter C habe 6.000 Euro in die Gesellschaftskasse zusätzlich eingelegt. Diese Einlagen und Entnahmen gehen aus den drei Privatkonten der Gesellschafter hervor. Wie stellt sich das Endkapital der drei Gesellschafter dar, wenn ein Gewinn i.H.v. 50.000 Euro erzielt worden ist?

Die Gewinnverwendung der oHG

Person	Anfang	Vorab	Zins	Rest	Privat	Schluß
A	68.000,00	36.000,00	2.720,00	2.635,00	−24.000,00	85.355,00
B	30.000,00	0,00	1.500,00	2.635,00	−9.000,00	25.135,00
C	25.000,00	0,00	1.875,00	2.635,00	+6.000,00	35.510,00
Summe	123.000,00	36.000,00	6.095,00	7.905,00	−27.000,00	146.000,00

Abbildung 3.10: Gewinnverwendungstabelle einer oHG mit drei Gesellschaftern

Nach Abzug des Arbeitsanteiles für Gesellschafter A bleibt ein Restgewinn i.H.v. 14.000 Euro. Hiervon werden die Zinsen i.H.v. 6.095 Euro abgezogen, so daß noch ein Rest von 7.905 Euro verteilbar ist. Dieser wird »nach Köpfen«, also in gleichen Teilen aufgeteilt (§ 121 Abs. 3 HGB). Diese drei Posten erhöhen jeweils das Kapital. Der Privatsaldo von »A« und »B« mindert hingegen das Kapitalkonto dieser beiden Gesellschafter, während die zusätzliche Einlage von »C« sein Konto weiter erhöht. Es ergibt sich also eine neue Verteilung der Einlagen am Schluß des Geschäftsjahres. Dieses ist jedoch nicht mit einer Änderung des Stimmverhältnisses verbunden, weil alle Vollhafter stets das gleiche Stimmrecht besitzen.

Ausweis des
Eigenkapitals

Wie aber wäre es, wenn Gesellschafter »C« kein Komplementär, sondern ein Kommanditist, also ein Teilhafter wäre? Er habe dann auch kein Geld in die Gesellschaft eingelegt, erhalte aber die Kapitalverzinsung i.H.v. 7,5 % und die Zusicherung, an Verlusten nicht teilnehmen zu müssen (eine häufige Konstruktion). Dies führt zu folgender neuer Tabelle:

Die Gewinnverwendung der KG

Person	Anfang	Vorab	Zins	Rest	Privat	Schluß
A	68.000,00	36.000,00	2.720,00	3.952,50	–24.000,00	86.672,50
B	30.000,00	0,00	1.500,00	3.952,50	–9.000,00	26.452,50
C	25.000,00	0,00	1.875,00	0,00	0,00	26.875,00
Summe	123.000,00	36.000,00	6.095,00	7.905,00	–33.000,00	140.000,00

Abbildung 3.11: Gewinnverwendungstabelle mit zwei Vollhaftern und einem Teilhafter

Die Restverteilung der 7.905,00 Euro findet jetzt nur noch unter den Gesellschaftern »A« und »B« statt. Der »angemessene Anteil« des § 168 Abs. 2 HGB ist in der (höheren) Verzinsung i.H.v. 7,5 % verkörpert. Dieser Zins würde dem Anteil aber nur gutgeschrieben, wenn der Gesellschafter noch nicht die ganze vereinbarte Einlage auch wirklich geleistet hat (§ 167 Abs. 2 HGB) und ansonsten ausbezahlt.

3.8.2. Eigenkapital und Gewinn bei Kapitalgesellschaften

Anders als bei den Personengesellschaften gelten für Kapitalgesellschaften die §§ 264 ff. HGB, die genaue Regelungen über den Ausweis des Eigenkapitals enthalten. Zudem bestehen feste und veränderliche Eigenkapitalanteile. Die vorgeschriebene Ausweisstruktur ist:

A. Eigenkapital:
   I. Gezeichnetes Kapital;
   II. Kapitalrücklage;
   III. Gewinnrücklagen:
      1. gesetzliche Rücklagen;
      2. Rücklagen für eigene Anteile;
      3. satzungsmäßige Rücklagen;
      4. andere Gewinnrücklagen.
   IV. Gewinnvortrag/Verlustvortrag;
   V. Jahresüberschuß/Jahresfehlbetrag.

In »Gezeichnetes Kapital« bzw. (bei Aktiengesellschaften) »Grundkapital« ist der Nominalwert der Anteilsscheine anzugeben. Dies ist das Kapital, auf das die Haftung der Gesellschafter beschränkt ist (§ 272 Abs. 1 Satz 1 HGB). Ist es nicht voll eingezahlt worden, so kann der nicht eingeforderte Betrag entweder offen aktivisch abgesetzt oder aber verrechnet werden (§ 272 Abs. 1 Satz 2 und 3 HGB). Ein aktivischer Ausweis einer GmbH, die bei 25.000 Euro Nennkapital einen ausstehenden Betrag i.H.v. 5.000 Euro hat, wäre:

Aktiva	Aktivischer Ausweis ausstehender Einlagen		Passiva
Ausstehende Einlage	5.000	Eigenkapital	25.000

Abbildung 3.12: Aktivischer Ausweis ausstehenden Kapitals

Wird hingegen die ausstehende Einlage passivisch abgesetzt (§ 272 Abs. 1 Satz 3 HGB), so ist eine zusätzliche Forderung auf der Aktivseite auszuweisen:

Aktiva	Passivischer Ausweis ausstehender Einlagen		Passiva
Forderungen gegen Gesellsch.	5.000	Eigenkapital	25.000
...		− Ausstehende Einlage	5.000
...		= Eingefordertes Kapital	20.000

Abbildung 3.13: Passivischer Ausweis ausstehenden Kapitals

Als *Kapitalrücklage* ist jeder Betrag auszuweisen, der über den Nennwert hinaus bei der Ausgabe (Emission) von Anteilen erzielt wird. Dies ist der Fall bei einer Überpari-Emission, also der Ausgabe neuer Anteile (»junger Stücke«) über ihrem Nennwert. Würde eine Aktiengesellschaft beispielsweise 100.000 neue Aktien zum Nennwert von 1 Euro emittieren, so würden sie natürlich nicht zum Ausgabekurs von einem Euro auf den Markt kommen, sondern zum Kurswert. Liegt dieser bei 10 Euro je Aktie, so wäre je ausgegebene Aktie ein Euro als Nennwert im Grundkapital auszuweisen und neun Euro als Kapitalrücklage:

Aktiva	Ausweis des Agios in der Kapitalrücklage		Passiva
...		Grundkapital	100.000
Bank	1.000.000	Kapitalrücklage	900.000

Abbildung 3.14: Einfaches Modell einer Überpari-Emission einer Aktiengesellschaft

Natürlich würde hier der Gesamtbetrag der Emission i.H.v. 1 Mio. Euro dem Bankkonto aus den Einzahlungen der Aktionäre gutgeschrieben werden. Für diese grundlegende Darstellung haben wir allerdings die Emissionskosten der Bank ignoriert.

Gewinnrücklagen sind einbehaltene (»thesaurierte«) Gewinne. Man unterscheidet vier verschiedene Kategorien.

Gesetzliche Rücklagen gibt es nur bei der Aktiengesellschaft. Diese muß nach § 150 Abs. 2 AktG so lange jeweils 5 % des um den Verlustvortrag aus dem Vorjahr geminderten Gewinns in die gesetzliche Gewinn-rücklage einstellen, bis diese plus die Kapitalrücklage mindestens 10 % des Grundkapitals ausmachen. Durch Überpari-Emissionen (vgl. Abbildung 3.14) erübrigen sich gesetzliche Rücklagen also häufig, da ein Kurs von 10 Euro je Aktie bei einem Nominalwert von einem Euro keine Seltenheit ist. Hat eine AG aber nur das Mindestgrundkapital i.H.v. 50.000 Euro (§ 7 AktG), und beispielsweise einen Gewinn von 20.000 Euro erzielt, so müßten hiervon 5 % oder 1.000 Euro in die gesetzliche Rücklage eingestellt werden. Eine solche Einstellung wäre so lange erforderlich, bis bei einem Grundkapital von 50.000 Euro und ohne Kapitalrücklage die gesetzliche Rücklage auf 5.000 Euro angestiegen ist.

Aktiengesellschaften müssen zu dem Posten »Kapitalrücklage« zusätzlich in der Bilanz oder im Anhang den Betrag, der während des Geschäftsjahrs eingestellt wurde und den Betrag, der für das Geschäftsjahr entnommen wurde, gesondert angeben (§ 152 Abs. 2 AktG).

Die Rücklage für eigene Anteile ist insbesondere im Zusammenhang mit dem Verbot des Besitzes eigener Aktien zu sehen, das sich aus dem Verrechnungsverbot des § 246 Abs. 2 HGB ergibt, denn besitzt die Gesellschaft ihre eigenen Anteile, so würde sich deren Wert durch doppelten Ausweis auf der Aktiv- und auf der Passivseite gegeneinander aufheben, und die durch die Aktien verkörperte Gläubigerschutzwirkung ginge verloren. § 71 Abs. 1 AktG enthält daher einen abschließenden Katalog von zulässigen Gründen des Erwerbes eigener Anteile, beispielsweise zur Ausgabe an Mitarbeiter oder für Handelszwecke. Für zulässig erworbene eigene Aktien gibt es eine Maximalbesitzzeit, eine Höchstgrenze im Volumen und es stehen der Gesellschaft keine Rechte aus eigenen Aktien zu. Sie muß zudem, um die Gläubigerschutzwirkung der eigenen Anteile aufrechtzuerhalten, eine Rücklage für eigene Anteile in dem Betrag bilden, der dem auf der Aktivseite der Bilanz für die eigenen Anteile anzusetzenden Betrag entspricht (§ 272 Abs. 4 Satz 1 HGB). Diese Rücklage darf erst nach Ausgabe, Veräußerung oder Einzug der eigenen Anteile aufgelöst werden (§ 272 Abs. 4 Satz 2 HGB).

Dies kann ein Entscheidungsproblem bei bilanzanalytischen Verfahren sein, die die Summe des Eigenkapitals voraussetzen, denn diese kann durch die Rücklage für eigene Anteile nominal überbewertet sein. Kommt es also nur darauf an zu erfahren, wie hoch das Eigenkapital zu einem bestimmten Zeitpunkt ist, so kann man beispielsweise für eine Berechnung u.U. die Rücklage für eigene Anteile ignorieren, da diese keine »echte« Eigenkapitalerhöhung darstellt.

Satzungsgemäße Rücklagen schließlich sind solche, die im Gesellschaftsvertrag vorgeschrieben sind, und freie Rücklagen alle die, die aufgrund keiner gesetzlicher oder gesellschaftsvertraglicher Verpflichtung, sondern aufgrund freier Entscheidung eingestellt werden – etwa zur Finanzierung oder Kapitalerhöhung im Vorfeld von Investitionen.

Die Positionen IV und V des Eigenkapital-Gliederungsschemas enthalten schließlich das Ergebnis der Gewinn- und Verlustrechnung, und zwar als Jahresüberschuß oder Jahresfehlbetrag das Ergebnis der GuV-Rechnung des Berichtsjahres und als Gewinnvortrag oder Verlustvortrag die Summe aller zum Stichtag noch nicht verwendeten Ergebnisse früherer Gewinn- und Verlustrechnungen.

Die Satzung kann nur für den Fall, daß die Hauptversammlung den Jahresabschluß feststellt, bestimmen, daß Beträge aus dem Jahresüberschuß in andere Gewinnrücklagen einzustellen sind. Auf Grund einer solchen Satzungsbestimmung kann höchstens die Hälfte des Jahresüberschusses in andere Gewinnrücklagen eingestellt werden. Dabei sind Beträge, die in die gesetzliche Rücklage einzustellen sind, und ein Verlustvortrag vorab vom Jahresüberschuß abzuziehen (§ 58 Abs. 1 AktG).

Stellen Vorstand und Aufsichtsrat den Jahresabschluß fest, so können sie einen Teil des Jahresüberschusses, höchstens jedoch die Hälfte, in andere Gewinnrücklagen einstellen. Die Satzung kann Vorstand und Aufsichtsrat zur Einstellung eines größeren oder kleineren Teils, bei börsennotierten Gesellschaften nur eines größeren Teils des Jahresüberschusses ermächtigen (§ 58 Abs. 2 AktG).

Aktiengesellschaften müssen zu jeder Position der Gewinnrücklagen jeweils gesondert angeben (§ 152 Abs. 3 AktG):

1. die Beträge, die die Hauptversammlung aus dem Bilanzgewinn des Vorjahrs eingestellt hat;
2. die Beträge, die aus dem Jahresüberschuß des Geschäftsjahrs eingestellt werden;
3. die Beträge, die für das Geschäftsjahr entnommen werden.

Diese Angaben können wahlweise in der Bilanz oder im Anhang gemacht werden (§ 152 Abs. 3 Satz 1 AktG). Diese Offenlegungen sind insbesondere für Beurteilung der Ertragskraft der Gesellschaft im Rahmen einer Bilanzanalyse nützlich.

Zusammenfassend kann man feststellen, daß die Rücklagen allgemein bei allen Kapitalrechtsformen folgendermaßen zu dotieren sind:

Jahresüberschuß
− Verlustvortrag
_____
= Bemessungsgrundlage 1
− Pflichteinstellung in gesetzliche Rücklage
_____
= Bemessungsgrundlage 2 (»korrigierter Jahresüberschuß«)
− Einstellung von max. 50 % des korrigierten Jahresüberschusses in die anderen Gewinnrücklagen
_____
= Bemessungsgrundlage 3
− Einstellung in Rücklage für eigene Anteile
− Einstellung in satzungsgemäße Rücklagen
_____
= Bemessungsgrundlage 4
+ Gewinnvortrag
_____
= Bemessungsgrundlage für den Gewinnverwendungsbeschluß der Hauptversammlung

Ausweis des
Eigenkapitals

3.9. Stille Reserven

Insgesamt neigen die handelsrechtlichen Vorschriften dazu, Unternehmenssubstanz eher zu verschleiern als offenzulegen. Die Zahlen des Jahresabschlusses vermitteln daher nicht immer ein den tatsächlichen Verhältnissen entsprechendes Bild. Hauptgrund hierfür ist die kaufmännische Vorsicht aus § 252 Abs. 1 Nr. 4 HGB, die praktisch das oberste Prinzip des Handelsrechts darstellt. Dieses Grundprinzip führt zu zwei fundamentalen Konsequenzen:

- **Unter- oder Nichtbewertung von Aktiva** und
- **Überbewertung von Fremdkapital.**

Man muß also die Bilanzierungs- und Bewertungsvorschriften darauf abklopfen, wo außerbilanzielle oder unterbewertete Vermögensgegenstände oder überbewertete Schulden vorhanden sind. Will man sich als »sachverständiger Dritter« ein Bild von der Lage eines Unternehmens machen (§ 238 Abs. 1 Satz 2 HGB), so muß man vielfach Aktiv- und Fremdkapitalposten neubewerten, um zu einer realistischen Darstellung zu kommen.

Stille Reserven der Aktivseite entstehen durch:

- **Bilanzierungsverbote**: Insbesondere das Bilanzierungsverbot des § 248 Abs. 2 HGB schließt eine ganze Kategorie von Vermögensgegenständen aus der Bewertung aus. Der Bogen spannt sich von Markenrechten über Software bis hin zum originären Geschäfts- oder Firmenwert, denn all diese sind (meist) unentgeltlich erworben.
- **Unterbewertung von Anlagen**: Abschreibungsvorschriften erlauben häufig, Anlagen aller Art höher abzuschreiben als das ihrer wirklichen technischen Lebensdauer entspricht. Obwohl das Steuerrecht Einschränkungen in dieser Richtung vorgenommen hat und derzeit praktisch alle Sonderabschreibungen der Vergangenheit gestrichen worden sind[1], gibt es immer noch praktisch unterbewertete Sach- oder Finanzanlagen.
- **Vollabschreibung der geringwertigen Wirtschaftsgüter**: Werden diese nach § 6 Abs. 2 EStG am Ende des Anschaffungsjahres ganz abgeschrieben, so entsteht eine Stille Reserve, weil diese Güter ja faktisch noch vorhanden und nutzbar sind.
- **Außerplanmäßige Abschreibungen**: Steuerpflichtige tendieren aus ertragsteuerlichen Motiven zur Buchung außerordentlicher

---

[1] Das 1998 ausgelaufene Fördergebietsgesetz erlaubte in der Zeit unmittelbar nach der Wende die fast sofortige Totalabschreibung neu angeschaffter Vermögensgegenstände. Diese als steuerlicher Anreiz gemeinte Vorschrift führte zu jahrelang nachwirkender starker Unterbewertung des Vermögens.

Abschreibungen. Sogar benachbarte Schulen und Kindergärten wurden schon als Begründung von Wertminderungen herangezogen, was i.d.R. nur darauf deutet, daß der Steuerpflichtige seine Steuerlast reduzieren möchte. Tendenziell entstehen auf diese Art häufig Stille Reserven.

- **Wahlrechte hinsichtlich der Nutzungsdauer von Anlagegütern**: Da das Handelsrecht keine Vorschriften über die Nutzungsdauer kennt, werden hierfür meist die steuerlichen AfA-Tabellen herangezogen. Die dort festgelegten (fiktiven) Nutzungsdauern sind seit der Reform im Jahre 2001 eher realistisch (und manchmal schon zu lang) angesetzt. Aus der Zeit davor und aufgrund individueller Argumentationen mit den Finanzbehörden kann es jedoch zu zu kurzen Nutzungsdauern kommen.

- **Alte Sonderabschreibungen**: Eine Zahl von Gesetzen erlaubte früher Sonder- und Fördergebietsabschreibungen. Auch wenn diese Gesetze schon seit Jahren außer Kraft sind, sind die damals abgeschriebenen langlebigen Wirtschaftsgüter wie beispielsweise Immobilien bis heute unterbewertet (oft völlig abgeschrieben). Die Fortwirkung solcher Regelungen kann sich also noch über Jahrzehnte erstrecken.

- **Nichteinbeziehung von Gemeinkosten in die Herstellkosten**: Wird das diesbezügliche Wahlrecht ausgeübt, kommt es i.d.R. zu einer faktischen Unterbewertung. Der Fall ist selten, weil steuerrechtlich die Gemeinkosten einbezogen werden müssen. Problematisch ist in diesem Fall die Abgrenzung zwischen Kosten und Aufwendungen, denn obwohl die Rechtsvorschriften ständig von »Kosten« sprechen, meinen sie in Wirklichkeit doch ausschließlich Aufwendungen. Die Einbeziehung kalkulatorischer Kosten ist unmöglich, wohl aber die neutraler Aufwendungen wie der Fremdkapitalzinsen. Selbst dann aber kommt es i.d.R. noch zu einer faktischen Unterbewertung, da die kalkulatorischen Zinsen auf Anlagen, die in Bargeld bezahlt wurden, nicht einbezogen werden.

- **Zu niedriger beizulegender Zeitwert**: Wird die »vernünftige kaufmännische Beurteilung« des § 253 Abs. 2 Satz 3 HGB (Anlagevermögen) oder § 253 Abs. 3 Satz 3 HGB (Umlaufvermögen) sowie des § 253 Abs. 4 HGB »zu vorsichtig« ausgeübt, kann es zu einer Unterbewertung kommen.

- **Beibehalten von Teilwertabschreibungen nach entfallener Begründung**: Nach § 253 Abs. 5 HGB dürfen Teilwertabschreibungen handelsrechtlich beibehalten werden, wenn der Grund hierfür entfallen ist. Spätere Wertsteigerungen beispielsweise bei künftig ansteigenden Börsen- oder Marktpreisen werden daher »nicht mitgenommen«. Dies führt zu einer offensichtlichen Unterbewertung, ist aber selten, da Teilwertabschreibungen bei vorübergehender Wertminderung steuerlich unzulässig sind und in der Praxis solche Wahlrechte meist in Übereinstimmung mit beiden Regelungskreisen ausgeübt werden.

- **Bewertungsvereinfachungsverfahren**: Diese führen bei bestimmten Datenkonstellationen zu einer Unterbewertung des Lagerbestandes. Beispielsweise bewertet die LIFO-Methode bei steigendem Einkaufspreis der Ware den Bestand zu gering.

Auf der Passivseite entstehen Stille Reserven durch:

- **Überbewertung von Fremdwährungsverbindlichkeiten**: Diese sind aufgrund des Vorsichtsprinzips aufzuwerten, wenn zum Stichtag der Valutakurs ansteigt, dürfen aber nicht wieder abgewertet werden, wenn der Fremdwährungskurs vor der Bezahlung der Schulden sinkt. Dies kann an jedem Stichtag zu einer ruckweisen Erhöhung der Fremdwährungsverbindlichkeiten führen, denen in aller Regel keine nach Kurswert gleichhohe Zahlungsverpflichtung entgegensteht.
- **Bildung überhöhter Rückstellungen**: Der in eine Rückstellung eingestellte Betrag ist ebenfalls nach dem Vorsichtsprinzip zu bemessen und wird daher oft zu hoch eingeschätzt. Die in der Rückstellung verkörperte Schuld ist damit überbewertet.

Den Stillen Reserven stehen die Eventualverbindlichkeiten gleichsam gegenüber. Dem Grunde nach ungewisse Verbindlichkeiten repräsentieren ein Potential künftiger Verpflichtungen, das ja gerade nicht bilanziell berücksichtigt wird. Anders als bei den dem Grunde nach stets gewissen Stillen Reserven ist deren Berücksichtigung bei der Bilanzanalyse jedoch problematisch, weil das Eintreten dieser Posten ungewiß ist.

Bestehen Eventualverbindlichkeiten jedoch aus einer Vielzahl einzelner Posten, beispielsweise aus einer Vielzahl von einzelnen Bürgschaften oder indossierten Wechseln, so könnte aufgrund der Wahrscheinlichkeitsrechnung eine Aussage über den Erwartungswert künftiger Zahlungsverpflichtungen getroffen werden, da erfahrungsgemäß ein gewisser Anteil dieser Fälle zu manifesten, dem Grunde nach gewissen Verpflichtungen »reift«. Insofern wären die bilanziellen Verbindlichkeiten unterbewertet, da der Ansatz solcher kalkulatorischer Risiken nirgendwo gestattet ist. In Anbetracht der großen Höhe der Eventualverbindlichkeiten mancher Unternehmen könnte dies jedoch bedeutsam sein.

Im übertragenen Sinne kann man auch hinsichtlich der Gewinn- und Verlustrechnung von Stillen Reserven sprechen. Dies betrifft zumeist den Unterschied zwischen Kosten und Aufwendungen, denn eine Reihe von Aufwendungen der Gewinn- und Verlustrechnung bewerten nicht wirklich den zugrundeliegenden Produktionsfaktor. Das gilt insbesondere für die Zinsaufwendungen, die nur das Fremdkapital bewerten; ein Zins auf das Eigenkapital ist nirgendwo in der Gewinn- und Verlustrechnung möglich. Aber selbst der Fremdkapitalzins ist in aller Regel viel zu niedrig, d.h. unterbewertet den eingesetzten Faktor »Kapital«, denn in die Kapitalbewertung muß das Risiko des Kapitaleinsatzes im Unternehmen und nicht das Risiko der finanzierenden Bank eingehen. Dieses aber wird nicht durch den Marktzins des Kredites, sondern durch die Mindestrentabilität verkörpert. Ähnliche Argumente wären zur Frage der gegenwärtigen Unterbewertung des Faktors »Arbeit« oder zur Unterbewertung des Faktors »Boden« in einer schrumpfenden Bevölkerung, die sich von einem Volk ohne Raum zu einem Raum ohne Volk entwickelt hat, möglich.

4.
Aufbereitung des handelsrechtlichen Abschlusses

4.1. Vorbereitung der Kennzahlenrechnung

Die Daten des handelsrechtlichen Jahresabschlusses sind nicht immer gut für die Auswertung des Bilanzlesers geeignet,

- da sie stille Reserven enthalten,
- weil bestimmte Positionen aufgrund von Bilanzierungsverboten ganz fehlen und
- weil sie bei Kapitalgesellschaften einer gesetzlichen Gliederung nach § 266 HGB (Bilanz) bzw. § 275 HGB (GuV-Rechnung) unterliegen, die nicht immer den Interessen des Bilanzlesers genügt.

Personengesellschaften sind zudem keine verbindlichen Gliederungsvorschriften gemacht. Sie müssen sich lediglich an den Vollständigkeitsgrundsatz (§ 246 Abs. 1 Satz 1 HGB) halten und die einzelnen Bilanzpositionen »hinreichend aufgliedern« (§ 247 Abs. 1 HGB). Was genau das aber heißt, ist nirgendwo definiert.

Es ist also eine Vorbereitungshandlung erforderlich, um die Daten des Jahresabschlusses der Analyse durch den Bilanzinterpreten zugänglich zu machen. Diese Vorbereitung besteht in der

- Neugliederung,
- Umgliederung und ggfs.
- Um- und/oder Neubewertung

der einzelnen präsentierten Positionen des Zahlenwerkes, bevor mit der eigentlichen Kennzahlenrechnung und -analyse begonnen werden kann.

Die Neu- bzw. Umgliederung besteht in der Neufassung der einzelnen Positionen entweder in eine andere Reihenfolge als die gesetzlich vorgeschriebene oder vom Bilanzierenden gewählten Ordnung (Umgliederung) und die Neugliederung in der Neuzusammenfassung der Detailergebnisse zu anderen (neuen) Bilanzpositionen. Die Neugliederung erfordert tiefgreifendere Kenntnisse des Buchungsstoffes als die Umgliederung, weil einzelne Posten, die nicht Teil des Bilanzwerkes (sondern nur der zugrundeliegenden Daten) sind, neu zu Bilanzposten addiert werden müssen. Ziel ist die Präsentation der Bilanz in einer Form, die dem Untersuchungsziel des Bilanzierenden dient. Bilanzposten, die – etwa aufgrund eines Bilanzierungsverbotes wie z.B. in § 248 Abs. 2 HGB – in der Bilanz fehlen, werden bei dieser Arbeit mit einbezogen. Die Bilanz wird also vielfach erweitert.

Zugleich werden bei diesem Schritt auch meist Prozentwerte und Zwischensummen ermittelt, wenn dies noch nicht geschehen sein sollte. Die Neu- oder Umgliederung erlaubt daher zugleich Aussagen über die Anteile der einzelnen Posten an der Gesamtsumme der Bilanz.

Die Neu- oder Umbewertung der Bilanzposten zielt auf auf die Darstellung »zutreffenderer« Bewertungen. Wird ein Sachverhalt ohnehin zum Nominalwert bewertet, so ist dies in aller Regel unnötig. Durch

- das Niederstwertprinzip auf der Aktivseite und
- das Höchstwertprinzip auf der Passivseite

entstehen jedoch im Rahmen der kaufmännischen Vorsicht vielfach Unterbewertungen der Vermögensteile oder Überbewertungen der Schulden. Diese erschweren erheblich einen Überblick über die Lage der Unternehmung und müssen durch die Neu- bzw. Umbewertung korrigiert werden.

Durch diese Vorbereitung des Zahlenwerkes werden zudem Vergleiche erleichtert oder erst ermöglicht.

Zunächst können Jahresabschlüsse unterschiedlicher Unternehmen, Rechtsformen oder Branchen in gewissen Grenzen vergleichbar gemacht werden. Sie müssen zu diesem Zweck durch Um- und Neugliederung bzw. durch Um- und Neubewertung in eine einheitliche Form gebracht werden. Dies erlaubt auch, branchentypische Kennzahlen zu ermitteln oder für eine Branche außergewöhnliche Werte zu finden. Beispielsweise ist der notwendige Anteil des Umlaufvermögens oder der Anteil des Sachanlagevermögens an der Bilanzsumme ebensowenig allgemein festzustellen wie die erforderliche Eigenkapitalquote. Erst durch eine Vereinheitlichung einer Mehrzahl von Bilanzen lassen sich branchenbezogene Aussagen machen. Diese gestatten dann, den tatsächlichen Anteil dieser Größen als richtig oder zu hoch bzw. zu gering zu bewerten.

Zudem können durch diese Vorbereitungsschritte auch die Jahresabschlüsse unterschiedlicher Rechnungslegungssysteme vergleichbar gemacht werden. Das ist weitaus problematischer und erfordert viel mehr Arbeitsaufwand, ist aber möglich. So definiert beispielsweise Framework 49 der International Financial Reporting Standards einen Vermögensgegenstand (*Asset*) als »*a resource controlled by the entity as a result of past events and from which future economic benefits are expected to flow to the entity*«[1]. Alles, was einen künftigen Nutzen nur verspricht, kann damit schon als Vermögenswert bilanziert werden, wenn es von der Unternehmung beherrscht wird – auch ohne ein zugrundeliegendes Eigentumsverhältnis.

---

1 »eine im Verfügungsbereich der Unternehmung stehende Ressource, die ein Ergebnis vergangener Ereignisse darstellt und von der erwartet wird, daß künftig wirtschaftlicher Nutzen der Unternehmung zufließt« (*eigene Übersetzung*).

Dies ist offensichtlich eine viel »weitere« Vermögensdefinition als die im deutschen Recht übliche Definition, obwohl § 39 Abs. 2 AO ebenfalls die Zurechnung wirtschaftlichen Eigentums und damit die bilanzielle Zuordnung auch ohne juristisches Eigentum erlaubt (beispielsweise bei Finance Leasing). Dennoch sind durch die international übliche Vermögensdefinition zahlreiche Gegenstände bilanzierungspflichtig, die im Handelsrecht keinesfalls in einer Bilanz zu finden wären. Nimmt man im Rahmen der Neu- bzw. Umgliederung Vermögensgegenstände in die HGB-Bilanz auf, die nach IAS/IFRS aufgrund von F.49 in der internationalen Bilanz zu finden sind, so werden die handelsrechtliche und die internationale Bilanz vergleichbar. Gleiches gilt auch für eine Vielzahl von weiteren Bilanzierungs- und Bewertungsfragen, die im Rahmen der Vorbereitung des Zahlenwerkes für die Abschlußanalyse gleichsam überbrückt werden können. Wir werden uns jedoch im Rahmen dieses Werkes ausschließlich auf die handelsrechtliche Bilanzierung beschränken und die IAS/IFRS-Bilanzierung nicht weiter vertiefen.[1]

Schließlich erlauben die skizzierten Vorbereitungshandlungen Zeitreihenanalysen über mehrere Jahre, wenn aufeinander folgende Jahresabschlüsse in jeweils gleicher Art und Weise aufbereitet werden. Dies ist insbesondere bedeutsam, wenn zwischenzeitlich wesentliche Änderungen wie beispielsweise Restrukturierungen eingetreten sind, so daß der Grundsatz der Stetigkeit (§ 252 Abs. 1 Nr. 6 HGB), der eine solche Vergleichbarkeit über die Zeit hinweg sicherstellen sollte, nicht greift.

4.2. Aufbereitung der Bilanz

In der Praxis haben sich eine Reihe von Aufbereitungsschemata eingebürgert. Sie werden häufig für die wichtigsten Kennzahlen zugrundegelegt. Nachfolgende Beispiele beziehen sich auf die in Abbildung 4.1 wiedergegebene beispielhafte Bilanz.

4.2.1. Aufbereitung nach Grundstruktur der Bilanz

Die Aufbereitung nach der Grundstruktur der Bilanz ist die einfachste Methode. Die Grundstruktur der Vermögens- und Kapitalwerte wird zusammengefaßt. Hierbei werden, sofern dies im Ausgangsmaterial noch nicht geschehen ist, die jeweiligen Prozentanteile gebildet. Dies erlaubt eine Anzahl einfacher Kennzahlenrechnungen und verschafft dem Bilanz-

---

1 Mehr Details vgl. vom gleichen Autoren in der gleichen Reihe »IFRS-Arbeitsbuch«, Weinheim 2006, sowie »IFRS-Formelsammlung«, Weinheim 2006.

Exemplum GmbH

Aktiva			Passiva		
A.	Anlagevermögen		A.	Eigenkapital	
I.	Immaterielle Vermögensgegenstände		I.	Gezeichnetes Kapital	600 T€
	1. Konzessionen, gewerbl. Schutzrechte	110 T€	II.	Kapitalrücklage	350 T€
	2. Geschäfts- oder Firmenwert	80 T€	III.	Gewinnrücklagen	150 T€
II.	Sachanlagen			4. andere Gewinnrücklagen	160 T€
	1. Grundstücke	650 T€	V.	Jahresüberschuß	100 T€
	2. technische Anlagen	520 T€	B.	Rückstellungen	
	3. andere Anlagen, BGA	140 T€		2. Steuerrückstellungen	200 T€
	4. geleistete Anzahlungen	30 T€		3. Sonstige Rückstellungen	100 T€
III.	Finanzanlagen		C.	Verbindlichkeiten	
	5. Wertpapiere des Anlagevermögens	40 T€		2. Verbindlichkeiten gegen Kreditinstitute	900 T€
B.	Umlaufvermögen			3. Erhaltene Anzahlungen auf Bestellungen	20 T€
I.	Vorräte			4. Verbindlichkeiten aus L&L	250 T€
	1. Roh-, Hilfs- und Betriebsstoffe	120 T€		5. Wechselverbindlichkeiten	40 T€
	2. unfertige Erzeugnisse	90 T€		8. Sonstige Verbindlichkeiten	220 T€
	3. fertige Erzeugnisse und Waren	230 T€		davon aus Steuern	80 T€
II.	Forderungen, sonst. Vermögensgegenstände			davon im Rahmen der sozialen Sicherheit	120 T€
	1. Forderungen aus L&L	750 T€	D.	Rechnungsabgrenzungsposten	110 T€
	4. Sonstige Vermögensgegenstände	140 T€			
III.	Wertpapiere				
	3. Sonstige Wertpapiere	20 T€			
IV.	Schecks, Kassenbestand, Bankguthaben	180 T€			
C.	Rechnungsabgrenzungsposten	100 T€			
		3.200 T€			3.200 T€

Abbildung 4.1: Beispielbilanz

leser einen Überblick über das oft umfangreiche Zahlenmaterial. Dies ist insbesondere bei großen Bilanzen sinnvoll. Die Grundstruktur dieser Aufbereitung ist:

Aufbereitung nach Grundstruktur der Bilanz

Aktiva				Passiva		
A. Anlagevermögen	EUR	%	A. Eigenkapital	EUR	%
B. Umlaufvermögen	EUR	%	B. Rückstellungen	EUR	%
C. Rechnungsabgr.	EUR	%	C. Verbindlichkeiten	EUR	%
			D. Rechnungsabgr.	EUR	%
	Σ	%		Σ	%

Abbildung 4.2: Muster der Aufbereitung nach der Grundstruktur der Bilanz

Für die nebenstehende Beispielbilanz (Abbildung 4.1) wäre die Aufbereitung nach der Grundstruktur:

Aufbereitung nach Grundstruktur der Bilanz

Aktiva				Passiva		
A. Anlagevermögen	1.570	49,06%	A. Eigenkapital	1.360	42,50%
B. Umlaufvermögen	1.530	47,81%	B. Rückstellungen	300	9,38%
C. Rechnungsabgr.	100	3,13%	C. Verbindlichkeiten	1.430	44,68%
			D. Rechnungsabgr.	110	3,44%
	3.200	100%		3.200	100%

Abbildung 4.3: Beispiel der Aufbereitung nach der Grundstruktur der Bilanz

Schon an diesem im Grunde sehr einfachen Zahlenbeispiel läßt sich gut die Bedeutung der Um- und Neubewertungen demonstrieren. Wir betrachten dies anhand zweier Beispiele:

- das Unternehmen habe ein eingetragenes **Markenzeichen**, für das jedoch das Bilanzierungsverbot des § 248 Abs. 2 HGB gilt, da dieses Markenzeichen selbst entwickelt und beim Patent- und Markenamt eingetragen, also nicht rechtsgeschäftlich erworben wurde, das aber im Laufe der Zeit eine große Bekanntheit und Wertschätzung am Markt erworben habe;
- das Unternehmen habe zudem eine **ungenutzte Kreditlinie** in Höhe von 200 T€ bei einer Bank.

Für das Markenzeichen bestehen eine Zahl von Bewertungsmechanismen, die aber alle handelsrechtlich nicht zu einer Bilanzierung führen können:

- die Methode der historischen Kosten bewertet die Marke mit der Summe der Kosten, die zu ihrem Aufbau nötig war;
- das Verfahren der Wiederbeschaffungskosten bewertet die Marke mit dem heute erforderlichen Wert zur Herstellung einer Marke mit vergleichbarer Wertschätzung und Bekanntheit;

- die Premium-Pricing-Methode vergleicht den Marktwert eines Marken- und eines markenlosen aber ansonsten gleichartigen Produktes und multipliziert die Differenz mit dem Absatzvolumen;
- die hedonische Methode bewertet die Marktpreise, die der Kunde für einzelne Eigenschaften der Marke zahlen würde und
- die Cashflow-Methode summiert die erwarteten zukünftigen Einzahlungsüberschüsse, die auf die Marke zurückgeführt werden können.

Auf die Darstellung der Vorzüge und Nachteile dieser Methoden wird an dieser Stelle verzichtet. Wir nehmen einfach an, daß ein Markenwert von 300 T€ festgestellt worden sei, der jedoch dem handelsrechtlichen Bilanzierungsverbot unterliegt. Dennoch ist dies ein faktisch vorhandener Vermögensgegenstand, der zum Anlagevermögen gehört, da das Markenrecht jeweils für zehn Jahre Gültigkeit besitzt und beliebig oft verlängert werden kann.

Die ungenutzte, aber verfügbare Kreditlinie wird ebenso wie der Markenwert für Zwecke der Bilanzanalyse als Vermögensgegenstand ausgewiesen. Das führt zu zwei Neubewertungen auf der Aktivseite:

Aufbereitung nach Grundstruktur der Bilanz

Aktiva			Passiva		
A. Anlagevermögen	**1.870**	50,54%	A. Eigenkapital	**1.660**	44,86%
B. Umlaufvermögen	1.530	41,35%	B. Rückstellungen	300	8,11%
C. Rechnungsabgr.	**300**	8,11%	C. Verbindlichkeiten	1.630	44,05%
			D. Rechnungsabgr.	110	2,97%
	3.700	100%		3.700	100%

Abbildung 4.4: Umbewertungen in der Aufbereitung nach der Grundstruktur der Bilanz

Zugleich entsteht nunmehr natürlich eine um 500 T€ höhere Bilanzsumme. Da sich aber die Verbindlichkeiten nur um 200 T€ erhöhen, führt dies indirekt zu einer Erhöhung des faktisch vorhandenen Eigenkapitals. Die Umbewertungen der Aktivseite ziehen also entsprechende Umbewertungen der Passiva nach sich.

Es ist offensichtlich, daß dies vielfache Auswirkungen auf die Bilanzanalyse hat, denn eine Reihe von Kennzahlen sehen nunmehr ganz anders aus: Lag beispielsweise der Anteil des Eigenkapitals in Abbildung 4.3 bei 42,50%, so liegt er jetzt etwas unter 45%. Dies vermittelt bereits ein anderes Bild von der Unternehmung.

Die Bilanzanalyse unterliegt nicht den Einschränkungen der handelsrechtlichen Bewertungs- und Bilanzierungsvorschriften. Sie kann Bewertungen vornehmen, die rechtlich unzulässig wären, aber ein zutreffenderes Bild von der Lage der Unternehmung vermitteln: Im Beispiel reichten die vorhandenen liquiden Mittel i.H.v. 100 T€ nicht zur Zahlung der Steuer- und Sozialverversicherungsverbindlichkeiten (aus den beiden Davon-Positionen aus C 8.) aus. Bezieht man die ungenutzte Kreditlinie mit ein, so wird ein realistischeres Bild vermittelt.

4.2.2. Aufbereitung nach Fristigkeit

Viele Kennziffern erfordern eine Auswertung nach Fälligkeitsterminen. Das gilt insbesondere für Liquiditätskennziffern und im Zusammenhang mit dem Kreditrating stehende Risikobewertungsmethoden. Es ist daher sinnvoll,

- die Aktiva nach Liquidität und
- die Passiva nach Fristigkeit

zu analysieren, wobei beides im Grunde dasselbe ist, denn die Liquidität der Aktivseite eines Unternehmens ist zugleich die Fristigkeit der Verbindlichkeiten anderer Unternehmen und umgekehrt.

Die Auswertung hat folgende Grundstruktur:

Aktiva	Aufbereitung nach Fristigkeit		Passiva	
Langfristige Bindung			Langfristige Bindung		
Anlagevermögen	EUR	%	Eigenkapital	EUR	%
Kurz- und mittelfr. Bindung			Fremdkap/Rückstell.	EUR	%
Vorräte	EUR	%	Kurzfristige Bindung		
Forderungen/Wertp.	EUR	%	Frist > 15 Tage	EUR	%
Liquide Mittel	EUR	%	Frist bis 15 Tage	EUR	%
Rechnungsabgrenzung	EUR	%	Rechnungsabgrenzung	EUR	%
	Σ	%		Σ	%

Abbildung 4.5: Muster der Aufbereitung der Bilanz nach Fristigkeit der Posten

Die 15-Tage-Frist bei den Passiva hat insbesondere den Sinn, daß Verbindlichkeiten aus Sozialversicherung (mit Arbeitgeber- und Arbeitnehmeranteil) und Verbindlichkeiten aus angemeldeten Steuern (Lohnsteuer, Solidaritätszuschlag, Umsatzsteuer) Zahlungsziele unter 15 Tagen haben. Zudem ist hier die Bereitschaft zu Stundungen regelmäßig besonders gering. Die Finanzämter berufen sich bei der Abführung der Umsatzsteuer i.d.R. darauf, daß der Steuerpflichtige die zugrundeliegenden Einnahmen ja gehabt habe, und gewähren keine Stundungen. Die Krankenkassen haben eigene Abteilungen, die nichts anderes tun, als säumige Zahler ins Insolvenzverfahren zu schicken. Die Lage hat sich auch dadurch nicht verbessert, daß schon ab 2006 bestimmte Sozialversicherungszahlungen sogar vorfristig (!) vor Ablauf des zugrundeliegenden Monats zu leisten sind. Das hierin verkörperte Insolvenzrisiko ist also besonders groß.

Die Aufbereitung nach Fristigkeit braucht i.d.R. weitere Daten, die aus dem Anhang oder anderen Informationsquellen stammen. So ist für alle Rückstellungen die Fristigkeit zu entscheiden; gleiches gilt für die meisten Positionen der Gruppe C. der Passiva. Wechselverbindlichkeiten beispielsweise sind i.d.R. kurzfristig; Rückstellungen können langfristig sein (z.B. Pensionsrückstellungen), sind aber oft eher kurzfristig (z.B. Gewährleistungsrückstellungen). Auch Steuerrückstellungen sind in aller Regel kurzfristig, weil zumeist mit einer Veranlagung in weniger als einem Jahr zu rechnen ist, aber in schwierigen Fällen können sie auch langfristig sein, etwa wenn ein Verfahren vor dem Finanzgericht anhängig ist oder unter Berufung auf ein EU-Recht, das noch nicht in nationales Recht umgesetzt wurde, Einspruch eingelegt und Ruhen des Verfahrens mit Aussetzung der Vollziehung gewährt wurde. Verbindlichkeiten aus Lieferungen und Leistungen können, wenn sie demnächst fällig werden, sogar in die Kategorie der kürzestfristigen Verbindlichkeiten unter 15 Tage fallen.

Wird die Beispielbilanz aus Abbildung 4.1 unter der Annahme ausgewertet, daß lediglich die Verbindlichkeiten gegenüber Kreditinstituten ein langfristiges Darlehen darstellen, und daß beide ausgewiesenen Rückstellungen kurzfristig sind, so käme man zu folgendem Ergebnis:

Aktiva			Aufbereitung nach Fristigkeit		Passiva
Langfristige Bindung			Langfristige Bindung		
Anlagevermögen	1.570	49,06%	Eigenkapital	1.360	42,50%
Kurz- und mittelfr. Bindung			Fremdkap/Rückstell.	900	28,12%
Vorräte	440	13,75%	Kurzfristige Bindung		
Forderungen/Wertp.	910	28,44%	Frist > 15 Tage	630	19,69%
Liquide Mittel	180	5,62%	Frist bis 15 Tage	200	6,25%
Rechnungsabgrenzung	100	3,13%	Rechnungsabgrenzung	110	3,44%
	3.200	100%		3.200	100%

Abbildung 4.6: Beispiel der Aufbereitung der Bilanz nach Fristigkeit der Posten

In dieser Darstellung wurden keinerlei Um- oder Neubewertungen vorgenommen.

Ändern sich unsere Daten dahingehend, daß die Verbindlichkeiten gegenüber Kreditinstituten zu 200 T€ aus Verbindlichkeiten auf einem hoch überzogenen Girokonto bestehen, so ändert sich unser Bild geradezu dramatisch:

Aktiva			Aufbereitung nach Fristigkeit		Passiva
Langfristige Bindung			Langfristige Bindung		
Anlagevermögen	1.570	49,06%	Eigenkapital	1.360	42,50%
Kurz- und mittelfr. Bindung			Fremdkap/Rückstell.	**700**	**21,87%**
Vorräte	440	13,75%	Kurzfristige Bindung		
Forderungen/Wertp.	910	28,44%	Frist > 15 Tage	630	19,69%
Liquide Mittel	180	5,62%	Frist bis 15 Tage	**400**	**12,50%**
Rechnungsabgrenzung	100	3,13%	Rechnungsabgrenzung	110	3,44%
	3.200	100%		3.200	100%

Abbildung 4.7: Aufbereitung nach Fristigkeit der Posten mit veränderten Annahmen

Girokonten sind »niemals und jederzeit« fällig, was natürlich heißt, daß die Bank sie jederzeit mit einer Frist von meist zwei Wochen kündigen kann, wenn sie das Vertrauen in den Kreditschuldner verliert. Aus

Aufbereitung
des handels-
rechtlichen
Abschlusses

Vorsichtsgründen müßte die Schuld auf dem Girokonto nunmehr als kurzfristige Verbindlichkeit unter 15 Tage klassifiziert werden, denn wir wissen alle, daß Banken solche Kontokündigungen ohne weiteres vornehmen, auch wenn das erst die Insolvenz des Kreditschuldners unmittelbar ursächlich auslöst. Das Risikobild würde sich nunmehr drastisch verändern: reichten in Abbildung 4.6 die liquiden Mittel i.H.v. 180 noch beinahe zur Deckung der kürzestfristigen Verpflichtungen aus, genügen sie nunmehr nichtmal mehr zur Deckung der Hälfte dieser Schulden. Das mindert die Bonität des Unternehmens deutlich, denn unter Bonität versteht man die Fähigkeit des Kreditschuldners, seinen Zahlungsverpflichtungen vollständig und zeitgerecht nachzukommen. Das ist jetzt nur noch in einem viel geringeren Maß gewährleistet.

Interessant ist in diesem Zusammenhang übrigens die Frage der Sonderposten mit Rücklageanteil. Sie können je nach zugrundeliegender Rechtsprechung kurz- oder langfristig sein. Es wäre damit eine Umgruppierung in der Weise erforderlich, daß die *Sonderposten mit Rücklageanteil* der jeweils zugrundeliegenden Fristigkeit zugerechnet werden.

Die Zuordnung von *Mezzanine-Instrumenten* kann besonders problematisch sein. Typisch für alle Mezzaninefinanzierungen sind die zeitlich befristete Kapitalüberlassung, das Fehlen von Stimm- oder sonstigen Mitbestimmungsrechten, die Behandlung der Kapitalkosten als steuerlicher Betriebsaufwand und die Nachrangigkeit der Mezzanine-Kapitalgeber gegenüber allen anderen Ansprüchen von Gläubigern (Rangrücktritt). Eine Mezzanine-Finanzierung kann hingegen nur als Eigenkapital behandelt werden, wenn

* die Vergütung erfolgsabhängig ist,
* am Verlust unbeschränkt teilgenommen werden muß,
* die Kapitalüberlassung langfristig ist (i.d.R. mindestens fünf Jahre, in analoger Anwendung von § 10 Abs. 5 KWG) und
* Ansprüche bei Insolvenz oder Liquidation gegenüber allen anderen Gläubigern nachrangig sind.

Es wäre also beim Vorhandensein von Mezzanine-Instrumenten im Einzelfall zu prüfen, wie diese zuzuordnen sind. Und dies ist inzwischen kein »exotisches« Thema mehr, denn die Probleme mancher Unternehmen schon im Vorfeld der neuen Basel II-Regeln ließen »innovative« Finanzierungsinstrumente interessanter erscheinen. Das gilt insbesondere für Genußrechte und atypische Stille Gesellschafter, für die das Bilanzgliederungsschema keine eigene Position aufweist.

Auch die Zuordnung der *Anzahlungen* kann ein facettenreiches Thema sein. Während die geleisteten Anzahlungen auf der Aktivseite insgesamt in den Positionen A. II. 4. (im Anlagevermögen) und in B. I. 4. (im Umlaufvermögen) vorkommen, also insofern eine Zuordnung meist unproblematisch ist, sind erhaltene Anzahlungen nur ein einziges Mal in den Passiva in Position C. 3. als »erhaltene Anzahlungen auf Bestellungen« auszuweisen. Diese aber können lang- oder kurzfristig sein. Der Bilanzanalytiker sollte also über Informationen verfügen, für was für Bestellungen mit welchem Zeithorizont Anzahlungen entgegengenommen worden sind, und die entsprechende Verbindlichkeit ggfs. umgruppieren. Das ist besonders bei langfristigen Fertigungsaufträgen etwa im Baugewerbe relevant.

Schließlich eignet sich die Aufbereitung der Bilanz auch, Aussagen über Veränderungen anschaulich zu machen, die die Geschäftsleitung plant oder die ihr geraten werden sollten. Die aufbereitete Bilanz in Abbildung 4.6 beispielsweise enthält erhebliche kurzfristige Verbindlichkeiten, aber unzureichende Zahlungsmittel. Dies kann ein unter Umständen bedrohliches Liquiditätsproblem darstellen. Eine Abhilfe könnte Factoring sein. Würden beispielsweise Forderungen im Wert von 800 T€ an eine Factoringgesellschaft veräußert, so wäre dies zunächst ein Aktivtausch:

Aktiva			Aufbereitung nach Fristigkeit		Passiva
Langfristige Bindung			Langfristige Bindung		
Anlagevermögen	1.570	49,06%	Eigenkapital	1.360	42,50%
Kurz- und mittelfr. Bindung			Fremdkap/Rückstell.	900	28,12%
Vorräte	440	13,75%	Kurzfristige Bindung		
Forderungen/Wertp.	110	3,44%	Frist > 15 Tage	630	19,69%
Liquide Mittel	980	30,62%	Frist bis 15 Tage	200	6,25%
Rechnungsabgrenzung	100	3,13%	Rechnungsabgrenzung	110	3,44%
	3.200	100%		3.200	100%

Abbildung 4.8: Die Bilanz aus Abbildung 4.6 direkt nach Factoring i.H.v. 800 T€

Werden die erhaltenen liquiden Mittel verwendet, um Lieferantenschulden i.H.v. 600 T€ und sämtliche kurzfristigen Verbindlichkeiten mit einer Frist bis zu 15 Tagen zu bezahlen, so hätte dies eine bilanzverkürzende Wirkung:

Aktiva			Aufbereitung nach Fristigkeit		Passiva
Langfristige Bindung			Langfristige Bindung		
Anlagevermögen	1.570	65,42%	Eigenkapital	1.360	56,67%
Kurz- und mittelfr. Bindung			Fremdkap/Rückstell.	900	37,50%
Vorräte	440	18,33%	Kurzfristige Bindung		
Forderungen/Wertp.	110	4,58%	Frist > 15 Tage	30	1,25%
Liquide Mittel	180	7,50%	Frist bis 15 Tage	0	0,00%
Rechnungsabgrenzung	100	4,17%	Rechnungsabgrenzung	110	4,58%
	2.400	100%		2.400	100%

Abbildung 4.9: Bilanzverkürzung durch Schuldentilgung nach Factoring

Dies hat offensichtlich auch eine Auswirkung auf sämtliche Relativdaten, was für das Unternehmen vorteilhaft sein kann: So werden nicht nur kurzfristige Verbindlichkeiten pünktlich bedient – durch die Bilanzverkürzung kann das Unternehmen auch in eine geringere Größenklasse i.S.d. § 267 HGB geraten. Dies vermindert u.U. die bürokratischen Aufwendungen der Abschlußerstellung und Publizität. Die Eigenkapitalquote steigt und die Fremdkapitalquote sinkt; auch die Anlagedeckung wird besser. Imageschäden beim Inkasso werden vermieden und das Kosten- und personalintensive Debitorenmanagement kann ausgelagert werden. Schließlich kann durch Factoring das seit 1999 bestehende Verbot der steuerlichen Teilwertabschreibung von Forderungen bei vorübergehender Wertminderung i.S.d. § 6 Abs. 1 Nr. 2 EStG umgangen werden. Allerdings sind die Factoring-Gebühren oft sehr hoch (was wir im Beispiel in den Abbildungen 4.8 und 4.9 vernachlässigt haben) und zudem kann Factoring die Kundenbeziehung beeinträchtigen, wenn die Factoringfirma mit »harten« Inkassomethoden vorgeht.

Die Bilanzaufbereitung ist eine gute Möglichkeit, mindestens die bilanziellen Auswirkungen dieser Strategie des Forderungsmanagements zu visualisieren und zu planen.

4.2.3. Aufbereitung nach Sachbezug

Die Aufbereitung nach Sachbezug schließlich kondensiert die Positionen der einzelnen Sachkategorien. Dies ist insbesondere sinnvoll bei größeren Bilanzen, die in ihrer Originalrepräsentation schon aufgrund ihres Umfanges unübersichtlich erscheinen. Folgendermaßen könnte eine solche Bilanzzusammenfassung aussehen:

Aktiva	Aufbereitung nach Sachbezug		Passiva		
A. Anlagevermögen			A. Eigenkapital		
Immaterielle VG	EUR	%	Gez./Grundkap.	EUR	%
Sachanlagen	EUR	%	Kapitalrücklage	EUR	%
Finanzanlagen	EUR	%	Gewinnrücklagen	EUR	%
B. Umlaufvermögen			Gewinn/Verlustvortr.	EUR	%
Vorräte	EUR	%	Jahresübersch./Fehlb.	EUR	%
Forderungen	EUR	%	B. Rückstellungen	EUR	%
Wertpapiere	EUR	%	C. Verbindlichkeiten		
Liquide Mittel	EUR	%	Langfristige	EUR	%
C. Rechnungsabgr.	EUR	%	Kurzfristige	EUR	%
			D. Rechnungsabgr.	EUR	%
	Σ	100%		Σ	100%

Abbildung 4.10: Muster der Aufbereitung der Bilanz nach Sachbezug

Die Aufbereitung nach Sachbezug ist um so spezieller, je umfangreicher diese ist. Allgemein sollte eine Aufbereitung der Bilanz immer so komplex wie nötig und so einfach wie möglich sein, um die gewünschten Auswertungen zu gestatten und die zugrundeliegenden Mechanismen sichtbar zu machen. Eine solche Auswertung sollte daher nur verwendet werden, wenn beispielsweise die Zusammensetzung des Eigenkapitals Erkenntnisobjekt ist.

4.3. Aufbereitung der Gewinn- und Verlustrechnung

Wie auch bei der Aufbereitung der Bilanz kann auch die Gewinn- und Verlustrechnung vor der Kennzahlenrechnung aufbereitet werden. Auch hier besteht die Aufbereitung aus

* Neugliederung,
* Umgliederung und ggfs.
* Um- und/oder Neubewertung

des Datenmaterials. Anders als im Falle der Bilanz gibt es hier jedoch in der Regel keine Bewertungsprobleme, denn die Rechnungsabgrenzung hat im Grunde diese Arbeit schon erledigt, indem sie die Aufwendungen und Erträge periodengerecht bewertet hat; viel problematischer kann der Unterschied zwischen Auszahlungen, Ausgaben, Aufwendungen und Kosten sein. Dies wird durch die verschiedenen Gewinnbegriffe deutlich, die der unternehmerischen Leistungsmessung dienen können:

* Gewinn = Ertrag – Aufwand (Gewinn- und Verlustrechnung)
* Cash Flow = Einzahlungen – Auszahlungen (Kapitalflußrechnung)
* Betriebsergebnis = Leistungen – Kosten (Kosten- und Leistungsrechnung)

Es ist aber offensichtlich, daß viele Aufwendungen keine Kosten und umgekehrt viele Kosten keine Aufwendungen sind:

* Die Bank- und anderen Schuldzinsen der GuV haben in der Kostenrechnung nichts zu suchen; hier darf nur und ausschließlich ein kalkulatorischer Zins Verwendung finden, denn nur dieser bewertet den Produktionsfaktor »Kapital«;
* die steuerliche Abschreibung gehört ebenfalls nicht in die Kostenrechnung; vielmehr muß dort mit einer kalkulatorischen Wiederbeschaffungsabschreibung gearbeitet werden;
* gleichermaßen stehen den Verlusten und außerordentlichen Abschreibungen der GuV die kalkulatorischen Wagnisse der Kostenartenrechnung gegenüber.

Während »echte« Kostendaten in aller Regel nicht aus dem Jahresabschluß ersichtlich sind und auch nicht publiziert werden (die Kostenrechnung ist ja nicht umsonst auch als »internes Rechnungswesen« bekannt), sind Zahlungsdaten dort vielfach zu erkennen. Hier gelten aber ähnliche Gesetzmäßigkeiten: viele Aufwendungen und Erträge aus der GuV sind nicht zugleich Zahlungen:

* Werden Rohstoffe oder Waren gekauft, so entsteht eine Verbindlichkeit. Bei der Bezahlung der Rechnung kommt es zum Abfluß liquider Zahlungsmittel, also zur Auszahlung. Zur Aufwendung in Position 5.a) der GuV kommt es aber in der Regel erst, wenn die Materialien aus dem Lager entnommen werden. Das kann am

selben Tag der Fall sein (verderbliche Produkte wie Lebensmittel), oder auch Jahre später. Aufwand und Auszahlung sind damit periodenungleich.

- Bestandsänderungen der Fertig- und Unfertigprodukte (Position 2 der GuV) sind stets zahlungsungleich. Gleiches gilt für Abschreibungen oder beispielsweise Einstellungen in Rückstellungen.
- Selbst Umsatzerlöse sind oft zahlungsungleich: Der Umsatzerlös ist zu buchen, wenn die Rechnung geschrieben wird. Eine Einzahlung ist nur bei Barzahlungskunden zeitgleich; bei Rechnungskunden wird leider oft erst viel später (und bekanntlich manchmal gar nicht) gezahlt.

Die Aufbereitung der Gewinn- und Verlustrechnung dient damit im wesentlichen zwei Zwecken:

- Insbesondere durch die Neu- und Umgliederung soll die Gewinn- und Verlustrechnung übersichtlicher und der beabsichtigten Auswertung leichter zugänglich werden;
- durch Umbewertung der Positionen nach Zahlungsgleichheit entsteht aus der Gewinn- und Verlustrechnung eine zahlungsgleiche Auswertung, die als Cashflow-Analyse bekannt ist.

4.3.1. Aufbereitung nach Art der Posten

Die Auswertung nach Art der Posten ist die einfachste Aufbereitung der Gewinn- und Verlustrechnung und dient im wesentlichen dazu, die GuV in drei Teilbereiche einzuteilen, die aus dem gesetzlichen Schema nicht ohne weiteres offensichtlich sind:

- das Hauptgeschäft,
- das Finanzgeschäft und
- das außerordentliche Ergebnis.

Die Auswertung des *Hauptgeschäftes* ähnelt einem Betriebsergebnis, sollte aber nicht so bezeichnet werden, denn die Gewinn- und Verlustrechnung bietet keine Kostendaten. Ein Betriebsergebnis aber ist als Differenz aus Leistungen und Kosten definiert.

Das *Finanzergebnis* enthält alle Aufwendungen und Erträge, die nicht mit der eigentlichen Produktion oder sonstigen Leistungserstellung der Unternehmung zu tun haben, sondern mit Finanzgeschäften. Die Unterscheidung ist also insbesondere für Nichtbanken geeignet, deren Leistungstätigkeit sich nicht auf Finanzgeschäfte bezieht. Hierbei kommt oft ans Tageslicht, daß manche Unternehmungen aus Finanzgeschäften mehr Gewinn erzielen als aus der eigentlichen Leistungstätigkeit. Der ab 2005 zwangsweise eingeführte Emissionshandel hat hier unrühmliche Bekanntheit erlangt: Manche Unternehmen haben längst stillgelegte

Exemplum GmbH	
Posten	Berichtsjahr
1. Umsatzerlöse	5.800 T€
2. Bestandserhöhungen Fertig- und Unfertigerzeugnisse	200 T€
4. Sonstige betriebliche Erträge	400 T€
5. Materialaufwand	
a) Roh-, Hilfs- und Betriebsstoffe	1.600 T€
b) Aufwendungen für bezogene Leistungen	100 T€
6. Personalaufwand	
a) Löhne und Gehälter	900 T€
b) Soziale Abgaben	300 T€
davon für Altersversorgung	150 T€
7. Abschreibungen	
a) auf immat. VG des AV und Sachanlagen	2.150 T€
b) auf Umlaufvermögen	100 T€
8. Sonstige betriebliche Aufwendungen	900 T€
10. Erträge aus anderen Wertpapieren und Finanzanlagen	100 T€
11. Zinsen und ähnliche Erträge	10 T€
12. Abschreibungen auf Finanzanlagen	60 T€
13. Zinsen und ähnliche Aufwendungen	90 T€
14. Ergebnis der gewöhnlichen Geschäftstätigkeit	**310 T€**
15. Außerordentliche Erträge	20 T€
16. Außerordentliche Aufwendungen	130 T€
17. Außerordentliches Ergebnis	**−110 T€**
18. Steuern vom Einkommen und vom Ertrag	60 T€
19. Sonstige Steuern	40 T€
20. Jahresüberschuß	**100 T€**

Abbildung 4.11: Beispiel-GuV zur Demonstration der Verfahren der Aufbereitung

Anlagen zum Emissionshandel angemeldet, um am Anfang des Jahres 2005 Emissionszertifikate zugeteilt zu bekommen, die dann gewinnbringend verkauft werden konnten. Andere Unternehmen haben aus demselben Grund mit der Stillegung von Anlagen oder ganzen Werken bis 2005 gewartet. Schließlich bildet der Emissionshandel einen Anreiz zum Export von Arbeitsplätzen in Länder, die dem Protokoll von Kyoto zwar beigetreten sind, aus diesem aber keinerlei »Verpflichtungen« übernehmen, wie beispielsweise Indien oder China. Und wir wissen alle, wie katastrophal die Auswirkung dieser Wohltat des sogenannten »Klimaschutzes« auf den deutschen Hochlohn-Arbeitsmarkt war.

Das *außerordentliche Ergebnis* schließlich beruht auf der Definition des § 277 Abs. 4 Satz 1 HGB und umfaßt alle Aufwendungen und Erträge, die außerhalb der normalen Geschäftstätigkeit der Kapitalgesellschaft anfallen.

Aufbereitung
des handels-
rechtlichen
Abschlusses

Führt man eine solche Aufbereitung für die vorstehende Beispiel-GuV aus Abbildung 4.11 durch, so erhält man:

	Gesamtleistung	6.400 T€
–	Materialaufwand	1.700 T€
=	Rohertrag	4.700 T€
–	Personalaufwand	1.200 T€
–	Abschreibungen	2.250 T€
–	Sonstige betriebliche Aufwendungen	900 T€
=	Ergebnis vor Steuern	350 T€
	Zins- und Finanzerträge	110 T€
–	Zins- und Finanzaufwendungen	150 T€
=	Finanzergebnis	–40 T€
	Neutrale Erträge	20 T€
–	Neutrale Aufwendungen	130 T€
=	Neutrales Ergebnis	–110 T€
=	Gesamtergebnis vor Gewinnsteuern	200 T€
–	Steuern vom Einkommen und Ertrag	100 T€
=	Gesamtergebnis nach Gewinnsteuern	100 T€

Der »Rohertrag« ähnelt hierbei zwar einem Deckungsbeitrag, sollte mit einem solchen aber keinesfalls verwechselt werden: Unter einem Deckungsbeitrag versteht man die Differenz aus Verkaufspreis und variablen Kosten. Zur Gesamtleistung gehören aber auch Nichtverkaufsleistungen wie beispielsweise die Bestandsmehrung der Fertig- und Unfertigerzeugnisse oder die aktivierten Eigenleistungen, und die Daten der GuV sind Aufwands- und keine Kostendaten. Zudem befinden sich auch nach der Rohertragsrechnung variable, d.h. umsatzproportionale Daten – wie zum Beispiel die Produktivlöhne, die im Personalaufwand enthalten, von diesem aber nicht durch Auswertung und/oder Umgliederung zu trennen sind. Die in der Kostenrechnung der produzierenden Betriebe übliche Bereinigung des Lohnkontos ist ein Verfahren des internen Rechnungswesens und dem externen Bilanzanalytiker in aller Regel unmöglich.

4.3.2. Aufbereitung für die Wirtschaftlichkeitsrechnung

Unter der Wirtschaftlichkeit versteht man das Verhältnis aus Erträgen und Aufwendungen:

$$Wirtschaftlichkeit = \frac{Ertrag}{Aufwand}$$

F 4.1 Aufbereitung der Gewinn- und Verlustrechnung

Die Wirtschaftlichkeit ist damit, im Gegensatz beispielsweise zur Produktivität, leicht aus der Gewinn- und Verlustrechnung zu ermitteln. Hierzu müssen aber die Positionen der GuV nach Aufwendungen und Erträgen umgruppiert werden. Dabei ermittelt man meist gleich Prozentanteile, um die Gewichtung der einzelnen Aufwands- und Ertragsanteile darstellen zu können:

	Umsatzerlöse	5.800 T€	88,82%
+	Bestandserhöhungen Fertig- und Unfertig-erzeugnisse	200 T€	3,06%
+	Sonstige betriebliche Erträge	400 T€	6,13%
+	Erträge aus Finanzanlagen	100 T€	1,53%
+	Zinsen und ähnliche Erträge	10 T€	0,15%
+	Außerordentliche Erträge	20 T€	0,31%
=	Summe Erträge	6.530 T€	
	Materialaufwand	1.700 T€	26,86%
+	Personalaufwand	1.200 T€	18,96%
+	Abschreibungen	2.310 T€	36,49%
+	Zinsaufwand	90 T€	1,42%
+	Sonstige betriebliche Aufwendungen	900 T€	14,22%
+	Außerordentliche Aufwendungen	130 T€	2,05%
=	Summe Aufwendungen	6.330 T€	
=	Ergebnis vor Steuern	200 T€	
=	**Wirtschaftlichkeit**	**103,16%**	

Die Relativkennzahlen erlauben zugleich, nicht nur die Aufwandsstruktur festzustellen, sondern auch Nebengeschäfte zu identifizieren, die beispielsweise durch Ausgründung zu selbständigen Hauptgeschäften gemacht werden sollten. Dies gilt insbesondere für Position 4 der Gewinn- und Verlustrechnung nach dem Gesamtkostenverfahren. Diese Zeile enthält Geschäfte, die zwar als Teil der betrieblichen Tätigkeit entstehen, aber nicht Teil der eigentlichen Leistung sind. Gute Beispiele sind Vermietung oder andere Nebengeschäfte, die sich gleichsam als »Abfallprodukte« aus dem eigentlichen Hauptgeschäft ergeben: So würden leerstehende Lagerhallen oder ungenutzte Maschinen, für die sich Mieter finden, gewiß auch vermietet werden; diese Vermietung wäre aber ein Nebengeschäft. Zeigt sich im Laufe der Zeit, daß solche Nebengeschäfte an Umfang zunehmen, so ist es meist strategisch klug, sie in eigene Rechtsformen auszugründen, da nur dann auch eine entsprechende Organisation und strategische Geschäftsfeldplanung möglich ist. Die Unternehmung würde dann beispielsweise eine Immobilienverwaltungs-GmbH gründen, die diese bisherigen Nebengeschäfte als eigenes Hauptgeschäft betreibt.

Weiterhin erlaubt die Aufwandsstrukturrechnung einen mehr oder weniger präzisen Branchenvergleich. Die Gewinn- und Verlustrechnung kann auf diese Art zu zwischenbetrieblichen Vergleichen verwendet werden. Senkungen des Anteiles bestimmter Aufwendungen können als

Aufbereitung
des handels-
rechtlichen
Abschlusses

Ziel für die Geschäfts- oder Betriebsleitung definiert werden. Beispielsweise kann es im Rahmen einer Führung durch Zielvereinbarung (sog. »*Management by Objectives*«, MbO) zum Ziel gemacht werden, die Lohnkosten durch geeignete Maßnahmen wie Outsourcing oder Senkung der Bruttolöhne unter einen bestimmten Zielwert zu drücken.

Für die Wirtschaftlichkeit gilt die schon oben erwähnte Gesetzmäßigkeit, daß sie sich an der Untergrenze aus

$$
\begin{array}{ll}
 & \text{allgemeinem Guthabenzins} \\
+ & \text{allgemeinem Unternehmensrisiko} \\
\hline
= & \text{Mindestrentabilität } (R_{min})
\end{array}
$$

orientieren sollte. Ein Wert von »1« bzw. 100% entspricht einem vollständigen Rückfluß aller Aufwendungen. Dies genügt natürlich nicht, denn man will ja mehr aus der Investition von Kapital herauskriegen, als man reingesteckt hat. Die im Beispiel ersichtliche Wirtschaftlichkeit von 103,16% bedeutet, daß nur 3,16% mehr zurückfließen als Mittel in das Unternehmen investiert werden. Dies dürfte i.d.R. viel zu wenig sein.

Allerdings haben wir oben verschiedene Gewinnbegriffe gesehen. Es kann durchaus sein, daß wir ein ganz anderes Ergebnis erhalten, wenn wir einen anderen Gewinnbegriff anlegen. Erst die Gesamtschau verschiedener Auswertungen erlaubt eine Bewertung der Lage des Unternehmens. Ein einzelner isolierter Ergebniswert ist hierfür noch unzureichend.

4.3.3. Aufbereitung nach Betriebserfolg

Vielfach kann es interessant sein zu erfahren, welches Ergebnis nur die eigentliche betriebliche Leistung erbracht hat. Hierzu werden nur die Posten in die Berechnung einbezogen, die unmittelbar mit der Betriebstätigkeit im Zusammenhang stehen:

1.		Umsatzerlöse	5.800 T€
2.	±	Bestandsänderungen Fertig- und Unfertigerzeugn.	+200 T€
3.	+	Aktivierte Eigenleistungen	0 T€
5.	–	Materialaufwand	1.700 T€
6.	–	Personalaufwand	1.200 T€
7a.	–	Abschreibungen auf Sachanlagen	2.150 T€
8.	–	Sonstige betriebliche Aufwendungen	900 T€
19.	–	Sonstige Steuern	40 T€
	=	Betriebserfolg	10 T€

Die Rechnung offenbart im Beispiel, daß die Unternehmung aus der eigentlichen Betriebstätigkeit offensichtlich kaum noch einen wirtschaftlichen Erfolg zieht. Dies ist häufig, wenn Nebengeschäfte oder außerordentliche Effekte das Unternehmen über Wasser halten.

4.3.4. Aufbereitung nach Zahlungsgleichheit

Die Aufbereitung nach Zahlungsgleichheit beruht auf der schon dargestellten Unterscheidung in Zahlungen und Aufwendungen bzw. Erträge und ist auch als sogenannte Cashflow-Analyse bekannt. Sie zeigt, welche Summe Geldes der Unternehmung tatsächlich in einer Rechnungsperiode zur Verfügung gestanden hat. Das ist viel relevanter als das Ergebnis der Gewinn- und Verlustrechnung, denn man kann bekanntlich Gewinn machen und gleichzeitig zahlungsunfähig werden.

Typische Fälle von Abgrenzungen zwischen der GuV und der Cashflow-Rechnung sind:

Zahlungsungleiche Erträge:
* Mehrungen von Forderungen (Kunden haben gekauft aber noch nicht bezahlt),
* Mehrungen von Fertig- und Unfertigerzeugnissen,
* erfolgswirksame Auflösungen von Rückstellungen,
* aktivierte Eigenleistungen.

Aus der Aufbereitung der Bilanz lassen sich u.U. zahlungsungleiche Erträge aus Vermögensgegenständen ableiten, die dem Bilanzierungsverbot des § 248 Abs. 2 HGB unterliegen, denn diese stellen einen faktischen Vermögenswert dar, werden aber unentgeltlich erworben.

Zahlungsungleiche Aufwendungen:
* sämtliche Abschreibungen,
* Einstellungen in Rückstellungen,
* Verluste bei außerordentlichen Aufwendungen z.B. bei Verkauf von Altanlagen unter Buchwert,
* Minderungen von Fertig- und Unfertigerzeugnissen.

Die Cashflow-Aufbereitung kennt zwei Rechenwege, die stets zum gleichen Ergebnis führen müssen:

Direkte Methode:
    Zahlungsgleiche Erträge
– Zahlungsgleiche Aufwendungen
= Cashflow

Indirekte Methode:
    Jahresüberschuß oder Jahresfehlbetrag der GuV-Rechnung
+ Zahlungsungleiche Aufwendungen
– Zahlungsungleiche Erträge
= Cashflow

In jedem Fall sind zusätzliche Daten über die Aufwendungen und Erträge der Gewinn- und Verlustrechnung erforderlich. Nur bei den Abschreibungen ist von Anfang an klar, daß sie stets zahlungsungleich sind. Die Einstellungen in Rückstellungen beispielsweise sind nicht ohne weiteres aus der GuV ersichtlich. Auch ist nicht zu erkennen, ob die

Forderungen im Berichtszeitraum zugenommen haben, also zahlungsungleiche Erträge entstanden sind. Auch bei vielen Einzelheiten sind zahlungsungleiche Posten möglich, meist im Zusammenhang mit der Rechnungsabgrenzung. Das kann diese Aufbereitung sehr aufwendig machen.

Nehmen wir für unser Beispiel an, daß im Berichtszeitraum nur zwei zusätzliche zahlungsungleiche Posten zu berücksichtigen seien:

- eine Rückstellung i.H.v. 100 T€ wurde eingestellt und
- eine Erhöhung der Forderungen aus Lieferungen und Leistungen im Vergleich zum Vorjahr i.H.v. 150 T€ sei entstanden.

Hieraus ergibt sich die folgende Cashflow-Auswertung nach der direkten Methode:

Zahlungsgleiche Erträge:

	Zahlungsgleiche Umsatzerlöse	5.650 T€
+	Sonstige betriebliche Erträge	400 T€
+	Erträge aus anderen Wertpapieren und Finanzanlagen	100 T€
+	Zinsen und ähnliche Erträge	10 T€
+	Außerordentliche Erträge	20 T€
=	Summe	6.180 T€

Zahlungsgleiche Aufwendungen:

	Materialaufwand	1.700 T€
+	Personalaufwand	1.200 T€
+	Zahlungsgleiche sonstige betr. Aufwendungen	800 T€
+	Zinsen und ähnliche Aufwendungen	90 T€
+	Außerordentliche Aufwendungen	130 T€
+	Steuern	100 T€
=	Summe	4.020 T€
=	**Cashflow**	**2.160 T€**

Dem steht die folgende indirekte Cashflow-Auswertung gegenüber:

	Jahresüberschuß aus GuV	100 T€
+	**Zahlungsungleiche Aufwendungen**	
	Summe der Abschreibungen	2.310 T€
	Einstellungen in Rückstellungen	100 T€
−	**Zahlungsungleiche Erträge**	
	Bestandserhöhungen Fertig- und Unfertigerzeugn.	200 T€
	Forderungsmehrung im Verkauf	150 T€
=	**Cashflow**	**2.160 T€**

Die hier präsentierte Cashflow-Rechnung ermittelt nur die Summe der zur Verfügung stehenden Zahlungsmittel. Sie ist nicht identisch mit der im Jahresabschluß nach IAS/IFRS oder US-GAAP auszuweisenden Kapitalflußrechnung, die nicht nur die verfügbaren Mittel, sondern auch deren Verwendung enthalten muß.

Es ist charakteristisch, daß das Cashflow-Ergebnis größer als das Jahresergebnis der GuV-Rechnung ist. Der Unterschied ist um so größer als die Abschreibung höher ist. Er ist also bei kapitalintensiven Betrieben wie fertigenden Industrieunternehmen oder etwa auch Telekommunikationsnetzbetreibern oder Verkehrsunternehmen besonders groß, und bei wenig kapital- und dafür personalintensiven Unternehmen wie beispielsweise handwerklichen Dienstleistern klein.

Dieser Unterschied wird durch steuertaktische Überlegungen weiter vergrößert, denn zur Steuervermeidung versuchen viele Steuerpflichtige, ihre Abschreibungen zu maximieren.

Der Unterschied zwischen Cashflow und Jahresergebnis zeigt, daß ein Unternehmen Verlust machen und dennoch im Besitz verfügbarer liquider Mittel sein kann. Er zeigt auch, daß die Gewinn- und Verlustrechnung als Maß für die Ertragskraft eines Unternehmens eigentlich kaum geeignet ist, da sie, anders als die Cashflow-Rechnung, stark von steuertaktischen Bewertungsstrategien insbesondere hinsichtlich der Abschreibung »verzerrt« wird.

Leider fehlen oft viele Detailzahlen, die zur Erstellung einer präzisen Cashflow-Analyse erforderlich sind, dem externen Bilanzleser. Er muß daher bisweilen schätzen und erhält nur eine Näherung des Cashflow.

4.3.5. Cashflow und Unternehmensbewertung

Da der Cashflow ein viel besseres Leistungsmaß ist als der Jahresüberschuß, ist er auch im Rahmen unternehmerischer Entscheidungen von externen Interessenten beliebt. Das gilt besonders im Zusammenhang mit dem Shareholder Value, denn dieser ist im wesentlichen aus der Fähigkeit der Unternehmung definiert, den Kapitaleignern künftige Zahlungszuflüsse zu verschaffen.

Eine Weiterentwicklung ist daher der sogenannte »Free Operating Cashflow«. Dieser gilt als wesentliche Absolutkennzahl für die Bestimmung des erwarteten künftigen Shareholder Value und ist daher insbesondere ein gutes Maß für Kapitalanleger, aber auch bei der Unternehmensbewertung etwa bei Übernahmen:

  Umsatzerlöse
– Herstellungskosten
– Vertriebskosten
– Verwaltungskosten
+ sonstige betriebliche Erträge
– sonstige betriebliche Aufwendungen
+ Abschreibungen
– Steuern
– Investitionen

Aufbereitung
des handels-
rechtlichen
Abschlusses

–	Erhöhung Working Capital	
=	Free Operating Cash-flow	

Ähnlich wie bei der Cashflow-Ermittlung selbst muß man auch hier über weitergehende Informationen verfügen, da zwar die Abschreibungen noch aus dem Jahresabschluß ersichtlich sind, nicht ohne weiteres aber die Verwaltungs- und Vertriebskosten. »Herstellungskosten« sind in diesem Zusammenhang natürlich die Herstellungskosten der Produktion, also des gesamten Unternehmens (und nicht die eines einzelnen Produktes z.B. im Sinne des § 255 Abs. 2 HGB). Auch die Investitionen sind aus zusätzlichen Datenquellen zu erheben. Das Working Capital ist die Differenz aus Umlaufvermögen und kurzfristigem Fremdkapital:

$$Working\ Capital\ = Umlaufvermögen - kfr. FK \qquad \text{F 4.2}$$

Steuern sind im Sinne dieser Berechnungsmethode sämtliche Ertragssteuern.

4.3.6. EBT, EBIT und EBITDA

Während eine Cashflow-Auswertung ohne Einsicht in die Bücher oder anderweitig verfügbare vertiefte Daten aus dem betrachteten Unternehmen problematisch ist, bieten die drei Kennziffern »EBT«, »EBIT« und »EBITDA« vergleichsweise einfach zu berechnende und dennoch relativ aussagekräftige Alternativen.

»EBT« steht für *Earnings before Taxes* (Ergebnis vor Steuern) und ist also nichts als der Vorsteuergewinn aus der Gewinn- und Verlustrechnung. Die Berechnung am Beispiel aus Abbildung 4.11 ist einfach:

	Jahresüberschuß	100 T€
+	Steuern vom Einkommen und vom Ertrag	60 T€
+	Sonstige Steuern	40 T€
=	EBT	200 T€

Der Wert ergibt sich im Prinzip auch aus der Summe der Positionen 14. und 17. der Gewinn- und Verlustrechnung nach dem Gesamtkostenverfahren, muß aber nicht ausgewiesen werden.

»EBIT« steht für *Earnings before Interest and Taxes* (Ergebnis vor Zinsen und Steuern) und wird ähnlich durch Hinzurechnung der zuvor in der Gewinn- und Verlustrechnung bereits subtrahierten Zinsen berechnet:

	Jahresüberschuß	100 T€
+	Zinsen und ähnliche Aufwendungen	90 T€
+	Steuern vom Einkommen und vom Ertrag	60 T€
+	Sonstige Steuern	40 T€
=	EBIT	290 T€

Die hier herauszurechnenden Steuern sind alle Ertrags- und Einkommensteuern, aber natürlich nicht die Umsatz- oder die Lohnsteuer.

EBIT bietet ein Maß für die finanzielle Leistung der Unternehmung vor »Teilnahme« der Banken und des Staates in Gestalt der Ertragsbesteuerung und ist damit eine relativ »reine« Gewinnkennzahl, denn durch die Herausrechnung der Verzinsung und der Ertragsbesteuerung sind Effekte aus unterschiedlichen Steuersystemen verschiedener geographischer Gebiete und unterschiedlicher Finanzierungsarten und Fremdkapitalquoten aus der Rechnung entfernt. Da EBIT sehr einfach zu berechnen ist, ist es beliebt und verbreitet. Da eine anerkannte Standardisierung fehlt, ist das Ergebnis aber dennoch nicht so weit vergleichbar, daß ein wirklicher Branchenvergleich machbar wäre. Viele Unternehmen geben EBIT schon von sich aus im publizierten Abschluß an. Dies hat viel damit zu tun, daß die gesetzlichen Publizitätsvorschriften auch im handelsrechtlichen Bereich längst nur noch eine Untergrenze sind, und erweiterte Abschlußpublizität als Marketingmaßnahme im Wettbewerb um Investoren verstanden wird.

»EBITDA« schließlich steht für *Earnings before Interest, Taxes, Depreciation and Amortization* (Ergebnis vor Zinsen, Steuern, Abschreibung und Tilgung). Hierfür muß zusätzlich zu den Daten des Jahresabschlusses die Summe der in einem Geschäftsjahr geleisteten Schuldentilgung bekannt sein; die Abschreibungen sind ja aus der Gewinn- und Verlustrechnung ersichtlich. Auch hier ist die Berechnung indirekt, also entgegen der Rechenweise der Gewinn- und Verlustrechnung.

Nehmen wir an, daß die Beispielunternehmung in den Abbildungen 4.1 und 4.11 im Berichtsjahr Tilgungen in Höhe von 400 T€ geleistet habe, so ergibt sich:

	Jahresüberschuß	100 T€
+	Zinsen und ähnliche Aufwendungen	90 T€
+	Steuern vom Einkommen und vom Ertrag	60 T€
+	Sonstige Steuern	40 T€
+	Tilgungen	400 T€
=	EBITDA	690 T€

Besser noch als EBIT zeigt diese Kennzahl das Ergebnis der eigentlichen Geschäftstätigkeit vor »zusätzlichen« Belastungen. Sie eignet sich daher zur Beurteilung der grundlegenden Ertragskraft einer Unternehmung. Da in EBITDA wie auch in EBIT oder EBT auch zahlreiche nichtpagatorische Größen wie die Einstellungen in Rückstellungen oder (noch) nicht gezahlte Kundenrechnungen enthalten sein können, ist diese Kennziffer nicht mit dem Cashflow vergleichbar.

Neben diesen drei Kennzahlen bestehen eine Anzahl branchenspezifischer Varianten. EBITDAX beispielsweise ist *Earnings before Interest, Taxes, Depreciation, Amortization, Depletion and Exploration Expenses* (Ergebnis vor Zinsen, Steuern, Abschreibung, Tilgung, Abbau- und Explorationsaufwendungen) und ist ein beliebtes Erfolgsmaß bei Bergbau- und Rohstoffbetrieben. Ähnlich wird in EBITDASO die allgemeine EBITDA-Kennzahl um Mitarbeiterprogramme erweitert (*Earnings before Interest, Taxes, Depreciation, Amortisation and Stock Options*, Ergebnis vor Zinsen, Steuern, Abschreibung, Tilgung und Mitarbeiter-Aktienoptionen). Alle solchen speziellen Varianten sind meist nur für bestimmte Branchen geeignet und erlauben kaum übergreifende Vergleiche.

4.3.7. Bilanzgewinn nach § 158 AktG

Aktiengesellschaften schließlich können den Bilanzgewinn nach § 158 Abs. 1 Aktiengesetz (AktG) auch wie eine Aufbereitung der Gewinn- und Verlustrechnung verwenden. Die in dieser Rechtsvorschrift festgelegte Rechenweise ist auch ein Erfolgsmaß:

	1.	Gewinnvortrag/Verlustvortrag aus dem Vorjahr
+	2.	Entnahmen aus der Kapitalrücklage
+	3.	Entnahmen aus Gewinnrücklagen
		a) aus der gesetzlichen Rücklage
		b) aus der Rücklage für eigene Aktien
		c) aus satzungsmäßigen Rücklagen
		d) aus anderen Gewinnrücklagen
−	4.	Einstellungen in Gewinnrücklagen
		a) in die gesetzliche Rücklage
		b) in die Rücklage für eigene Aktien
		e) in satzungsmäßige Rücklagen
		d) in andere Gewinnrücklagen
=	5.	Bilanzgewinn/Bilanzverlust.

Die entsprechenden Angaben sind nach dem Posten »Jahresüberschuß« bzw. »Jahresfehlbetrag« in Fortführung der Gewinn- und Verlustrechnung anzufügen, oder im Anhang des Jahresabschlusses zu machen.

5.
Kennzahlenauswertung
des Jahresabschlusses

5.1. Prozeß der Kennzahlenbildung

Kennzahlen sind Aussagen über die Wirklichkeit. Sie erlauben uns, die wirtschaftliche Realität zu erkennen und sind damit die Voraussetzung für die oberzielkonforme Leitung der Unternehmung.

Die Bildung von Kennziffern kann als Prozeß der Kennzahlenbildung beschrieben werden:

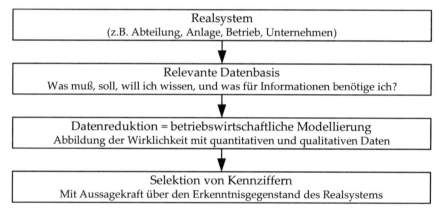

Abbildung 5.1: Prozeß der Kennzahlenbildung als Erkenntnisprozeß der Wirklichkeit

Das *Realsystem* ist das wirtschaftliche System der Unternehmung, der Betriebe und ihrer Teilsysteme und damit die Summe der im wirtschaftlichen Prozeß kombinierten Produktionsfaktoren im gegebenen gesamtwirtschaftlichen Umfeld.

Die *relevante Datenbasis* ist die Summe aller Informationen, die im Unternehmen bzw. im Betrieb erfaßt und verfügbar gemacht werden. Die Datenbasis ist damit zunächst der Jahresabschluß; vielfach verfügt aber auch der externe Bilanzleser über weitergehende Informationen, etwa weil die gesetzlichen Mindestvorschriften zur Publizität inhaltlich überschritten werden, weil das Unternehmen die Jahresabschlußpublizität nicht als lästige Pflicht und staatliche Bevormundung, sondern als

Form des Wettbewerbes um Kapitalgeber versteht, oder auch, weil der externe Bilanzleser über weitergehende Informationsrechte verfügt, zum Beispiel als Teilhafter oder sonst als Gesellschafter.

Da wir nicht die gesamte Wirklichkeit universell erfassen können, ist eine *Datenreduktion* erforderlich. Die in Kapitel 4 beschriebenen Aufbereitungsmaßnahmen sind solche Datenreduktionen. Sie reduzieren die Vielzahl von Informationen, die ein Jahresabschluß bietet, auf eine einheitliche Form und Menge, um Auswertungen zu betreiben. Eigentlich enthält natürlich schon der Jahresabschluß hochgradig komprimierte Daten; wir haben aber gesehen, weshalb die dort vorliegende Datenpräsentation zur Bildung von Kennzahlen vielfach noch nicht ausreichend ist.

Die *Selektion von Kennziffern* schließlich ermöglicht die Bildung von Aussagen über die Wirklichkeit. Jede Kennzahl muß hierbei drei Dinge besitzen:

- Informationscharakter,
- Quantifizierbarkeit und
- eine spezifische Form der Information über die Wirklichkeit.

Informationscharakter ist die Eigenschaft bzw. Fähigkeit einer Kennzahl, Urteile über relevante unternehmerische Teilprozesse zu erlauben. Sie bietet damit Informationen, die dem Abschlußleser aus den zugrundeliegenden Daten nicht oder nicht ohne weiteres ersichtlich sind.

Quantifizierbarkeit ist die Eigenschaft, Daten in numerischer Form oder hieraus abgeleitet als Diagramme und Grafiken zu präsentieren.

Spezifisch ist jede Information, die es ermöglicht, relativ komplexe und als Ganzes schlecht oder gar nicht durchschaubare Zusammenhänge so aufzubereiten, daß ein Verständnis eines Gesamtzusammenhanges bzw. einer Ursache-Wirkung-Relation möglich wird. Hierbei werden Informationen zumeist so verdichtet, daß nur noch Daten über ein wesentliches Erkenntnisobjekt übrigbleiben. Kennzahlen sind damit eine Grundlage für die oberzielkonforme Unternehmenssteuerung.

5.2. Arten von Kennziffern

Allgemein unterscheidet man zunächst

- externe Kennzahlen und
- interne Kennzahlen.

Externe Kennzahlen sind Kennzahlen, die aus der externen Rechnungslegung abgeleitet werden. Sie sind damit Kennzahlen, die aus den Daten des Jahresabschlusses stammen bzw. aus diesen abgeleitet werden. Externe Kennzahlen stehen Dritten zur Verfügung bzw. können von Dritten berechnet werden.

Kennzahlenauswertung des Jahresabschlusses

Interne Kennzahlen sind solche, die aufgrund unternehmensinterner Daten entwickelt werden und nicht nach außen dargestellt oder bekanntgegeben werden. Interne Kennziffern sind damit vertrauliche Daten der Unternehmung.

Die Abgrenzung zwischen diesen beiden Bereichen verwischt zusehends. Sind »echte« Kostendaten (z.B. Zinskosten im Gegensatz zu den Zinsaufwendungen der Gewinn- und Verlustrechnung) meist gar nicht für den externen Bilanzleser erreichbar, werden in immer umfangreicheren Jahresabschlüssen, die bei weitem nicht mehr nur schwer erreichbar im Handelsregister und ggfs. im Bundesanzeiger publiziert werden, sondern »klickbar« und herunterladbar auf der Webseite der Unternehmung liegen, immer mehr eigentlich nicht publizitätspflichtige Informationen bereitgestellt. So lassen sich heute schon viele »eigentlich« interne Kennzahlen von externen Abschlußlesern berechnen.

Unterscheidet man nach der Art der mathematischen Entwicklung, dann lassen sich die Kennzahlen differenzieren in:

- **absolute Kennzahlen** und
- **relative Kennzahlen.**

Absolute Kennzahlen sind Daten, die einen absoluten Wert zum Gegenstand haben, etwa die Bilanzsumme, der Jahresüberschuß der GuV, der Cashflow oder EBIT. Sie haben häufig Bezug zu gesetzlichen Werten, etwa den Grenzwerten des Handels- und des Steuerrechts. Insbesondere unterscheidet man hier auch

- **Einzelkennzahlen** (z.B. die Bilanzsumme) und
- **Summenkennzahlen** (z.B. Summe der einzelnen Aufwendungen in der Aufbereitung der GuV),
- **Differenzkennzahlen**, z.B. die Differenz zwischen Anlagevermögen und Eigenkapital bei der Berechnung der Anlagedeckung bzw. der sogenannten goldenen Bilanzregel. Differenzkennzahlen setzen Einzel- oder Summenkennzahlen voraus.

Relative Kennzahlen sind solche, die eine Beziehung zumindest zweier Werte untereinander ausdrücken. Hier unterscheidet man

- **Beziehungskennzahlen**, die eine Beziehung zweier Werte untereinander ausdrücken, z.B. die Beziehung zwischen Gewinn und Kapital als Rentabilität,
- **Gliederungskennzahlen**, die die Gliederung eines Gesamtsystems ausdrücken, etwa der Anteil des Eigenkapitals an der Bilanzsumme, und
- **Indexkennzahlen**, die den zeitlichen Verlauf oder mindestens die Relation zweier Werte untereinander abbilden, i.d.R. als Indexzahl oder als Prozentwert.

Absolute Kennzahlen eignen sich in aller Regel nur zum Betriebs-, Zeit-, Gebiets- oder Branchenvergleich. Sie haben keine Aussage, wenn sie isoliert stehen. Beispielsweise hat es wenig Sinn, die Cashflow-Summe eines Unternehmens zu kennen, wenn man nicht weiß, wie viel es in Vorjahren war oder wieviel es bei vergleichbaren Unternehmen in anderen geographischen oder regulatorischen Umfeldern ist. Relative Kennzahlen hingegen haben meist für sich bereits eine wesentliche Aussage. So lassen sie sich häufig mit einem Zinssatz vergleichen und damit bewerten, denn jeder Unternehmer ist in letzter Konsequenz Verwalter einer Kapitalmasse, die sich – durch unternehmerische Tätigkeit anstatt durch Anlage am Kapitalmarkt – verzinsen soll.

Dabei ist die Aussage von Beziehungskennzahlen besser als die von Gliederungskennzahlen oder Indexkennzahlen: So ist beispielsweise unmittelbar offensichtlich, daß der Quotient aus Geldmitteln plus kurzfristigen Forderungen auf der einen Seite und kurzfristigen Verbindlichkeiten auf der anderen Seite stets über 1 liegen muß, d.h. daß die Unternehmung stets in der Lage sein muß, nach Eintreiben aller kurzfristigen Forderungen sämtliche kurzfristigen Schulden zu bezahlen ($L_2 > 100\ \%$). Ob eine Eigenkapitalquote von 10 % gut oder schlecht ist, kann hingegen für sich genommen nicht beurteilt werden – selbst wenn manche IHK-Prüfungen das anders sehen: Die Deutsche Bank beispielsweise hatte zeitweise unter 4 % Eigenkapitalquote[1], und das schien kein Problem darzustellen.

Werden mehrere aufeinander bezügliche Kennzahlen über denselben Gesamtsachverhalt kombiniert, so entsteht ein *Kennzahlensystem*. Dieses erlaubt eine mehrschichtige Aussage über den zugrundeliegenden Sachverhalt, so daß eine breitere Fundierung entsprechender Anpassungsentscheidungen möglich gemacht wird. Man kann alle voneinander abhängigen Änderungen auf einen Blick erkennen, die mit der Veränderung eines Einzelwertes zusammenhängen. Kennzahlensysteme erlauben damit im Gegensatz zu Einzelkennziffern eine ganzheitliche Sichtweise. Im Rahmen der Abschlußanalyse werden wir uns jedoch auf Einzelkennziffern konzentrieren.

5.3. Relativkennzahlen der Bilanz

Relativkennzahlen sind solche, die mehrere (meist zwei) Werte vergleichen. Während Absolutkennzahlen der Bilanz wie z.B. die Bilanzsumme meist offensichtlich sind und keiner näheren Berechnung mehr bedürfen, müssen Relativkennzahlen nach vorheriger Aufbereitung der Bilanz ermittelt werden.

Die meisten Aussagen über die wirtschaftliche Gesundheit der Unternehmung beruhen auf Relativkennzahlen der Bilanz. Ihnen kommt daher eine besondere Bedeutung zu.

[1] Quelle für alle Zahlen der Deutschen Bank: http://www.deutsche-bank.de/ir/558.shtml.

Man unterscheidet hierbei vertikale und horizontale Kennziffern der Bilanz:

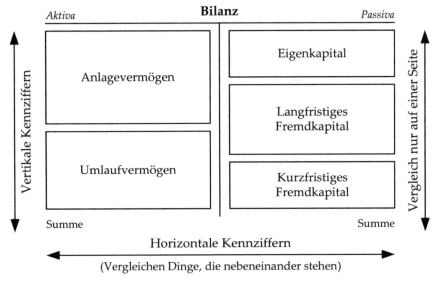

Abbildung 5.2: Arten von Relativkennzahlen in der Auswertung der Bilanz

Horizontale Kennziffern vergleichen bilanzielle Phänomene, die in der in Kontenform aufgestellten Bilanz (mehr oder weniger) nebeneinander stehen. Sie bilden beispielsweise Quotienten aus dem Eigenkapital und dem Anlagevermögen (Anlagedeckungskennziffer) oder aus den Zahlungsmitteln und dem kurzfritigen Fremdkapital (Liquiditätskennziffern). Vertikale Kennziffern hingegen vergleichen Dinge, die auf einer Seite der Bilanz übereinander stehen, oder einzelne Bilanzwerte mit der (darunter stehenden) Bilanzsumme.

5.3.1. Horizontale Kennziffern

Dieser Kennzahlentyp ist der wahrscheinlich am häufigsten berechnete Typ von Kennziffern. Man unterscheidet die Anlagedeckung mit der sogenannten »goldenen« und der sogenannten »silbernen« Bilanzregel sowie die drei Liquiditätskennziffern. Die Anlagedeckungskennziffern sind ein kaufmännisches Sicherheitsmaß und die Liquiditätskennziffern geben Auskunft über die kurzfristige Zahlungsfähigkeit des Unternehmens.

Alle Zahlenbeispiele dieses Abschnittes beziehen sich auf die Beispielbilanz aus Abbildung 4.1.

5.3.1.1. Kennziffern der Anlagedeckung

Anlagedeckung ist die Deckung des Anlagevermögens durch Eigenkapital. Man unterscheidet die erste und die zweite Anlagedeckung.

Ist das Anlagevermögen gänzlich durch Eigenkapital gedeckt, so muß im Falle der Krise kein Anlagevermögen zur Bedienung von Verbindlichkeiten veräußert werden. Das Unternehmen ist damit langfristig in seinem Bestand gesichert. Dies ist ein optimaler Zustand. Man spricht daher auch von der »goldenen Bilanzregel«.

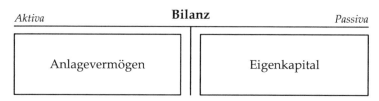

Abbildung 5.3: Die erste (optimale) Anlagedeckung (»goldene Bilanzregel«)

Es gilt also allgemein:

$$Eigenkapital \geq Anlagevermögen!$$

F 5.1

Man bringt dies in aller Regel als Quotient der Anlagedeckung A zum Ausdruck mit:

$$A_1 = \frac{EK}{AV}$$

F 5.2

Der numerische Ergebniswert dieser Rechnung sollte über 1 (also über 100 %) liegen.

Ist eine vollständige Anlagedeckung nicht möglich, so ist es ausreichend, wenn das Anlagevermögen nicht durch Eigenkapital, aber durch langfristige Darlehen gesichert ist (»silberne Bilanzregel«):

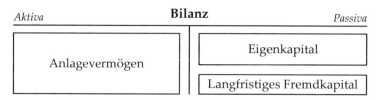

Abbildung 5.4: Die zweite (minimale) Anlagedeckung (»silberne Bilanzregel«)

Es sollte also gelten:

$$(EK + lfr.FK) \geq Anlagevermögen!$$

F 5.3

Dies kann man auch als Quotient schreiben:

$$A_2 = \frac{EK + Lfr.FK}{AV} \qquad \text{F 5.4}$$

Eine erste Anlagedeckung über 100 % ist ideal, eine zweite Anlagedeckung über 100 % ist minimal. Liegt auch die zweite Anlagedeckung unter 100 %, so ist die Finanzierung nicht seriös.

Beispiel: Die Aufbereitung nach Fristigkeit der Beispielbilanz in Abbildung 4.1 sah folgendermaßen aus:

Aktiva	Aufbereitete Bilanz			Passiva	
Langfristige Bindung			Langfristige Bindung		
Anlagevermögen	1.570	49,06%	Eigenkapital	1.360	42,50%
Kurz- und mittelfr. Bindung			Fremdkap/Rückstell.	900	28,12%
Vorräte	440	13,75%	Kurzfristige Bindung		
Forderungen/Wertp.	910	28,44%	Frist > 15 Tage	630	19,69%
Liquide Mittel	180	5,62%	Frist bis 15 Tage	200	6,25%
Rechnungsabgrenzung	100	3,13%	Rechnungsabgrenzung	110	3,44%
	3.200	100%		3.200	100%

Abbildung 5.5: Aufbereitung nach Fristigkeit zur Beispielbilanz in Abbildung 4.1

Die Aufbereitung konsendiert hier das Eigen- und das langfristige Fremdkapital sowie das Anlagevermögen in jeweils eine einzige Zahl, was die Berechnung erleichtert.

Hier gilt:

$$A_1 = \frac{EK}{AV} = \frac{1.360}{1.570} = 86,62\% \qquad \text{F 5.5}$$

$$A_2 = \frac{EK + Lfr.FK}{AV} = \frac{1.360 + 900}{1.570} = 143,95\% \qquad \text{F 5.6}$$

Die Unternehmung verfehlt also die Idealfinanzierung, hält aber die sogenannte »silberne Bilanzregel« mit einigem Abstand ein. Die Finanzierung ist damit nicht optimal, aber unauffällig.

Für die Berechnung kann eine vorherige Neubewertung des Anlagevermögens im Rahmen der Aufbereitung der Bilanz bedeutsam sein. Das gilt insbesondere, wenn die Unternehmung über Vermögensgegenstände verfügt, die einem Bilanzierungsverbot oder einer Unterbewertung unterliegen, also Stille Reserven im Anlagevermögen bestehen.

Die Anlagedeckung ist in Westdeutschland im statistischen Mittel besser als in den Neuen Bundesländern, wo viele Unternehmen durch Verluste und Wirtschaftskrise gar kein Eigenkapital mehr besitzen. Im Gegensatz dazu hatten sie im Westen Jahrzehnte Zeit, Eigenkapital zu bilden. Der Aufbau eines soliden Eigenkapitalstocks war jedoch in Deutschland immer problematisch, weil nur aus Nachsteuergewinnen thesauriert werden kann. Die Unternehmen werden also durch die vergleichsweise sehr hohe Ertragsbesteuerung des deutschen Steuerrechts an Eigenfinanzierung gehindert.

5.3.1.2. Liquiditätskennziffern

Liquiditätskennziffern geben Auskunft über die Zahlungsfähigkeit der Unternehmung, also die Fähigkeit, Schulden vollständig und zeitgerecht zu bedienen. Sie berücksichtigen liquide Mittel im Verhältnis zu den kurzfristigen Verbindlichkeiten. Liquide Mittel sind

- Bargeld in Gestalt gesetzlicher Zahlungsmittel (Geldzeichen),
- Buchgeld auf Sichtkonten und
- ungenutzte Kreditlinien auf Sichtkonten.

Ein Sichtkonto ist hierbei ein Konto, das jederzeit fällig ist, dessen Guthaben dem Kontoinhaber also ohne Einhaltung einer Frist zugänglich ist. Giro- und Postgirokonten sind i.d.R. vollumfänglich Sichtkonten; Sparbücher sind nur bis zu einem bestimmten Betrag Sichtkonten und haben darüber hinaus eine Kündigungsfrist. Der Rest des Kontos ist damit ein Terminkonto. Terminkonten sind bilanziell als Forderungen auszuweisen, weil sie nicht zu Zahlungszwecken verwendet werden können, sondern erst unter Einhaltung einer Frist gekündigt werden müssen. Ungenutzte Kreditlinien auf Sichtkonten können jedoch für die Kennzahlenrechnung wie liquide Mittel behandelt werden. Eine diesbezügliche Umbewertung ist u.U. erforderlich.

Die Liquiditätsrechnung vergleicht die zur Verfügung stehenden liquiden Mittel, die liquiden Mittel plus die kurzfristigen Forderungen bzw. das gesamte Umlaufvermögen mit den kurzfristigen Verbindlichkeiten. Das kann man folgendermaßen visualisieren:

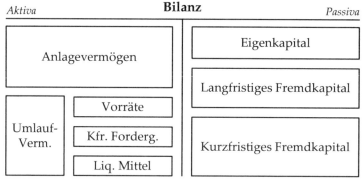

Kennzahlenauswertung des Jahresabschlusses

Abbildung 5.6: Die drei Liquiditätsgrade

Die erste Liquidität L_1 ist das Verhältnis zwischen verfügbaren Liquiden Mitteln und kurzfristigem Fremdkapital:

$$L_1 = \frac{Liquide\,Mittel}{kfr.Verbindlichkeiten} \qquad \text{F 5.7}$$

Für diesen Wert kann keine prozentuale Untergrenze angegeben werden; es gilt aber, daß die Summe der liquiden Mittel stets größer sein muß als die kürzestfristigen Verbindlichkeiten (mit einer Laufzeit von unter 15 Tagen). Ist das nicht der Fall, so besteht Insolvenzgefahr.

Ein schlechtes L_1 ist aufgrund der generell immer schlechter werdenden Zahlungsmoral selbst öffentlicher Auftraggeber ein verbreitetes Problem. Der Standardrat für diesen Fall ist, das Mahnwesen zu verbessern oder neue Zahlungskanäle zu suchen. Insbesondere Unternehmen bestimmter Wirtschaftszweige wie beispielsweise der Baubranche haben hier jedoch kaum praktische Alternativen.

Die zweite Liquidität L_2 bezieht die kurzfristigen Forderungen ein:

$$L_2 = \frac{Liquide\,Mittel + kfr.Forderungen}{kfr.Verbindlichkeiten} \qquad \text{F 5.8}$$

Hier gilt stets, daß der Ergebniswert über 100 % liegen muß. Die Unternehmung muß jederzeit in der Lage sein, ihre kurzfristigen Schulden vollständig zu decken, wenn sie alle kurzfristigen Forderungen eingetrieben hat. Ist dies nicht der Fall, so ist das Unternehmen wirtschaftlich nicht gesund. $L_2 < 100\%$ kann auf mangelnden Verkauf hindeuten, denn die Produkte liegen noch im Lager und sind nicht zu Forderungen geworden.

Die dritte Liquidität L_3 bezieht das gesamte Umlaufvermögen mit ein:

$$L_3 = \frac{Umlaufvermögen}{kfr.Verbindlichkeiten} \qquad \text{F 5.9}$$

Für diesen Wert gibt es keine allgemeinen Grenzwerte. Generell sollte er nicht zu viel größer als L_2 sein. Ist er zu groß, so deutet dies auf ein zu umfangreiches Lager hin, was möglicherweise für schlechtes Einkaufs- und Materialmanagement, stark schwankenden Bedarf, sehr harten Wettbewerb dem Kunden gegenüber oder schlechten Verkauf mit einem zu großen Waren- bzw. Fertigproduktlager sprechen kann. Wie groß aber »zu groß« ist, kann nur branchenabhängig und nicht generell entschieden werden: In Deutschland beispielsweise ist es üblich, daß Neuwagenkäufer Fahrzeuge bestellen und dann wochenlang darauf warten, während in den USA kaum ein Kunde bereit wäre, überhaupt auf einen Neuwagen zu warten. Die deutschen Autohändler können also tendenziell ein viel kleineres Lager führen als ihre US-amerikanischen Kollegen. Der

Relativkennzahlen
der Bilanz

L_3-Wert eines deutschen Autohändlers wäre also unter *ceteris paribus* Bedingungen viel kleiner als der L_3-Wert eines US-Autohändlers – selbst wenn L_2 in beiden Fällen identisch sei.

Für unsere Beispielbilanz aus Abbildung 4.1, die in Abbildung 5.5 aufbereitet wurde, ergeben sich hier folgende Werte:

$$L_1 = \frac{180}{830} = 21{,}69\%$$

F 5.10

$$L_2 = \frac{180 + 910}{830} = 131{,}33\%$$

F 5.11

$$L_3 = \frac{1.530}{830} = 184{,}34\%$$

F 5.12

L_2 ist in diesem Fall in Ordnung; ob L_3 zu groß ist, kann nicht allgemein entschieden werden. Hierfür wäre eine branchenbezogene Einschätzung erforderlich.

L_1 erscheint mit 21,69 % nicht sehr problematisch (so geringe Werte sind absolut üblich). Allerdings betragen die bilanziellen liquiden Mittel nur 180 und die kürzestfristigen Verbindlichkeiten der beiden »Davon«-Positionen der Passiva C.8. insgesamt 200 T€. Es könnte also eine Deckungslücke in nächster Zukunft entstehen, die potentiell bedrohlich ist.

Allerdings muß hier vor der Berechnung die Umbewertung stattgefunden haben. Hat das Unternehmen beispielsweise eine ungenutzte Kreditlinie auf dem Girokonto in Höhe von 200 T€, so ist dies aus der Bilanz nicht ersichtlich. Es müßte aber in die Kennzahlenrechnung einbezogen werden. Das führt zu

$$L_1 = \frac{380}{830} = 45{,}78\%$$

F 5.13

Die Gesamtverfügbarkeit liquider Mittel i.H.v. 380 T€ liegt nun deutlich über den kürzestfristigen Verbindlichkeiten und ist damit unproblematisch.

Auf ganz ähnliche Weise kann auch eine Neubewertung der Forderungen maßgeblich sein. Dies ist bereits teilweise im Rahmen der Forderungsbewertung geschehen; allerdings entstehen durch die Unterbewertung von Forderungen aufgrund der kaufmännischen Vorsicht Stille Reserven. Das gilt insbesondere für Fremdwährungsforderungen, die bei Verfall des Valutakurses handelsrechtlich abgewertet werden müssen, bei Anstieg des Fremdwährungskurses aber nicht aufgewertet werden dürfen. Diese zwingende Rechtsnorm gilt nicht für die Kennzahlenauswertung, so daß eine Neubewertung sinnvoll erscheinen kann.

5.3.1.3. Working Capital

Das sogenannte »Working Capital« ist dasjenige Reinvermögen, das dazu verwendet wird, die unternehmerische Leistung »eigentlich« zu erstellen. Das Working-Capital-Konzept geht dabei davon aus, daß das Umlaufvermögen für die kurzfristige Leistungserstellung relevanter ist als das Anlagevermögen, und berechnet das in diesem Umlaufvermögen gebundene Eigenkapital durch Verrechnung als eine Art »Nettoumlaufvermögen«. Hierzu wird die Differenz zwischen dem Umlaufvermögen und den kurzfristigen Verbindlichkeiten gebildet. Dabei manifestiert sich wieder der Grundsatz der Fristengleichheit, der der Liquiditäts- wie der Anlagedeckungsrechnung zugrundeliegt: Das Anlagevermögen soll stets möglichst langfristig finanziert werden, denn es soll dem Unternehmen ja auch langfristig dienen (§ 247 Abs. 2 HGB), das Umlaufvermögen aber im Umkehrschluß nur kurze Zeit. Es kann daher auch kurzfristig finanziert werden.

Eine einfache und grundlegende Berechnungsmethode ist:

$$Working\ Capital = UV - Kfr.FK \qquad\qquad \text{F 5.14}$$

Für unsere Beispielbilanz aus Abbildung 5.5 würde das ergeben:

$$Working\ Capital = 1.530 - 830 = 700 \qquad\qquad \text{F 5.15}$$

Dies würde uns sagen, daß die Unternehmung im wesentlichen ein Kapital i.H.v. 700 T€ zur Verfügung hat, die unternehmerischen Leistungsprozesse zu finanzieren.

Ein differenzierterer Rechenweg wäre:

	Lagerbestände an Roh-, Hilfs- und Betriebsstoffen, Fertig- und Unfertigerzeugnissen sowie Waren
+	Forderungen aus Lieferungen und Leistungen
–	Verbindlichkeiten aus Lieferungen und Leistungen
+	Erhaltene Anzahlungen
–	Geleistete Anzahlungen
=	Working Capital

Das Working Capital gibt in der Bilanzanalyse an, ob die Vermögensgegenstände des Umlaufvermögens in der Lage sind, die kurzfristigen Verbindlichkeiten abzudecken, ob darüber hinaus ein Liquiditäts- und Finanzierungsspielraum besteht oder ob langfristiges Fremdkapital zur Finanzierung des Umlaufvermögens herangezogen wird. Es ist damit eine Art »Sonderfall« der kurzfristigen Deckung und entspricht im wesentlichen einer Teilmenge des Reinvermögens.

Das Working-Capital-Konzept ist eigentlich keine Relativkennzahl, ähnelt aber systematisch der Berechnung der Anlagedeckung.

5.3.2. Vertikale Kennziffern

Vertikale Kennziffern vergleichen Dinge, die in der Bilanz auf einer Seite übereinander stehen, oder einzelne Bilanzposten mit der Bilanzsumme. Vertikale Kennziffern bringen damit in aller Regel Quoten einer zu beurteilenden Größe zum Ausdruck. Sie haben damit, im Gegensatz zu den horizontalen Kennziffern, keine für sich alleine gültige Aussage, sondern sind nur im Zeit-, Betriebs-, Branchen- oder sonstigen Vergleich aussagekräftig. Es gibt nicht »die richtige« Eigenkapitalquote oder »die notwendige« Anlagequote, auch wenn das in Prüfungen der Industrie- und Handelskammer bisweilen falsch gemacht wurde und vom Prüfungsteilnehmer allen Ernstes erwartet worden ist zu schreiben, es sollten stets und immer »mindestens 33 % Eigenkapital« sein – so pauschal ist das einfach Unsinn. Warum, könnten die folgenden Zahlen aus dem Jahresabschluß 2004 der Deutschen Bank[1] illustrieren:

	Eigenkapital:	25,9 Mrd. Euro
+	Fremdkapital:	814,1 Mrd. Euro
=	Bilanzsumme:	840,0 Mrd. Euro
	Eigenkapitalquote:	8,083 %

Die allgemeine Form der vertikalen Quotenkennziffer ist

$$Quote = \frac{zu\ beurteilende\ Größe}{Bilanzsumme}$$
F 5.16

Auch in diesem Abschnitt beziehen sich die Zahlenbeispiele auf die Beispielbilanz in Abbildung 4.1.

5.3.2.1. Vertikale Kennziffern der Aktivseite

Anlageintensität ist der Anteil des Anlagevermögens an der Bilanzsumme:

$$Anlageintensität = \frac{Anlagevermögen}{Bilanzsumme}$$
F 5.17

In unserer Beispielbilanz ergibt das:

$$Anlageintensität = \frac{1.570}{3.200} = 49,06\%$$
F 5.18

1 Quelle für alle Zahlen der Deutschen Bank: http://www.deutsche-bank.de/ir/558.shtml

Die Kennzahl kann auf Teile des Anlagevermögens beschränkt werden und wird dadurch aussagekräftiger. Unser Beispiel enthält Wertpapiere des Anlagevermögens im Wert von 40 T€. Sollten diese nicht betriebsnotwendig sein, könnten sie fortgelassen werden. Das Ergebnis würde dann nur den Anteil des zur Produktion notwendigen Eigenkapitals anzeigen.

Wird die Anlageintensität nur auf technische Anlagen bezogen, dann ist sie das primäre Maß der Technizität, d.h. die Kennziffer zeigt den Grad maschineller Arbeit in einem Betrieb. Die Anlageintensität ist daher tendenziell in Handwerksbetrieben klein und in Industriebetrieben groß. Sie ist stets branchenspezifisch. Vergleiche sind daher nur bei ähnlichen Betrieben aussagekräftig.

Umlaufintensität ist der Anteil des Umlaufvermögens an der Bilanzsumme:

$$Umlaufintensität = \frac{Umlaufvermögen}{Bilanzsumme} \qquad \text{F 5.19}$$

In unserer Beispielbilanz ergibt sich:

$$Umlaufintensität = \frac{1.530}{3.200} = 47,81\% \qquad \text{F 5.20}$$

Wie auch bei der Anlageintensität gibt es auch für die Umlaufintensität keinen »richtigen« Wert. Die notwendige Umlaufintensität hängt von der Branche ab, und ist in Handelsbetrieben mit notwendigerweise großem Präsenzlager höher als in Dienstleistungsbetrieben, die oft kaum irgendein Umlaufvermögen brauchen.

Die Summe aus Anlage- und Umlaufintensität ergibt nur 100 %, wenn keine aktiven Rechnungsabgrenzungsposten bestehen (selten) oder diese dem Umlaufvermögen zugeschlagen werden.

Man kann die Höhe der Vorräte mit der Vorratsquote genauer untersuchen und vergleichen:

$$Vorratsquote = \frac{Vorräte}{Bilanzsumme} \qquad \text{F 5.21}$$

In unserer Beispielbilanz ergibt sich:

$$Vorratsquote = \frac{440}{3.200} = 13,75\% \qquad \text{F 5.22}$$

Zu den Vorräten zählen Rohstoffe, Betriebsstoffe, Hilfsstoffe, Waren, Kaufteile, Fertig- und Unfertigprodukte. Die Kennziffer kann auf einzelne Vorratsarten verfeinert werden und wird dadurch aussagekräftiger. Sie

Relativkennzahlen
der Bilanz

kann dann insbesondere verwendet werden, die Lagerführung von Betriebsstätten, Geschäftsstellen oder Unternehmen des gleichen Konzerns zu vergleichen.

Auch der Bestand an Zahlungsmitteln wird oft als Quote ausgedrückt:

$$Zahlungsmittelquote = \frac{Liq.Mittel}{Bilanzsumme} \qquad \text{F 5.23}$$

Für unser Zahlenbeispiel gilt:

$$Zahlungsmittelquote = \frac{180}{3.200} = 5,63\% \qquad \text{F 5.24}$$

Wie schon bei der Liquiditätsanalyse kann man hier auch die ungenutzten Kreditlinien einbeziehen. Wir hatten oben eine ungenutzte Kreditlinie auf einem Girokonto i.H.v. 200 T€ angenommen. Unter dieser Annahme ergibt sich:

$$Zahlungsmittelquote = \frac{180 + 200}{3.200} = 11,88\% \qquad \text{F 5.25}$$

Die Zahlungsmittelquote ist meist klein, wenn die erste Liquidität L_1 klein ist. Umgekehrt spricht eine hohe Zahlungsmittelquote für unproduktive Verwendung von Geldmitteln.

Die Kennzahl eignet sich, wie fast alle vertikalen Kennziffern, nur für Vergleichszwecke. Sie hat keine für sich genommen gültige Aussage. Nur die Liquiditätskennziffern haben eine solche primäre Aussagekraft.

Auf ganz ähnliche Art kann die Forderungsquote als Instrument zum Vergleich der offenen Forderungen verwendet werden:

$$Forderungsquote = \frac{Forderungen}{Bilanzsumme} \qquad \text{F 5.26}$$

In unserer Beispielbilanz ergibt sich:

$$Forderungsquote = \frac{750 + 140}{3.200} = 27,81\% \qquad \text{F 5.27}$$

Hierbei kann die Frage interessant sein, welche Forderungen in die Berechnung einzubeziehen seien. Zumeist werden nur Forderungen aus Lieferungen und Leistungen berücksichtigt, weil diese in Situationen mit schlechter Zahlungsmoral ein wesentliches Problem sind. Andere rechnerische Ansätze können für andere Erkenntnisziele bedeutsam sein.

Die Forderungsquote ist meist hoch, wenn die 2. Liquidität hoch, die erste Liquidität aber klein ist.

In diesem Zusammenhang kann man auch die Umschlagshäufigkeit der Forderungen bestimmen. Dazu ist es erforderlich, die durchschnittlichen Forderungen des Berichtszeitraumes zu kennen:

$$Forderungsumschlag = \frac{Umsatz}{\varnothing Forderungen}$$ F 5.28

Als »Umsatz« sollte hier nur die Position 1 der Gewinn- und Verlustrechnung Verwendung finden, weil nur diese Position die Umsatzerlöse aus dem Hauptgeschäft repräsentiert. Nehmen wir an, daß die Höhe der Forderungen im Berichtszeitraum sich nicht wesentlich verändert habe, so ergeben sich durchschnittliche Forderungen i.H.v. 890 T€. Für unser Beispiel bedeutet das:

$$Forderungsumschlag = \frac{5.800}{890} = 6,51685$$ F 5.29

Die Forderungen der Unternehmung werden also durchschnittlich 6,5 mal pro Jahr »umgewälzt«. Diese Kennziffer ist im Grunde eine Produktivitätskennziffer, d.h. je »wirksamer« die Investition des Kapitals in der Unternehmung ist, desto höher ist die Umschichtungshäufigkeit.

Ist in Position 4. der Gewinn- und Verlustrechnung ein betragsmäßig wesentliches Nebengeschäft ersichtlich, so kann dies in eine separate Berechnung einbezogen werden. Dann sollten aber auch die Forderungen aus Haupt- und Nebengeschäften voneinander abgetrennt werden.

Aus der Forderungsumschlagshäufigkeit kann auch überschlägig das durchschnittliche Kundenzahlungsziel bestimmt werden:

$$\varnothing Kundenziel = \frac{360}{Forderungsumschlag}$$ F 5.30

Für unsere Beispielbilanz ergibt das:

$$\varnothing Kundenziel = \frac{360}{6,51685} = 55,24\ Tage$$ F 5.31

Wir haben oben festgestellt, daß vertikale Kennziffern für sich genommen keine isolierte Aussage haben. Dies hier ist eine Ausnahme: mit einer Forderungsumschlagshäufigkeit um die 6,5× kann man vielleicht noch nicht so viel anfangen; ein durchschnittliches (!) Kundenzahlungsziel von 55 Tagen wird man aber vielleicht für zu lang halten. Die Berechnung sagt uns damit, daß das Mahnwesen verbessert oder der übliche Zahlungsweg verändert werden sollte. Es könnte auch sinnvoll sein, eine ABC-Analyse der Kunden nicht wie sonst üblich nach dem Jahresumsatz, sondern nach kundenbezogenem durchschnittlichen Zahlungsziel durchzuführen, und über individuelle Strategien für die »Langsamzahler« nachzudenken.

Dieser Befund deckt sich aber mit dem oben aus den Kennzahlen L_1 und L_2 ersichtlichen Problem der Beispielunternehmung.

5.3.2.2. Vertikale Kennziffern der Passivseite

Die vermutlich häufigste vertikale Kennziffer der Passivseite ist die Eigenkapitalquote, die auch als Grad der finanziellen Unabhängigkeit bekannt ist:

$$Eigenkapitalquote = \frac{Eigenkapital}{Gesamtkapital}$$

F 5.32

Für unsere Beispielbilanz ergibt das zunächst:

$$Eigenkapitalquote = \frac{1.360}{3.200} = 42,50\%$$

F 5.33

Wir haben schon festgestellt, weshalb diese Zahl für sich isoliert betrachtet keine Aussagekraft besitzt.

Es kann aber bedeutsam sein, welcher Eigenkapitalbegriff in diese Formel einzusetzen ist. Anstelle des bilanziellen Eigenkapitals kann auch das sogenannte wirtschaftliche Eigenkapital verwendet werden:

	I.	Gezeichnetes Kapital;
+	II.	Kapitalrücklage;
+	III.	Gewinnrücklagen:
		1. gesetzliche Rücklagen;
		2. Rücklagen für eigene Anteile;
		3. satzungsmäßige Rücklagen;
		4. andere Gewinnrücklagen.
+	IV.	Gewinnvortrag/Verlustvortrag;
+	V.	Jahresüberschuß/Jahresfehlbetrag

= **Bilanzielles Eigenkapital**

– Ausstehende Einlagen (die nicht direkt verfügbar sind)
+ Forderungen gegen Gesellschafter (die eingetrieben werden können)
– Verbindlichkeiten gegen Gesellschafter (die noch abgeführt werden müssen, also nicht zur Verfügung stehen)
+ Eigenkapitalersetzende Darlehen i.S.d. § 32a GmbHG
+ Sonderposten mit Rücklageanteil

= **Wirtschaftliches Eigenkapital**

Das wirtschaftliche Eigenkapital zeigt die tatsächlich zur Verfügung stehende Eigenfinanzierung unter Berücksichtigung aller weiteren relevanten Posten.

Auch die anderen Phänomene der Passivseite lassen sich als Quoten ausdrücken. Der sogenannte Selbstfinanzierungsgrad ist hierbei der Anteil der Rücklagen an der Bilanzsumme:

$$Selbstfinanzierungsgrad = \frac{R\ddot{u}cklagen}{Gesamtkapital} \qquad \text{F 5.34}$$

Für unsere Beispielbilanz ergibt das:

$$Selbstfinanzierungsgrad = \frac{660}{3.200} = 20{,}63\% \qquad \text{F 5.35}$$

Aussagekräftiger ist möglicherweise, die Rücklagen in der Selbstfinanzierungskennziffer auf das Eigenkapital (und nicht das Gesamtkapital) zu beziehen:

$$Selbstfinanzierungsgrad = \frac{660}{1.360} = 48{,}53\% \qquad \text{F 5.36}$$

Die Kennzahl ist in beiden Varianten ein Maß für die Selbstfinanzierungskraft, weil sie zeigt, inwieweit der Unternehmer bei Verlusten Rücklagen zum Ausgleich der Fehlbeträge verwenden kann.

Analog kann natürlich auch die Fremdkapitalquote gebildet werden:

$$Fremdkapitalquote = \frac{Fremdkapital}{Gesamtkapital} \qquad \text{F 5.37}$$

Für unsere Beispielbilanz ergibt das:

$$Fremdkapitalquote = \frac{1.730}{3.200} = 54{,}06\% \qquad \text{F 5.38}$$

In diese Formel gehören selbstverständlich die Rückstellungen (Abschnitt B der Passiva) ebenso wie die Verbindlichkeiten (Abschnitt C der Passiva).

Ähnlich ist der Verschuldungsgrad definiert, der auch als Anspannungskoeffizient bekannt ist:

$$Verschuldungsgrad = \frac{Fremdkapital}{Eigenkapital} \qquad \text{F 5.39}$$

121

Relativkennzahlen
der Bilanz

Für unsere Beispielbilanz ergibt das:

$$Verschuldungsgrad = \frac{1.730}{1.360} = 1,2721 \qquad \text{F 5.40}$$

Ähnlich wie auf der Aktivseite die Forderungsumschlagshäufigkeit bestimmt wurde, kann auf der Passivseite der Kapitalumschlag berechnet werden:

$$Kapitalumschlag = \frac{Umsatz}{Kapital} \qquad \text{F 5.41}$$

Auch hier sollte wieder aus den oben schon geschilderten Gründen nur der eigentliche Umsatz aus dem Hauptgeschäft aus Position 1. der Gewinn- und Verlustrechnung berücksichtigt werden.

Bezogen auf das gesamte investierte Kapital ergibt sich hier für unser Zahlenbeispiel:

$$Kapitalumschlag = \frac{5.800}{3.200} = 1,8125 \qquad \text{F 5.42}$$

Wie auch die Forderungsumschlagshäufigkeit ist diese Zahl im Grunde eine Produktivitätskennzahl. Taktisches Ziel der Geschäftsleitung sollte sein, den Ergebniswert zu erhöhen. Das kann durch Steigerung des Umsatzes oder durch »schlankere« Finanzierung mit weniger Kapital geschehen und erhöht die Shareholder Value Erwartung möglicher Kapitalgeber.

Analog zur Berechnung des mittleren Kundenzahlungszieles kann auch hier die durchschnittliche Verweildauer des Kapitals im Unternehmen ermittelt werden:

$$Kapitalumschlagsdauer = \frac{360}{Kapitalumschlag} \qquad \text{F 5.43}$$

Für unser Zahlenbeispiel ergibt sich:

$$Kapitalumschlagsdauer = \frac{360}{1,8125} = 198,62 \; Tage \qquad \text{F 5.44}$$

Auch für diesen Wert gilt, daß die Geschäftsleitung ihn möglichst klein halten soll. Die Zahl ist im Grunde eine Amortisationszeit, denn in dieser Zeit fließt eine investierte Kapitalsumme an den Investor zurück. Anders als beim mittleren Kundenziel gibt es hier aber keinen objektiven Vergleichswert.

5.4. Relativkennziffern der Gewinn- und Verlustrechnung

Die Kennziffern der Gewinn- und Verlustrechnung dienen in aller Regel dazu, die Aufwandsstruktur darzustellen. Sie sind damit Quotenkennziffern, die sich i.d.R. auf die Gesamtleistung beziehen. In der Aufbereitung der Gewinn- und Verlustrechnung in Kapitel 4.3 haben wir bereits festgestellt, daß für unser Zahlenbeispiel die Gesamtleistung 6.400 T€ beträgt, weil die Bestandserhöhungen und die sonstigen betrieblichen Erträge mit einbezogen werden sollten.

Bekannte Beispiele sind die Material-, die Personal- und die Abschreibungsaufwandsquote.

Für die Materialaufwandsquote gilt:

$$Materialaufwandsquote = \frac{Materialeinsatz}{Gesamtleistung} \qquad \text{F 5.45}$$

Für unsere Beispiel-GuV (Abbildung 4.11) ergibt sich:

$$Materialaufwandsquote = \frac{1.700}{6.400} = 26,56\% \qquad \text{F 5.46}$$

Die Personalaufwandsquote ist:

$$Personalaufwandsquote = \frac{Personalaufwand}{Gesamtleistung} \qquad \text{F 5.47}$$

Für unser Zahlenbeispiel ergibt sich:

$$Personalaufwandsquote = \frac{1.200}{6.400} = 18,75\% \qquad \text{F 5.48}$$

Hier ist selbstverständlich zu berücksichtigen, daß die Summe aller Personalaufwendungen einzubeziehen ist, also auch sämtliche freiwilligen und unfreiwilligen Sozialaufwendungen.

Werden im Jahresabschluß weitergehende Lohndaten berichtet, sind auch weiterreichende Auswertungen möglich, die oft gerade im Personalbereich interessant sind. Beispielsweise kann man mit

$$Umsatz\ pro\ Mitarbeiter = \frac{Umsatz}{Mitarbeiterzahl} \qquad \text{F 5.49}$$

den Umsatz pro Beschäftigten ermitteln. Dies ist im Grunde eine Produktivitätskennziffer (wie viel bringt ein Arbeitnehmer?). Die Anzahl der Mitarbeiter sollte bekannt sein, denn sie ist für die Größenklasse relevant.

Da die Anzahl der Beschäftigten meist im Laufe des Jahres schwankt, sollte ein durchschnittlicher Mitarbeiterstand verwendet werden. Die Rechenvorschrift hierfür ist in § 267 Abs. 5 HGB.

Die Kennziffer kann auch mit dem Gewinn ermittelt werden (Gewinn pro Mitarbeiter).

Eine ähnliche Aussage erhält man mit der Lohn-Umsatz-Relation:

$$Lohn\text{-}Umsatz\text{-}Relation = \frac{Umsatz\ pro\ Kopf}{\varnothing Lohn\ pro\ Kopf} \qquad \text{F 5.50}$$

Im Nenner des Bruches sollten die freiwilligen und unfreiwilligen Sozialaufwendungen einbezogen werden. Die Kennzahl sagt dann, was ein Mitarbeiter im Verhältnis zu seinem Lohn an Umsatz erbringt. Auch dies ist im Grunde eine Produktivitätskennziffer.

Schließlich ist die Abschreibungsquote:

$$Abschreibungsquote = \frac{Abschreibungsaufwand}{Gesamtleistung} \qquad \text{F 5.51}$$

Für unser Zahlenbeispiel ergibt sich:

$$Abschreibungsquote = \frac{2.310}{6.400} = 36{,}09\% \qquad \text{F 5.52}$$

In diesem Beispiel haben wir die Abschreibungen aus Position 7. der Beispiel-GuV i.H.v. 2.150 T€ und 100 T€ sowie die Abschreibungen auf Finanzanlagen i.H.v. 60 T€ aus Position 12. der Gewinn- und Verlustrechnung in die Formel einbezogen. Dies setzt indirekt voraus, daß alle diese Abschreibungen aus irgendeiner Begründung betriebsnotwendig sind. Wären beispielsweise die Abschreibungen auf Finanzanlagevermögen nicht betriebsnotwendig, weil die zugrundeliegenden Finanzanlagen nichts mit der eigentlichen, insbesondere in den Umsatzerlösen und Bestandsänderungen verkörperten Betriebstätigkeit zu tun haben, so sollten sie hier nicht mitgerechnet werden.

Weitere Informationen insbesondere aus dem Lagebericht erlauben weiterführende Auswertungen der Gewinn- und Verlustrechnung. So muß nach § 289 Abs. 2 Nr. 3 HGB über den Bereich Forschung und Entwicklung berichtet werden. Dies gestattet, die Kennziffer

$$FuE\text{-}Intensität = \frac{FuE\text{-}Aufwendungen}{Umsatz} \qquad \text{F 5.53}$$

zu berechnen. Diese Kennzahl ist nicht nur im Unternehmens-, sondern auch im Zeitvergleich interessant, denn sie offenbart, welche Unternehmen mehr oder weniger Forschung und Entwicklung betreiben, und in welchem Maße diese Aufwendungen zurückgehen oder ansteigen, also entsprechende Aktivitäten zurückgefahren (oder beispielsweise ins Ausland ausgelagert) werden.

Aus der Berichterstattung im Lagebericht kann man meist auch unterscheiden in

- **Forschung**, d.h. die Suche nach neuen Erkenntnissen und
- **Entwicklung**, d.h. die Suche nach neuen Anwendungsmöglichkeiten.

Diese qualitative Unterscheidung ist für die Einschätzung der mittel- bis langfristigen Lage einer Unternehmung von großer Bedeutung, denn in einem Hochlohn- und Hochsteuergebiet wie Deutschland ist Know-How der einzige verbliebene Standortvorteil. Je weniger eine Unternehmung in diesem Bereich investiert, desto schlechter sind ihre mittel- bis langfristigen Zukunftsaussichten – insbesondere in technologienahen Märkten. Hierbei kann auch eine Beschränkung auf Entwicklung bei gleichzeitigem Rückgang der Forschung negativ gewertet werden, weil dies zeigt, daß man sich auf Bestehendem ausruhen will und keine wirklichen Neuigkeiten mit entsprechendem langfristigem Marktvorteil mehr plant.

Auch die Anzahl von gewerblichen Schutzrechten wie Patenten, Gebrauchsmustern, Geschmacksmustern, Marken und Urheberrechten kann als Indikator verwendet werden. Sie ist ebenfalls vielfach aus dem Lagebericht ersichtlich.

Falls die Verwaltungs- und Vertriebsaufwendungen ersichtlich sind, lassen sich diese zwei Kennziffern berechnen:

$$Verwaltungsintensität = \frac{Verwaltungsaufwendungen}{Umsatz} \qquad \text{F 5.54}$$

$$Vertriebsintensität = \frac{Vertriebsaufwendungen}{Umsatz} \qquad \text{F 5.55}$$

Dies ist besonders einfach, wenn die Gewinn- und Verlustrechnung nach dem Umsatzkostenverfahren i.S.d. § 275 Abs. 3 HGB aufgestellt worden ist, weil diese Daten dann separat ersichtlich sind (in den Positionen 4. und 5.).

Ein Anstieg der Vertriebsintensität läßt auf erhöhte Marketingaufwendungen schließen. Das kann im Zusammenhang mit der Markteinführung neuer Produkte oder dem Einstieg in neue Marktsegmente stehen, aber auch ein Zeichen für Absatzprobleme sein. Eine im Vergleich mit anderen Unternehmen derselben Branche und Größe höhe Verwaltungsintensität läßt auf einen »bürokratischen Wasserkopf« schließen, während umgekehrt eine geringe Verwaltungsintensität erfolgreiche Rationalisierungsmaßnahmen erkennen läßt.

Im Zusammenhang mit der Vertriebsintensität kann auch die Auslandsabhängigkeit interessant sein:

$$Auslandsabhängigkeit = \frac{Auslandsumsatz}{Gesamtumsatz}$$

F 5.56

Die Kennziffer kann auch auf einzelne geographische Gebiete oder andere Geschäftsbereiche bezogen werden. Der handelsrechtliche Jahresabschluß enthält zwar keine Segmentberichterstattung, aber im Lagebericht muß über bestehende Zweigniederlassungen berichtet werden (§ 289 Abs. 2 Nr. 4 HGB). Das erfüllt oft denselben Zweck.

5.5. Produktivität, Wirtschaftlichkeit und Rentabilität

Ziel jeder unternehmerischen Aktivität ist die oberzielkonforme Leitung wirtschaftlicher Systeme. Das Oberziel ist stets die Mehrung eingesetzter Produktionsfaktoren, wobei unter den vier Faktoren dem Kapital die wesentliche Rolle zukommt, denn Kapital kauft die drei anderen Faktoren:

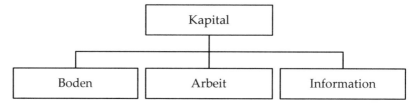

Abbildung 5.7: Das Kapital ist der »oberste« der vier Produktionsfaktoren

Es ist daher kein Zufall, daß eine Bilanz auch eigentlich »nur« eine Kapitalübersicht ist:

Aktiva	Die Bilanz als Kapitalübersicht	Passiva
Kapitalverwendung Vermögen; Wirtschaftsgüter **Investition**		Kapitalherkunft Eigen- und Fremdmittel **Finanzierung**

Abbildung 5.8: Die Bilanz ist in Wirklichkeit eine Übersicht über den Faktor »Kapital«

Das Beispiel zeigt gut die Unzulänglichkeit der handelsrechtlichen Vorschriften, die insofern bei weitem nicht mehr zeitgemäß sind: weder das im Faktor »Arbeit« als Know-how, Motivation der Mitarbeiter usw. enthaltene Leistungspotential noch der Faktor »Information«, soweit er selbst erwirtschaftet (und nicht fremdlizenziert) wurde, ist bilanzierungsfähig. Die (handelsrechtliche) Bilanz ist insofern nur eine unvollständige Übersicht über die im Unternehmen vorhandenen Produktionsfaktoren. Die im Handelsrecht sehr hohen stillen Reserven repräsentieren zu wesentlichen Teilen gerade diese »unausgewiesenen« Faktoren.

Anders als bei den vertikalen Kennziffern gibt es für den Einsatz des Kapitals ein objektives Erfolgsmaß in Gestalt der Mindestrentabilität R_{min}. Diese besteht aus zwei primären Komponenten:

	Allgemeiner Guthabenzins
+	Allgemeines Unternehmensrisiko
=	Mindestrentabilität (R_{min})

Wir haben uns schon in Kapitel 3.6.3 darüber Gedanken gemacht, weshalb das allgemeine Unternehmensrisiko nach Ansicht des Autoren hier berücksichtigt werden muß, und wovon es abhängt. Wir haben auch schon als Modellrechnung eine Mindestrentabilität von 16 % ermittelt:

	Allgemeiner Guthabenzins (Annahme)	3,5 %
+	Allgemeines Unternehmensrisiko	12,5 %
=	Mindestrentabilität (R_{min})	16,0 %

Wir werden diese Mindestrentabilität als Meßlatte für alle Kennzahlen dieses Abschnittes verwenden. Wir werden also voraussetzen, daß sämtliche Arten der Kapitalverwendung mindestens die als Mindestrentabilität zu bestimmende Verzinsung erzielen. Dies ist auch in der Investitionsrechnung ein zentraler Gedanke, wo die Wirtschaftlichkeit einer konkreten einzelnen Investition mit eben dieser Kennzahl bewertet werden kann. Ist aber die Aktivseite nichts als die Mittelverwendung in Form des Einsatzes von Wirtschaftsgütern, so muß der Grundgedanke der Investitionsrechnung auch auf die handelsrechtliche Bilanz anwendbar sein.

5.5.1. Kennzahlen der Produktivität

Die Produktivität ist die Grundlage aller weiteren Kennziffern.

Allgemein ist die Produktivität das Verhältnis zwischen Faktorinput und Faktoroutput eines wirtschaftlichen Prozesses:

$$Produktivität = \frac{Output}{Input} \qquad \text{F 5.57}$$

Die Dimensionen sind hier beliebig, denn die Produktivität ist primär ein technisches Maß. Beispiele für Produktivität sind etwa Kilometer (Output) pro Stunde (Input), Kunden pro Kasse, Stück pro Zeiteinheit, verkaufte Waren pro m² Ladenfläche oder Megabytes pro Sekunde Datendurchsatz eines technischen Systems. Wegen der beliebigen Einheiten

Produktivität,
Wirtschaftlichkeit
und Rentabilität

kann es aber schwer sein, die Produktivität als Mindestrentabilität auszudrücken. Produktivitätskennzahlen sind daher nur untereinander vergleichbar – etwa in der Weise, daß die Kunden, die pro Kasse und Tag bedient werden, das Vergleichs- und damit das Mitarbeiterbewertungmaß für die Kassiererinnen sind. Dies ist für uns aber ohnehin nur von geringer Bedeutung, da die Bilanz sowieso keine Produktivitätskennzahlen enthält.

5.5.2. Kennzahlen der Wirtschaftlichkeit

Wirtschaftlichkeitskennziffern entstehen, wenn man produktive Prozesse in Geld bewertet und damit die Einheiten im Zähler und im Nenner der Produktivitätsformel gleich werden. Grundlegend ist, daß die Verwertung von Gütern als Ertrag bezeichnet wird, der Verbrauch von Gütern aber als Aufwand. In der Gewinn- und Verlustrechnung aber stehen Erträge und Aufwendungen in Geld bewertet. Die Wirtschaftlichkeit kann daher definiert werden als

$$Wirtschaftlichkeit = \frac{Ertrag}{Aufwand} \qquad \text{F 5.58}$$

Anders als die allgemeine Produktivitätskennziffer ist dies problemlos aus der Gewinn- und Verlustrechnung in Abbildung 4.11 zu bestimmen:

$$Wirtschaftlichkeit = \frac{6.530}{6.330} = 1,031596 = 103,16\% \qquad \text{F 5.59}$$

Voraussetzung ist jedoch eine entsprechende Umgruppierung der GuV-Posten, d.h. eine Aufbereitung nach Aufwendungen und Erträgen. Diese sollte sämtliche Aufwendungen und Erträge enthalten, auch die außerordentlichen Posten i.S.d. § 277 Abs. 4 Satz 1 HGB, denn auch diese sind Teil des Faktoreinsatzes und damit Teil der Wirtschaftlichkeitsanalyse.

Hier gilt allgemein für die Mindestwirtschaftlichkeit W_{min}:

$$W_{min} = (R_{min} + 100) \qquad \text{F 5.60}$$

Ein wirtschaftlicher Prozeß muß nicht nur erbringen, was in ihn investiert werden muß, sondern auch noch um die Mindestrentabilität mehr erzeugen. Legt man im Beispiel eine Mindestrentabilität von 16 % zugrunde, so wäre die Wirtschaftlichkeit des Beispielunternehmens unzureichend.

Problematisch ist, daß weder Aufwendungen noch Erträge wirklich den eingesetzten Faktor bewerten. Dies tun nur Kosten und Leistungen.

Beispielsweise bewerten die Zinsaufwendungen der Gewinn- und Verlustrechnung nur das Fremdkapital zu den jeweiligen Marktkonditionen; dies aber ist keine »richtige« Produktionsfaktorbewertung, denn der Faktor sollte das allgemeine Risiko seines Einsatzes (und nicht das der einsetzenden Bank) tragen. Zudem bleibt das Eigenkapital im Jahresabschluß völlig unbewertet. Es ist aber nicht kostenlos. Insofern bildet sich eine Stille Reserve auch in der Gewinn- und Verlustrechnung. Es wäre u. U. besser, die Wirtschaftlichkeitsformel in

$$Wirtschaftlichkeit = \frac{Leistungen}{Kosten} \qquad\qquad \text{F 5.61}$$

zu verändern. Leider stehen dem externen Bilanzleser aber jedenfalls aus dem Jahresabschluß keine Leistungs- und Kostendaten zur Verfügung, da diese nur Teil des internen Rechnungswesens sind.[1]

Statt dessen ist aber meist eine Cashflow-Rechnung vorhanden oder, wenn auch nur in Näherung, aus den Zahlen des Abschlusses erstellbar. Auch dieses Zahlenwerk kann zu einer Wirtschaftlichkeitszahl verarbeitet werden, denn Einzahlungen in die Unternehmung sind Mittelfreisetzungen und damit Outputs im Sinne der Produktivitätsrechnung, und Auszahlungen sind einfach der Einsatz wirtschaftlicher Mittel und damit Inputs der Produktivitätsanalyse. Die Wirtschaftlichkeitsformel kann also verändert werden in

$$Wirtschaftlichkeit = \frac{Einzahlungen}{Auszahlungen} \qquad\qquad \text{F 5.62}$$

Die direkte Cashflow-Analyse eignet sich am besten als Auswertungsgrundlage, weil sie die Summe der zahlungsgleichen Aufwendungen und der zahlungsgleichen Erträge enthält. Nimmt man diese beiden Werte, so kommt man für unser Zahlenbeispiel zu

$$Wirtschaftlichkeit = \frac{6.180}{4.020} = 1,5373 = 153,73\% \qquad\qquad \text{F 5.63}$$

Anders als in F 5.53 übersteigt dieser Wert die Anforderung der angenommenen Mindestrentabilität von 116 % bei weitem. Dies deckt sich mit dem bereits erreichten Befund, daß die Unternehmung zwar nur

---

1 Die Praxis zeigt, daß tatsächlich nur wenige Betriebe eine Kostenrechnung haben und noch weniger sich der Mühe unterziehen, eine wirkliche Kostenbewertung vorzunehmen. Viele Betriebsabrechnungsbögen enthalten fälschlicherweise steuerliche Abschreibungen oder Bankzinsen. Der Autor hat viele solche Systeme programmiert bzw. an ihrer Erstellung mitgewirkt, und darüber hinaus zahlreiche Studien- und Diplomarbeiten im Bereich des internen Rechnungswesens betreut und dabei eine Menge wenig erfreulicher Dinge kennengelernt.

einen geringen handelsrechtlichen Jahresüberschuß erwirtschaftet, aber einen viel höheren Kapitalfluß.

Daß verschiedene Auswertungsmechanismen über den gleichen Auswertungsgegenstand so unterschiedliche Ergebnisse erbringen, ist kein Problem, sondern gerade der Reiz der Bilanzanalyse. Wenn man eine Frage auf andere Art und Weise stellt, erhält man auch eine andere Antwort – so einfach ist das. Oder so kompliziert: die Bilanzanalyse liefert nur Einzelergebnisse. Beurteilen muß diese der Bilanzanalytiker selbst. Hierfür gibt es nur wenige Hilfen.

Im vorliegenden Fall ist die Gesamtbeurteilung der beiden Wirtschaftlichkeitskennziffern aber durchgehend positiv: ein geringes handelsrechtliches Ergebnis in der Gewinn- und Verlustrechnung bedeutet auch eine geringe Steuerlast, und wer findet das Bezahlen von Steuern schon lustbetont? Ein hoher Cashflow hingegen deutet auf die Verfügbarkeit liquider Mittel. »Ohne Moos nix los« sagt dazu der Volksmund. Genau so ist es auch hier: wir machen (kaum) Gewinn, haben aber dennoch Geld: das ist die klassische Strategie der Steuervermeidung, die in Jahrzehnten durch die stets hohe Steuerlast und immer neue Versuche der steuerrechtlichen Schatzhebung entwickelt und optimiert worden ist. *Das ist der wahre Nutzen der Stillen Reserven!*

Die Wirtschaftlichkeitskennziffer steht übrigens im Zusammenhang mit einer Vielzahl weiterer betrieblicher Größen, die nur zum kleinen Teil aus dem Jahresabschluß ersichtlich sind. Man kann sie aber in einem Rückkoppelungsdiagramm visualisieren:

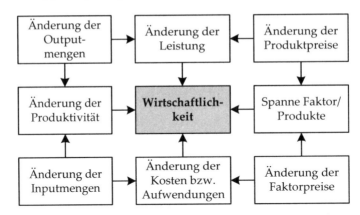

Abbildung 5.9: Wichtige Bestimmungselemente der Wirtschaftlichkeit[1]

Die Pfeile stehen in dieser Darstellung für Ursache-Wirkungs-Relationen. Änderungen der Outputmengen beispielsweise wirken auf Leistung aber auch auf Produktivität.

1 Quelle: Horváth/Reichmann (Hrsg.), »Vahlens Großes Controlling-Lexikon«, München 2005, S. 670.

5.5.3. Kennzahlen der Rentabilität

Wie auch die Wirtschaftlichkeit ist die Rentabilität ebenfalls ein Sonderfall der allgemeinen Produktivität. Die Rentabilität ist dabei auch als »Kapitalproduktivität« bekannt, ermittelt also die Verzinsung des eingesetzten Faktors »Kapital«. Wie auch bei der Wirtschaftlichkeit gibt es eine Vielzahl möglicher Definitionen, die jeweils unterschiedliche Ergebnisse liefern und erst in der Gesamtschau ein zusammenhängendes Bild über die betrachtete Unternehmung vermitteln.

Die Rentabilitätsrechnung ist die vermutlich wichtigste Kennzahlenrechnung, so daß hier auch die meisten Rechenverfahren und Kennzahlen angesiedelt sind. Sie bietet daher auch eine Vielzahl von Gestaltungsmöglichkeiten:

- Die Rentabilitätsrechnung kann die ganze Unternehmung oder ihre Teile berücksichtigen. Allerdings ist eine Rentabilitätsrechnung für einzelne Betriebe oder sonstige Bereiche der Unternehmung im Rahmen des Handelsrechts schwierig, weil es hier (noch) keine Segmentberichterstattung gibt. Die Berichterstattung über bestehende Zweigniederlassungen i.S.d. § 289 Abs. 2 Nr. 4 HGB im Lagebericht kann hierzu jedoch herangezogen werden und bietet auch manchmal Erfolgsdaten für einzelne Segmente.
- Die Rentabilitätsrechnung steht oft im Zusammenhang mit einer Investitionsrechnung, denn die Investitionsrechenverfahren ermitteln selbst oft einfach Anwendungsfälle von Rentabilitätskennziffern. Dies gilt besonders für Verfahren der dynamischen Investitionsrechnung, die Effektivverzinsungen einzelner Investitionen berechnen. Diese Daten sind meist ohne weiteres mit Rentabilitätskennziffern vergleichbar.
- Liegen von einem Unternehmen Zwischenabschlüsse vor, so können monatliche oder quartalsmäßige Rentabilitätskennziffern ermittelt werden, was eine wesentlich bessere Darstellung von Trends und Entwicklungen ermöglicht.
- Die Rentabilitätsrechnung kann mit Plan- und Istdaten durchgeführt werden. Das ermöglicht, Budgetrechnungen aufzustellen und an der Wirklichkeit zu prüfen.
- Da die Rentabilitätsrechnung die Kapitalverzinsung berechnet, sind auch Zeit-, Unternehmens- oder Gebietsvergleiche problemlos. Können insbesondere absolute und vertikale Bilanzkennziffern in aller Regel nicht branchenübergreifend verglichen werden, weil es für jede Branche »übliche« Werte gibt, lassen sich Rentabilitäts-, also Kapitalverzinsungswerte generell und weltweit ohne Branchenbezug vergleichen. Unterschiede sagen lediglich etwas über die Gewinnerwartungen und damit die Attraktivität von Wirtschaftssektoren oder Ländern aus.
- Schließlich ist die Rentabilitätsrechnung die Grundlage für eine Vielzahl von Kennzahlensystemen.

Produktivität,
Wirtschaftlichkeit
und Rentabilität

Man unterscheidet statische und dynamische Rentabilitäten. Die statischen Rentabilitäten beziehen sich auf eine Kapitalgröße und die dynamischen Rechenverfahren auf eine Stromgröße, d.h. den Umsatz.

Alle Rentabilitätsrechenverfahren setzen einen Gewinnbegriff voraus. Die Wahl des richtigen Gewinnbegriffes ist ein fundamentales Entscheidungsproblem. Wir haben schon die drei grundlegenden Gewinnbegriffe

- Gewinn = Ertrag – Aufwand (Gewinn- und Verlustrechnung)
- Cash-flow = Einzahlungen – Auszahlungen (Kapitalflußrechnung)
- Betriebsergebnis = Leistungen – Kosten (Kosten- und Leistungsrechnung)

voneinander abgegrenzt. Zunächst stehen einem Bilanzanalysten aber nur der handelsrechtliche Jahresabschluß mit der Gewinn- und Verlustrechnung und den darin enthaltenen Daten zur Verfügung. Hier lassen sich folgende Entscheidungsprobleme hinsichtlich des in der Rentabilitätsrechnung zu verwendenden Gewinnbegriffes unterscheiden:

- **Einbeziehung von Steuern**: der Gewinn kann vor oder nach Ertragsbesteuerung in die Rentabilitätsrechnung eingebracht werden. Auch EBIT und ggfs. sogar EBITDA sind mögliche Gewinnmaße, die eine Rolle spielen können. Sollen Kapital- und Personenrechtsformen verglichen werden, so macht es Sinn, Vorsteuerzahlen zu verwenden, weil die Personengesellschaft als solche nicht steuerpflichtig ist (die Einkommensteuer trifft nur die Gesellschafter, nicht aber die Gesellschaft). Kapitalgesellschaften hingegen sind als solche bereits körperschaftsteuerpflichtig. Die bisherige Unterscheidung zwischen dem Besteuerungsverfahren der Kapital- und der Personengesellschaften soll ab 2008 entfallen, was auch die Bilanzanalyse vereinfachen könnte.
- **Zugrundezulegende Gewinngröße**: die Aufbereitung der Gewinn- und Verlustrechnung stellt eine Vielzahl möglicher Gewinndefinitionen bereit, die alle in die Rentabilitätsrechnung eingehen können. Neben dem eigentlichen Jahresüberschuß der Gewinn- und Verlustrechnung nach § 275 HGB kann bei Aktiengesellschaften auch der Bilanzgewinn im Sinne des § 158 AktG verwendet werden.
- **Verwendung interner Größen**: Auch wenn die Daten des internen Rechnungswesens dem externen Bilanzanalysten meist nicht zur Verfügung stehen, kann doch über eine Berechnung auf Basis des Betriebserfolges nachgedacht werden. Alternativ bietet sich auch die Aufbereitung der Gewinn- und Verlustrechnung nach Wirtschaftlichkeit an, die aus den externen Daten in aller Regel unproblematisch ist.
- **Verwendung pagatorischer Größen**: Wir haben schon gesehen, daß die Cashflow-Rechnung einen »besseren« Jahreserfolg bietet, weil sie nicht von steuerrechtlichen Motiven verzerrt wird. Zudem kommt es bei der Beurteilung der wirtschaftlichen Leistungsfä-

higkeit einer Unternehmung am Ende immer nur auf Finanzkraft, also auf Geldgrößen an. Der Free Cashflow ist hierbei eine Weiterentwicklung, die besonders in der Unternehmensbewertung eine Rolle spielt, aber auch zur Rentabilitätsrechnung verwendet werden kann.

Die hier skizzierten facettenreichen Entscheidungsprobleme ermutigen zu mehrfacher Anwendung des gleichen Rechenverfahrens mit verschiedenen Typen von Ausgangsdaten. Dies erbringt häufig weitergehende Erkenntnisse.

5.5.3.1. Statische Rentabilität

Statische Rentabilitätskennziffern zeichnen sich dadurch aus, daß sie eine statische Größe als »Input« verwenden. Dies ist i.d.R. das Kapital der Passivseite der Bilanz, da dieses eine Bestandsgröße ist. Die allgemeine Definition ist damit

$$Rentabilität = \frac{Gewinn}{Kapital} \qquad \text{F 5.64}$$

In der Anwendung ist aber problematisch, was für ein Gewinnmaß man verwenden will und welche Kapitalteile in die Berechnung eingehen sollen. Es gibt daher eine Vielzahl von möglichen Gestaltungsformen der Gleichung.

Eine häufige Variante ist die Eigenkapitalrentabilität:

$$Eigenkapitalrentabilität = \frac{Gewinn}{Eigenkapital} \qquad \text{F 5.65}$$

Für unser Zahlenbeispiel bedeutet dies, daß der Gewinn der Gewinn- und Verlustrechnung nicht in das Eigenkapital im Nenner des Bruches einbezogen werden darf, weil er ja schon im Zähler steht:

$$Eigenkapitalrentabilität = \frac{100}{1.260} = 7,94\% \qquad \text{F 5.66}$$

Die Sache wird komplexer, wenn im Laufe des Berichtszeitraumes Änderungen beim Eigenkapital eingetreten sind. Dann wäre im Nenner das durchschnittliche Eigenkapital anzusetzen. In F 5.66 haben wir lediglich das gezeichnete Kapital und alle Rücklagen aus der Schlußbilanz in die Berechnung eingebracht.

Nehmen wir aber an, daß folgende Änderungen aus dem Jahresabschluß hervorgehen:

	Vorjahr	01.04. des Berichtsjahres	Schlußbilanz
Gez. Kapital	500 T€	+ 100 T€	600 T€
Kapitalrücklage	300 T€	+ 50 T€	350 T€
Gewinnrücklagen	310 T€	keine Änd.	310 T€
Summe	1.110 T€		1.260 T€

Zum 1. April des Berichtsjahres seien neue Anteile im Wert von 100 T€ emittiert worden. Dies sei mit einem Agio im Wert von 50 T€, also zum tatsächlichen Ausgabewert von 150 T€ geschehen. Das Gezeichnete Kapital hat sich damit um 100 T€ erhöht und die Kapitalrücklage ist um 50 T€ angestiegen. Wir müßten also aus

$$\varnothing Eigenkapital = \frac{1.110 \times 3 + 1.260 \times 9}{12} = 1.222,50 \qquad \text{F 5.67}$$

das durchschnittliche Eigenkapital der Rechnungsperiode ermitteln und dieses dann in die Rentabilitätsformel einbringen:

$$Eigenkapitalrentabilität = \frac{100}{1.222,5} = 8,18\% \qquad \text{F 5.68}$$

Wie auch bei der Wirtschaftlichkeit kann es Sinn machen, einen anderen Gewinnbegriff zu verwenden. Zwar sind in der Regel weder Kosten noch Leistungen im Sinne des internen Rechnungswesens bekannt, aber der Cashflow ist meist zu berechnen. Eine Cashflow-bezogene Eigenkapitalrentabilität könnte dann sein:

$$Eigenkapitalrentabilität = \frac{Cashflow}{Eigenkapital} \qquad \text{F 5.69}$$

Bezogen auf unser Zahlenbeispiel kommen wir hier zu:

$$Eigenkapitalrentabilität = \frac{2.160,0}{1.222,5} = 176,69\% \qquad \text{F 5.70}$$

Wie schon bei der Wirtschaftlichkeit vermittelt auch hier die pagatorische (zahlungsbasierte) Rechnung ein ganz anderes Bild als die auf dem handelsrechtlichen Gewinn beruhende Analyse.

Ein Sonderfall dieser Kennziffer ist übrigens das Schuldentilgungspotential:

$$Schuldentilgungspotential = \frac{Cashflow}{Fremdkapital} \qquad \text{F 5.71}$$

Die Kennzahl gibt an, wieviel Prozent der bestehenden Gesamtverbindlichkeiten aus dem Cashflow hätten getilgt werden können. In unserem Beispiel ist dies:

$$Schuldentilgungspotential = \frac{2.160}{1.730} = 124,86\% \qquad \text{F 5.72}$$

Dieses Ergebnis ähnelt der Liquiditätsrechnung. Es zeigt, daß das Unternehmen über ein großes Potential zur Schuldentilgung verfügt. Dies hat eine positive Auswirkung auf das Kreditrating.

Anstelle des Eigenkapitals kann man auch das Gesamtkapital in die Rechnung einbeziehen. Die grundlegende Definition lautet dann:

$$Gesamtkapitalrentabilität = \frac{Gewinn}{Gesamtkapital} \qquad \text{F 5.73}$$

Für unseren Beispielabschluß ergibt dies:

$$Gesamtkapitalrentabilität = \frac{100}{3.200} = 3,13\% \qquad \text{F 5.74}$$

Die herrschende Meinung ist aber, daß hier zum Gewinn die Fremdkapitalzinsen der Gewinn- und Verlustrechnung addiert werden müßten:

$$Gesamtkapitalrentabilität = \frac{Gewinn + Fremdkapitalzins}{Gesamtkapital} \qquad \text{F 5.75}$$

Die Vertreter dieser Meinung argumentieren, daß der Fremdkapitalzins eine Art »vorweggenommener« Gewinn sei, und daher wieder gegengerechnet werden müßte. Nur dann ergebe sich ein zutreffendes Bild der wirtschaftlichen Leistungsfähigkeit der Unternehmung.

Für unseren Beispielabschluß ergibt dies:

$$Gesamtkapitalrentabilität = \frac{100+90}{3.200} = 5,94\% \qquad \text{F 5.76}$$

Der Autor dieses Werkes teilt jedoch die in F 5.75 und F 5.76 zum Ausdruck kommende Mehrheitsmeinung ausdrücklich nicht. Das Argument vom vorweggenommenen Gewinn ist nicht stichhaltig, denn wenn die Bank durch die Zinsbelastung Anteil am Gewinn der Unternehmung hat, so daß die Zinsaufwendungen herausgerechnet werden müßten, dann haben die Arbeitnehmer durch ihre Lohnforderung ja ebenfalls Anteil am Gewinn – und die Lohnforderungen steigen ja insbesondere im Rahmen von Kollektivverhandlungen bekanntlich regelmäßig dann,

135

wenn bekannt wird, daß der Gewinn gestiegen ist. Man müßte, folgte man dem Argument von der Vorwegnahme des Gewinnes, auch die Löhne addieren, um sie aus der Berechnung zu entfernen. Gleiches ließe sich aber von der Miete behaupten, denn der Vermieter der benutzten Immobilie nimmt durch den Mietpreis ja indirekt auch am Gewinn der Unternehmung teil, der Softwarehersteller tut dann das Gleiche durch seine Lizenzgebühr, die Gemeinde durch ihre Kommunalabgaben und der Staat durch die Steuern, usw.

Alle diese Größen, ob Zinsaufwand, Lohn oder Miete, haben aber nichts mit dem Gewinn zu tun, sondern nur etwas mit dem Faktoreinsatz (Kapital, Boden, Information und Arbeit). Sie sind damit Aufwendungen und niemals »Vorwegnahmen« des zu erwirtschaftenden Gewinnes.

Der Autor ist vielmehr der Meinung, daß das, was am Ende wirklich als Gewinn herausgekommen ist, und eben nur dieser wirkliche Gewinn unter Berücksichtigung sämtlicher Aufwendungen, in die Rentabilitätsberechnung eingehen darf. Ist die Zinsbelastung eines Unternehmens durch ein höheres Fremdkapital (oder durch ungünstigere Darlehenskonditionen z.B. in Folge schlechterer Bonität) höher, so ist der Gewinn eben geringer – und das bildet eben die Unterschiede in der Verfügbarkeit der Faktoren ab. Und nichts anderes soll ein Jahresabschluß ja leisten: einen Überblick über Einsatz und Verwertung von Produktionsfaktoren bieten.

Auch hinsichtlich der Gesamtkapitalrentabilität ist es möglich, statt des Jahresüberschusses der Gewinn- und Verlustrechnung den Cashflow zu verwenden:

$$Gesamtkapitalrentabilität = \frac{Cashflow}{Gesamtkapital} \qquad \text{F 5.77}$$

Bezogen auf unser Zahlenbeispiel kommen wir hier zu:

$$Gesamtkapitalrentabilität = \frac{2.160}{3.200} = 67,5\% \qquad \text{F 5.78}$$

In diesem Fall vertreten wir ebenfalls die Ansicht, daß nichts zum Cashflow addiert werden sollte, denn dieser ist für sich gesehen bereits ein »besseres« Gewinnmaß als der handelsrechtliche Jahresüberschuß.

Wie auch bei der Eigenkapitalrentabilität kann auch die Gesamtkapitalrentabilität aufgrund einer durchschnittlichen Gesamtkapitalsumme berechnet werden. Während jedoch im Falle des Eigenkapitals alle Änderungen aus den Konten ersichtlich sind, ist man bei der Berechnung des durchschnittlichen Gesamtkapitals auf die Zwischenabschlüsse angewiesen, denn nur ein vollständiger Zwischenabschluß erzeugt auch eine Bilanzsumme und damit eine Grundlage für die Gesamtkapitalrentabilität.

Das könnte folgendermaßen aussehen: Aufgrund von vier Quartalsabschlüssen seien die folgenden Bilanzsummen unserer Beispielunternehmung aus den Abbildungen 4.1 und 4.11 bekannt:

	Bilanzsumme
Eröffnungsbilanz	2.900 T€
1. Quartal	3.300 T€
2. Quartal	3.000 T€
3. Quartal	3.100 T€
4. Quartal = Schlußbilanz	3.200 T€

$$\varnothing Kapital = \frac{2.900 + 3.300 + 3.000 + 3.100 + 3.200}{5} = 3.100 \qquad \text{F 5.79}$$

Diese Zahl könnte dann in die Gesamtkapitalrentabilität einbezogen werden.

Erstellt ein Unternehmen keine Zwischenabschlüsse, so kann lediglich der Durchschnitt aus Eröffnungsbilanzsumme und Schlußbilanzsumme eines Berichtszeitraumes als Näherung verwendet werden. In diesem Beispiel wäre also nur eine Schätzung aus dem Durchschnitt der Eröffnungsbilanz und der Schlußbilanz in Höhe von 3.050 T€ möglich.

Man kann die Rentabilitätsaussage weiter differenzieren, indem man sie nur auf das Hauptgeschäft bezieht. Außerordentliche Effekte und Steuern vom Einkommen und Ertrag bleiben dann außen vor. Man spricht in diesem Fall von der Betriebsrentabilität:

$$\textit{Betriebsrentabilität} = \frac{\textit{Ergebnis gewöhnl. Geschäft}}{\textit{Betriebsnotwendiges Vermögen}} \qquad \text{F 5.80}$$

Das in dieser Formel vorausgesetzte betriebsnotwendige Vermögen ist all das Vermögen, das zur Erstellung der betrieblichen Gesamtleistung tatsächlich erforderlich ist. Nicht verwendete aber gleichwohl bilanzierungspflichtige Vermögensgegenstände wie leerstehende Gebäude oder stillgelegte Anlagen sind also herauszurechnen:

	Betriebsnotwendiges Anlagevermögen
+	Betriebsnotwendiges Umlaufvermögen
=	Betriebsnotwendiges Vermögen

Leider ist das betriebsnotwendige Vermögen für den Bilanzleser nicht ohne weiteres ersichtlich. Schon 1993 wurde daher von Coenenberg folgendes vereinfachtes Schema vorgeschlagen[1], das eine Näherung bietet:

---

1 Quelle: Coenenberg, A.G., »Jahresabschluß und Jahresabschlußanalyse. Betriebswirtschaftliche, handels- und steuerrechtliche Grundlagen«, 14. Aufl., Landsberg a.L. 1993, S. 608.

Produktivität,
Wirtschaftlichkeit
und Rentabilität

Gesamtvermögen (Aktivseite)
- Finanzanlagen (Position A.III.)
- Sonstige Vermögensgegenstände (Position B.II.4.)
- Wertpapiere (Position B.III.)
= Betriebsnotwendiges Vermögen (Näherung)

Für unsere Beispielbilanz (Abbildung 4.1) käme das auf ein betriebsnotwendiges Vermögen i.H.v. 3.000 T€, weil Finanzanlagen von 40 T€, sonstige Vermögensgegenstände im Wert von 140 T€ und sonstige Wertpapiere i.H.v. 20 T€ zu subtrahieren wären. Die Betriebsrentabilität wäre dann:

$$Betriebsrentabilität = \frac{310}{3.000} = 10,33\%$$
F 5.81

Für sämtliche Rentabilitäten gilt in analoger Anwendung der Grundideen der Investitionsrechnung stets das Ziel

$$Rentabilität \geq R_{min}$$
F 5.82

So wie eine Anlage eine höhere Verzinsung erbringen muß als der vergleichbare Kalkulationszinssatz, muß sich auch die Unternehmung insgesamt über dem Kalkulationszins rentieren. Wir haben bereits dargelegt, weshalb es nicht reicht, einen allgemeinen Kapitalmarktguthabenzins zu verwenden, und weshalb es schon gar nicht richtig ist, nur einen Schuldzins anzusetzen, denn der Unternehmer ist in letzter Konsequenz Verwalter einer Kapitalmasse, die er möglichst ertragreich anlegen will. Das allgemeine Risiko, dem er dabei ausgesetzt ist, ist auf den Kapitalmarktguthabenzins, den er ohne Betrieb eines Unternehmens bei maximaler Sicherheit bekommen würde, zu addieren. Das entspricht den Verhältnissen auf dem Kapitalmarkt, wo die Nominalzinsen risikoreicher Anlagen ebenfalls höher sind. Wir haben auch bereits dargelegt, weshalb das Argument der Gegner dieser Denkweise, man könne ja Gewinn erzielen und dürfe aufgrund dieser Chance das allgemeine Risiko nicht berücksichtigen, nicht stichhaltig ist, denn die Chance, Gewinn zu erzielen, ist kein wirtschaftliches, sondern ein allgemeines Phänomen jedes Lebensbereiches. Schließlich kann man auch erben oder im Lotto gewinnen oder gar im Vorgarten ein unentdecktes Ölfeld auftun. All dies begründet unserer Auffassung nach nicht, daß das allgemeine Unternehmensrisiko nicht als generelles Wagnis in die Kosten und damit in die unternehmerische Entscheidung eingehen sollte.

5.5.3.2. Dynamische Rentabilität

Im Gegensatz zur statischen Rentabilität, die Bestandsgrößen aus der Bilanz verwendet, macht die dynamische Rentabilität Aussagen aufgrund von Stromgrößen aus der Gewinn- und Verlustrechnung. Sie sagt damit nicht aus, wieviel Prozent von jedem als Kapital eingesetzten Euro als Gewinn oder Cashflow übrig bleiben, sondern wie viel von jedem Euro Umsatz am Ende als Resultat verbleibt. Die dynamische Rentabilität heißt daher auch Umsatzrentabilität.

Die in F 5.82 dargestellte Anforderung gilt hier natürlich auch, denn der Umsatz wird analog als Investition gesehen.

Die allgemeine Definition der dynamischen Rentabilität ist

$$Umsatzrentabilität = \frac{Gewinn}{Umsatz} \qquad \text{F 5.83}$$

Für unser Zahlenbeispiel würde dies bedeuten:

$$Umsatzrentabilität = \frac{100}{6.200} = 1,61\% \qquad \text{F 5.84}$$

Die Berechnung bezieht die eigentlichen Umsatzerlöse aus Position 1. und die sonstigen betrieblichen Erträge aus Position 4. der Gewinn- und Verlustrechnung ein, weil diese Verkäufe von Produkten und Leistungen repräsentieren, nicht aber die Bestandserhöhungen aus Position 2. der Gewinn- und Verlustrechnung, weil hier ja gerade nichts verkauft worden ist. Das Ergebnis besagt zunächst, daß nur 1,61 % von jedem Euro Rechnungsausgang am Ende auch als Gewinn verbleiben – zunächst kein sehr gutes Ergebnis.

Auch hier kann jedoch die Cashflow-Größe statt des handelsrechtlichen Gewinnes verwendet werden. Man spricht dann von der »Cash Flow Profitability« (CFP) oder »Cash Flow Umsatzverdienstrate«:

$$CFP = \frac{Cashflow}{Umsatz} \qquad \text{F 5.85}$$

Das vermittelt für unser Beispiel aber schon ein ganz anderes Resultat:

$$CFP = \frac{2.160}{6.200} = 34,84\% \qquad \text{F 5.86}$$

Von jedem Euro Rechnungsausgang bleiben also nur 1,61 % als Gewinn zurück, aber 34,84 % als verfügbare liquide Zahlungsmittel – was viel wichtiger ist als der handelsrechtliche Gewinn. Das hinsichtlich der Wirtschaftlichkeit gefundene Ergebnis bestätigt sich hier. Die Unternehmung macht nur wenig Gewinn, weil sie Steueroptimierung betreibt, hat aber dennoch Geld. Wäre die Umsatzrentabilität alleine negativ zu bewerten, begründet dieses Gesamtbild doch eine positive Einschätzung der Lage der Unternehmung.

5.5.3.3. Gewinn des Investors

Definiert man die Rentabilität aus der Sicht des Kapitalanlegers, dann kommt man zu der Sichtweise des Investors. Diese kann wichtg sein, denn der Investor stellt die Mittel bereit, mit denen das Unternehmen arbeitet. Die Sichtweise des Investors ist dabei nichts anderes als eine Rentabilitätssichtweise, die allerdings die Besonderheiten des Kapitalmarktes einbezieht.

Der Gewinn je Aktie ist definiert als

$$Gewinn\ je\ Aktie = \frac{Gewinn \times Nennwert}{Grundkapital}$$

F 5.87

Die Kennzahl ist eigentlich nichts als eine besondere Ausprägung der Eigenkapitalrentabilität. Besteht nur eine Aktiengattung, so kann man auch rechnen:

$$Gewinn\ je\ Aktie = \frac{Gewinn}{Zahl\ der\ Aktien}$$

F 5.88

Allerdings kommt es vielen Investoren ohnehin nicht auf den Gewinn an. Ein Beispiel kann dies verdeutlichen:

Eine Unternehmung habe nur eine einzige Gattung von Aktien, nämlich 1 Mio. Stücke im Nominalwert von je einem Euro. Die Gewinnausschüttung betrage 150.000 Euro. Es gilt also

$$Gewinn\ je\ Aktie = \frac{150.000}{1.000.000} = 0,15 = 15\%$$

F 5.89

Dies entspricht auf den ersten Blick einer Rentabilität von 15%, was kein so schlechter Wert wäre. Der Investor hat seine Anteilsscheine aber zu 10 Euro je Stück erworben. Er erhält also 15 Cent Dividende je Ein-Euro-Aktie im tatsächlichen Wert von 10 Euro. Das entspricht nur einer Rentabilität von 1,5%, was kaum noch interessant wäre. Der Investor wird die Anteile also nicht wegen der Dividende halten, sondern wegen des erwarteten Kursanstieges.

Weitere Kennzahlen werden eingesetzt, um die finanzielle Leistungsfähigkeit (»Performance«) von Wertpapieren zu vergleichen. Dies gilt insbesondere, wenn Papiere mit verschiedenen Absolutkursen verglichen werden sollen. Am bekanntesten ist das Kurs-Gewinn-Verhältnis, auch als Price-Earnings-Ratio bekannt:

$$KGV = \frac{Aktienkurs}{Gewinn\ je\ Aktie}$$

F 5.90

Ein niedriges Kurs-Gewinn-Verhältnis deutet auf eine günstige Kapitalanlage hin; allerdings kann die Kennzahl auch irreführend sein, weil künftige Entwicklungen nicht berücksichtigt sind.

Auch hier sind andere Gewinnbegriffe denkbar. Wir haben schon gesehen, daß der Cashflow eigentlich ein »besseres« Gewinnmaß ist. Daher kann man auch das Kurs-Cashflow-Verhältnis berechnen:

$$KCV = \frac{Aktienkurs}{Cashflow}$$

F 5.91

Aus dem Umsatz je Aktie

$$Umsatz\ je\ Aktie = \frac{Umsatzerlöse}{Zahl\ der\ Aktien}$$

F 5.92

kann auch das Kurs-Umsatz-Verhältnis als finanzieller Leistungsindikator berechnet werden:

$$KUV = \frac{Aktienkurs}{Umsatz\ je\ Aktie}$$

F 5.93

Schließlich ist das Verhältnis zwischen Buchwert und Kurs der Aktien ein Indikator für die Kursentwicklung seit der Emission:

$$KBV = \frac{Aktienkurs}{Aktienbuchwert}$$

F 5.94

Diese Leistungsmaße enthalten, wie alle Kennzahlen des Kapitalmarktes, irrationale Elemente. Börsen sind in erheblichem Maße psychologisch bestimmt. Nur aus Kennzahlen auf Gewinnerwartungen zu schließen, kann also ein Fehler sein.

5.5.3.4. Finanzierungsentscheidung durch Rentabilitäts-rechnung

Die Rentabilitätsrechnung erlaubt auch eine strategische Entscheidung über die Finanzierung des Unternehmens. Es ist vergleichsweise einfach, diese auf die Rentabilitätskennziffern aufzubauen. Man benötigt hierzu

- die Mindestrentabilität, die erzielt werden sollte und aus allgemeinem Kapitalmarkt-Guthabenzins plus allgemeinem Unternehmensrisiko besteht sowie

Produktivität,
Wirtschaftlichkeit
und Rentabilität

- den tatsächlichen Fremdkapitalzins, zu dem der Unternehmung Fremdkapital zur Verfügung steht.

Wir haben bereits oben u.a. in Kapitel 5.5 überlegt, wie man zu der Mindestrentabilität kommt. Die Größe ist mit Kenntnis der Gegebenheiten der jeweiligen Branche zu schätzen. Die Risikodarstellung des Lageberichtes (§ 289 HGB) kann zusätzliche Informationen zum allgemeinen Unternehmensrisiko bereitstellen.

Die wirkliche Fremdkapitalverzinsung muß nicht in jedem Fall im handelsrechtlichen Jahresabschluß offengelegt werden, kann aber u.U. aus der Angabe nach § 284 Abs. 2 HGB indirekt bekannt werden.

Der sogenannte »Hebeleffekt« besagt jetzt im wesentlichen, daß Verschuldung sich lohnt, wenn der tatsächlich am Markt auch wirklich erzielbare Gesamtkapitalzins, also die in die Berechnung eingebrachte Mindestrentabilität R_{min}, größer ist als der Fremdkapitalzins (positiver Leverage-Effekt), sich jedoch nicht lohnt, wenn der Gesamtkapitalzins kleiner ist als der Fremdkapitalzins (negativer Leverage-Effekt):

$$R_{EK} = \frac{G - i_{FK} \times FK}{EK} = \frac{R_{GK} \times GK - i_{FK} \times FK}{EK} \qquad \text{F 5.95}$$

$$R_{EK} = \frac{R_{GK} \times EK + R_{GK} \times FK - i_{FK} \times FK}{EK} \qquad \text{F 5.96}$$

$$R_{EK} = R_{GK} + (R_{GK} - i_{FK}) \times \frac{FK}{EK} \qquad \text{F 5.97}$$

Die Unternehmung sollte also bei Vorliegen eines positiven Leverage-Effekts möglichst durch Fremdmittel und bei einem negativen Leverage Effekt durch Eigenmittel wie Thesaurierung oder Emission neuer Anteile finanzieren.

Beispiel: Das Eigenkapital eines Unternehmens betrage 1.000 Euro und der Fremdkapitalzins 6 % p.a. Die Mindestrentabilität sei 10 %, und auch erzielbar, also am Markt durchsetzbar. Lohnt sich die Fremdkapitalaufnahme, d.h., sollte der Unternehmer dieses Unternehmen eigen- oder fremdfinanzieren?

Betrachtet man nur die Zinsaufwendungen und Zinserträge für verschiedene hypothetische Verschuldungsgrade, so kommt man zu einem interessanten Ergebnis:

	1	2	3	4	5
Eigenkapital:	1.000 €	1.000 €	1.000 €	1.000 €	1.000 €
Fremdkapital:	0 €	500 €	1.000 €	1.500 €	2.000 €
Bilanzsumme:	1.000 €	1.500 €	2.000 €	2.500 €	3.000 €
Verschuldungsgrad:	0	0,5	1	1,5	2
Zinsertrag:	100 €	150 €	200 €	250 €	300 €

Zinsaufwendungen:	0 €	30 €	60 €	90 €	120 €
Zinssaldo:	100 €	120 €	140 €	160 €	180 €
Eigenkapitalrentabilit.:	10 %	12 %	14 %	16 %	18 %

Die Eigenkapitalrentabilität steigt also offensichtlich mit wachsender Fremdkapitalaufnahme – die Verschuldung lohnt sich also offensichtlich. Man spricht von einem »positiven« Leverage-Effekt. Das Unternehmen hat ein Interesse, sich möglichst durch Fremdkapital zu finanzieren, weil das tendenziell die Gesamtkapitalrentabilität steigert.

Wie wäre es aber, wenn die Daten aus dem obigen Beispiel unverändert fortgelten, aber der Fremdkapitalzins auf 12 % steigt?

	1	2	3	4	5
Eigenkapital:	1.000 €	1.000 €	1.000 €	1.000 €	1.000 €
Fremdkapital:	0 €	500 €	1.000 €	1.500 €	2.000 €
Bilanzsumme:	1.000 €	1.500 €	2.000 €	2.500 €	3.000 €
Verschuldungsgrad:	0	0,5	1	1,5	2
Zinsertrag:	100 €	150 €	200 €	250 €	300 €
Zinsaufwendungen:	0 €	60 €	120 €	180 €	240 €
Zinssaldo:	100 €	90 €	80 €	70 €	60 €
Eigenkapitalrentabilität:	10 %	9 %	8 %	7 %	6 %

Hier liegt ein »negativer« Leverage-Effekt vor, d.h., die Eigenkapitalrentabilität sinkt mit zunehmender Verschuldung. Je höher die Verschuldung, desto niedriger liegt tendenziell die Rentabilität. Das Unternehmen sollte also möglichst kein Fremdkapital aufnehmen, sondern eher durch Ausgabe neue Anteilsscheine – z.B. durch einen Börsengang – finanziert werden.

Ein »positiver« Leverage-Effekt ist der Regelfall; dies kann als allgemeine Begründung verstanden werden, weshalb Verschuldung sich in den meisten Fällen lohnt, d.h. ein Unternehmen immer mit dem minimalen Eigenkapital betrieben werden sollte. Eine schlechte Marktlage, die keinen Ersatz der Mindestrentabilität mehr erlaubt, oder ein plötzlicher Anstieg des gesamtwirtschaftlichen Zinsniveaus z.B. durch Anstieg des EZB-Zinses in Folge einer Energiepreisinflation, kann einen negativen Leverage-Effekt produzieren und die Finanzierung durch Kredite und Darlehen unattraktiv werden lassen.

Bekanntlich sollte die »silberne Bilanzregel« nicht verletzt werden. Fordert der Markt Investitionen, so wird ein Unternehmen bei einem positiven Leverage-Effekt zunächst versuchen, diese durch langfristiges Fremdkapital zu finanzieren. Ist dies nicht mehr möglich, so wird über Neuemission nachgedacht. Emissionen sind also immer ein Indiz für eine gute Lage der Unternehmung. Da die Investoren dies wissen, sind junge Stücke besonders begehrt. Sie sind daher überzeichnet. Das führt in den ersten Tagen nach der Neuemission meist zu einem Kurssprung – der aber rein psychologisch definiert und durch nichts gerechtfertigt ist, aber auch als kurzfristige Anlagestrategie betrachtet werden kann.

Produktivität,
Wirtschaftlichkeit
und Rentabilität

5.6. Wertschöpfungsanalyse

Die Wertschöpfungsrechnung ist eigentlich aus der Volkswirtschaft bekannt, wo ein System aus Konten zur gesamtwirtschaftlichen Wertschöpfungsrechnung benutzt wird. Dieses ist nicht direkt auf die Verhältnisse eines Unternehmens übertragbar, hat aber die folgende Grundidee:

- Gesamtleistungen (= Produktionswert)
- Vorleistungen (= Faktorinanspruchnahme)

= Wertschöpfung

Die so entstehende Wertschöpfungsgröße kann als »weiterführendes« Erfolgsmaß gesehen werden. Sie zeigt, inwieweit der Wert der eingesetzten Produktionsfaktoren durch die unternehmerische Tätigkeit gesteigert worden ist.

Die Wertschöpfungsrechnung ist eine Anschlußrechnung an die Gewinn- und Verlustrechnung. Leider lassen sich mit den handelsrechtlich offenlegungspflichtigen Sachverhalten nicht alle Faktoreinsatzgrößen erkennen. Die auf dem handelsrechtlichen Abschluß basierende Wertschöpfungsanalyse ist daher immer nur eine Näherung. Es wundert daher nicht, daß sich in der Literatur eine Vielzahl verschiedener Ansätze darstellen, die oft auch, wiederum analog zur volkswirtschaftlichen Gesamtrechnung, in eine Entstehungs-, eine Verteilungs- und eine Verwendungsrechnung gegliedert sind.

Wir schlagen hier die folgende, vergleichsweise einfache Rechenweise vor[1]:

	Umsatzerlöse
±	Bestandsveränderungen Fertig- und Unfertigerzeugnisse
+	Andere aktivierte Eigenleistungen
+	Sonstige betriebliche Erträge
=	Gesamtleistung
−	Erträge aus Auflösung von Sonderposten mit Rücklageanteil i.S.d. § 281 Abs. 2 Satz 2 HGB
−	Periodenfremde Erträge i.S.d. § 277 Abs. 4 Satz 3 HGB
=	**Produktionswert**
−	Materialaufwand
−	Abschreibungen aus Position 7. a) des GuV-Schemas
+	Steuerliche Abschreibung auf Anlage- und Umlaufvermögen i.S.d. § 281 Abs. 2 Satz 1 HGB
+	Außerplanmäßige Abschreibungen i.S.d. §§ 253 Abs. 2 Satz 3 und 277 Abs. 3 Satz 1 HGB

---

1 Orientiert an, aber nicht identisch mit Küting/Weber, »Die Bilanzanalyse«, Stuttgart 1994, S. 308 ff.

+ Abschreibungen auf Umlaufvermögen nach »vernünftiger kaufmännischer Beurteilung« gemäß § 253 Abs. 3 Satz 3 HGB
+ Abschreibung nach »vernünftiger kaufmännischer Beurteilung« i.S.d. § 253 Abs. 4 HGB
− Sonstige betriebliche Aufwendungen
+ Einstellungen in Sonderposten mit Rücklageanteil
+ Liquidations- und Bewertungsverluste i.S.d. § 277 Abs. 4 Satz 3 HGB
+ Vergütungen an Mitglieder des Geschäftsführungsorgans, eines Aufsichtsrats, eines Beirats oder einer ähnlichen Einrichtung i.S.d. § 285 Satz 1 Nr. 9 HGB

= **Ordentliche betriebliche Wertschöpfung**

Ferner lassen sich eine betriebsfremde und eine außerordentliche Wertschöpfung darstellen:

   Erträge aus Beteiligungen
+ Erträge aus anderen Wertpapieren und Ausleihungen des Finanzanlagevermögens
− Abschreibung auf Finanzanlagevermögen und Wertpapiere des Umlaufvermögens

= **Ordentliche betriebsfremde Wertschöpfung**

   Außerordentliche Erträge i.S.d. § 277 Abs. 4 Satz 1 HGB
+ Erträge aus der Auflösung von Sonderposten mit Rücklageanteil i.S.d. § 281 Abs. 2 Satz 2 HGB
+ Periodenfremde Erträge i.S.d. § 277 Abs. 4 Satz 3 HGB
− Außerordentliche Aufwendungen i.S.d. § 277 Abs. 4 Satz 1 HGB
− Einstellungen in Sonderposten mit Rücklageanteil i.S.d. § 281 Abs. 2 Satz 2 HGB
− Periodenfremde Aufwendungen i.S.d. § 277 Abs. 4 Satz 3 HGB
− Alle bisher nicht berücksichtigten Abschreibungen, insbesondere die ausschließlich auf steuerrechtlichen Vorschriften beruhenden Abschreibungen (§ 281 Abs. 2 Satz 1 HGB), diejenigen nach § 253 Abs. 2 Satz 3 HGB, § 277 Abs. 3 Satz 1 HGB und § 253 Abs. 3 Satz 3 HGB sowie nach § 253 Abs. 4 HGB.

= **Außerordentliche Wertschöpfung**

Hier gilt jetzt

   Ordentliche betriebliche Wertschöpfung
+ Ordentliche betriebsfremde Wertschöpfung
+ Außerordentliche Wertschöpfung

= **Unternehmenswertschöpfung**

Das vorstehende auf dem Schema von Küting/Weber basierende Rechenverfahren hat den Vorteil, nahezu ausschließlich mit offenlegungspflichtigen Werten auszukommen. Es ist also leicht auf den handelsrechtlichen Jahresabschluß anwendbar.

5.7. Kennzahlensysteme

Man kann die Aussagekraft einzelner Kennzahlen steigern, indem man sie in ein einheitliches System faßt und auf ein Gesamtergebnis hin auswertet. Die Datenbasis des Realsystems liefert hierbei das Material für Einzelkennzahlen, die zu Oberkennzahlen verdichtet werden und in einem Gesamtergebnis kulminieren. Ein solches System heißt Kennzahlensystem.

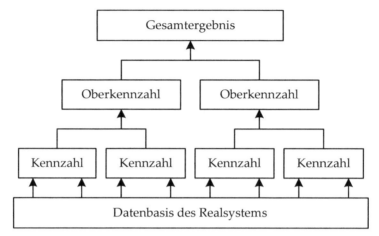

Abbildung 5.10: Die Pyramidenstruktur der Kennzahlensysteme verdichtet die Daten

Größter Vorteil aller Kennzahlensysteme ist, daß sie einen Gesamtzusammenhang darstellen. Ändert sich ein einziger Wert, so ändern sich alle mit diesem im Zusammenhang stehenden anderen Wert mit. Man kann also Fernwirkungen darstellen, die dem Betrachter ansonsten nicht ohne weiteres offenschtlich wären. Das fördert insbesondere vernetztes Denken in Gesamtzusammenhängen, denn ein Betrieb ist eher ein Netz als ein System linearer Einzelzusammenhänge.

Da alle Kennzahlensysteme in einem Gesamtergebnis gipfeln, sind sie auch immer auf bestimmte Erkenntnisziele spezialisiert. Wie auch schon die einzelnen Kennzahlen, bieten die Kennzahlensysteme also keine umfassende Erkenntnis, sondern bilden, wie jedes Modell, nur einen Ausschnitt der Wirklichkeit ab. Es macht also auch hier Sinn, mehrere Kennzahlensysteme parallel anzuwenden. Nachfolgend werden daher mehrere verschiedene Kennzahlensysteme beispielhaft vorgestellt.

Wie wir schon bei der Diskussion der einzelnen Kennzahlen gesehen haben, gibt es nicht »die« richtige Art, eine Berechnung durchzuführen. Das gilt gleichermaßen für Kennzahlensysteme. Sie vereinfachen und schematisieren genau wie die Rechenverfahren für die Kennzahlenrechnung. Sie ignorieren insbesondere vielfach die zugrundeliegenden Definitionen, beispielsweise die Unterscheidung zwischen »Kosten« und »Aufwendungen«. Wie schon Kennzahlen stets nur Hinweise, niemals aber Beweise für Sachverhalte liefern, können auch Kennzahlensysteme nur Näherungen bieten. Sie wollen also nicht auswendig gelernt, sondern verstanden und der Situation angemessen angewandt werden, will man aussagekräftige Ergebnisse erzielen.

5.7.1. DuPont'sches ROI-Kennzahlensystem

Das Kennzahlensystem der E.I. DuPont Nemours and Company, Wilmington/Delaware, aus dem Jahre 1919 ist vermutlich das bekannteste, aber auch das älteste Beispiel für ein Kennzahlensystem (vgl. Abbildung 5.11). Das Kennzahlensystem ist zugleich ein gutes Beispiel für die vorstehend gemachte Anmerkung, denn es ignoriert die Unterschiede zwischen Aufwendungen und Kosten vollkommen.

Das DuPont'sche System ist im Grunde ein Verfahren der Deckungsbeitragsrechnung, d.h. der Teilkostenrechnung. Die Daten des Jahresabschlusses genügen also in aller Regel nicht; sie müssen durch zusätzliche Informationen ergänzt werden, die dem externen Abschlußleser aufgrund gesetzlicher Offenlegungspflichten nicht zur Verfügung stehen, die gleichwohl vielfach bekannt sind. Dies betrifft insbesondere die Unterscheidung in fixe und variable Kosten, die für das System grundlegend ist.

Hier ist anzumerken, daß der Jahresabschlußleser stets nur Aufwandsdaten zu sehen bekommt, weil nur diese der Buchführungspflicht unterliegen. Auch wenn das Handelsrecht von »Kosten« spricht, so haben wir es dennoch oft nicht mit wirklichen Kosten zu tun. Die Lager-Gemeinkosten des DuPont'schen Kennzahlensystems werden beispielsweise oft mit Miete und Personalkosten im Lager definiert. Dabei bleibt in aller Regel außer acht, daß diese Kosten, ebenso wie Versicherungen und Verwaltungskosten des Lagers, minimal im Vergleich zu den Zinskosten des Lagers sind, denn jeder Vermögensgegenstand verursacht Zins*kosten*, auch wenn er keine Zins*aufwendungen* bedingt, weil er nicht finanziert worden ist.

Das DuPont'sche System kulminiert in der Kapitalrentabilität, die auch »Return on Investment« oder ROI heißt, weshalb das System auch als ROI-Kennzahlensystem bekannt ist.

Die Kapitalrentabilität wird aus der Multiplikation der Umsatzrentabilität und der Kapitalumschlagshäufigkeit berechnet:

$$ROI = \frac{Gewinn}{Umsatz} \times \frac{Umsatz}{Kapital} = \frac{Gewinn}{Kapital} \qquad \text{F 5.98}$$

Die ROI- oder Gesamtkapitalrentabilitätskennziffer, die hierbei aus Umsatzrentabilität (oberer Teil) und Kapitalumschlagshäufigkit (unte-

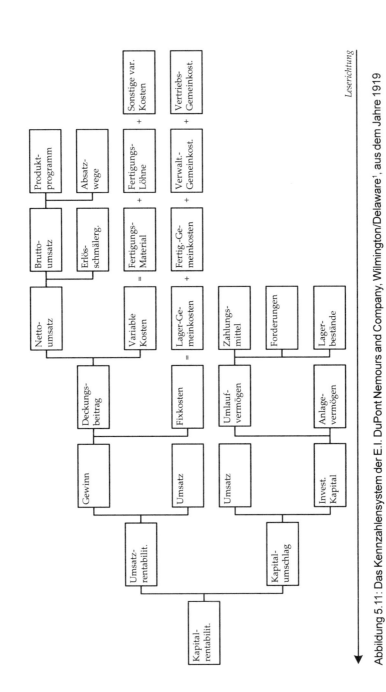

Abbildung 5.11: Das Kennzahlensystem der E.I. DuPont Nemours and Company, Wilmington/Delaware[1], aus dem Jahre 1919

1 Zitiert nach Küting/Weber, »Die Bilanzanalyse«, Schäffer Poeschel, Stuttgart 1994, S. 33.

rer Teil) berechnet wird, kann in einem sogenannten Iso-Rentabilitätsdiagramm dargestellt werden. Die Kurven zeigen hierbei die geometrischen Orte jeweils gleicher Rentabilitäten in Abhängigkeit von Umsatzrentabilität und Umschlagshäufigkeit:

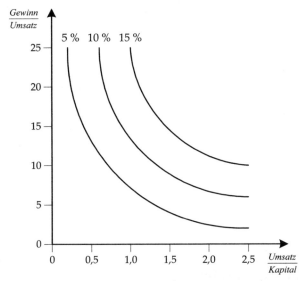

Abbildung 5.12: Die Iso-Rentabilitätskurven des DuPont'schen Kennzahlensystems

Abbildung 5.12 zeigt, daß eine konkrete Rentabilität (im Beispiel 5 %, 10 % und 15 %) mit jeweils einer Vielzahl möglicher Kombinationen aus Umsatzrentabilität und Umschlagshäufigkeit erzielt werden kann. Ist eine Steigerung der Umsatzrentabilität z.B. durch mehr Bruttoumsatz nicht mehr möglich, so kann das gleiche Ergebnis durch eine Erhöhung der Umschlagshäufigkeit z.B. durch eine »schlankere« Finanzierung des Unternehmens erreicht werden. Die vom Entscheidungsträger angestrebte Rentabilität ist hierbei natürlich durch die Mindestrentabilität vorgegeben.

Der rechte obere Teil des Systems kann weiterhin als erweiterte mehrstufige Deckungsbeitragsrechnung beschrieben werden:

Bruttoumsatz
– direkt zurechenbare Erlösschmälerungen und Absatzwegekosten
= Nettoumsatz
– umsatzvariable Kosten (Fertigungsmaterial, Fertigungslöhne und Energie)
= Deckungsbeitrag
– Fixkosten
= Gewinn (besser: Betriebsergebnis)

Ob das Ergebnis mit dem handelsrechtlichen Jahresüberschuß oder mit einem Betriebsergebnis im kostenrechnerischen Sinne deckungsgleich ist, hängt dabei davon ab, ob man Aufwands- oder Kostendaten in das System einbringt. Es kann also auch Sinn machen, das DuPont'sche System zwei Mal anzuwenden – ein Mal mit den Aufwandsdaten der Gewinn- und Verlustrechnung und ein zweites Mal mit den Kostendaten des internen Rechnungswesens, insofern diese dem Analysten zugänglich sind. Man erhält dann auch zwei verschiedene Ergebnisse, und damit zwei verschiedene Sichtweisen.

Ein großer Vorteil des DuPont'schen Systems ist, daß es sich an andere, ggfs. schon bestehende Auswertungen anschließen kann. Beispielsweise könnte sowohl im unteren Teil bei den Lagerbeständen als auch oben beim Umsatz eine ABC-Analyse vorgeschaltet werden. Das Kennzahlensystem kann dann die Änderungen der Rentabilität darstellen, die bei Änderungen der C-Kunden oder C-Materialarten entstehen. Es kann damit die Auswirkung von Änderungen grundlegender Strategien des Materialwesens und des Marketings etwa im Bereich des Servicegrades oder der lagermäßigen Bevorratung bestimmter Materialarten auf Kapitalumschlagshäufigkeit, Umsatz- und Kapitalrentabilität darstellen.

5.7.2. Finanzfluß-Kennzahlensystem

Größter Nachteil des DuPont'schen Kennzahlensystems ist, daß es Daten erfordert, die aus einem Jahresabschluß nicht hervorgehen. Das System ist zwar das bekannteste Kennzahlensystem, aber für externe Bilanzleser eigentlich wenig geeignet, wenn diese keinen Zugang zu unternehmensinternen Daten haben. Hier kommt das Finanzfluß-Kennzahlensystem ins Spiel.

Oben haben wir schon gesehen, daß zahlungsorientierte (pagatorische) Auswertungen bessere Aussagen über die Lage des Unternehmens ermöglichen als die handelsrechtliche Gewinn- und Verlustrechnung. Die Cashflow-Auswertung, die als Nachfolgerechnung zur GuV durchgeführt werden kann, ist ein gutes Beispiel. Das Finanzfluß-Kennzahlensystem ist im Grunde auch eine pagatorische Auswertung.

Anders als die reine Cashflow-Analyse zeigt das Finanzfluß-Kennzahlensystem aber nicht die zur Verfügung stehenden, sondern die noch übrigen Finanzmittel. Hierzu werden zwei Kennzahlenpyramiden errichtet. Die linke Seite zeigt Mittelabflüsse, die rechte Seite zeigt Mittelzuflüsse. Die Differenz zwischen beidem ist der Finanzfluß.

Größter Vorteil ist, daß alle erforderlichen Daten aus einem Jahresabschluß hervorgehen, wenn die Vorjahresvergleichszahlen zur Verfügung stehen, denn die Tilgung oder Zunahme von Krediten können, wenn sie nicht schon im Anhang stehen, aus dem Vergleich zweier aufeinander folgender Bilanzen ermittelt werden.

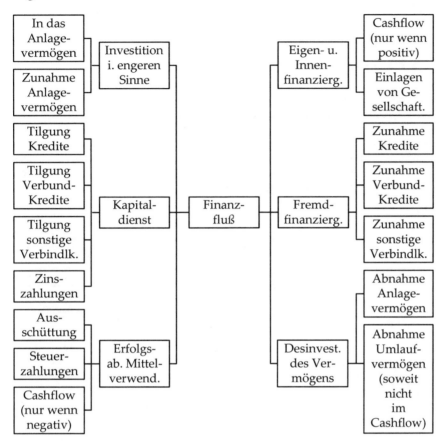

Abbildung 5.13: Das Finanzfluß-Kennzahlensystem zur Ermittlung der Finanzierungskraft

Ein positiver Finanzfluß deutet auf eine Mittelfreisetzung nach Berücksichtigung aller Zahlungsverpflichtungen hin, während ein negativer Finanzfluß auf einen Mittelmehrbedarf zur Bedienung aller Verpflichtungen hinweist. Der Finanzfluß ist damit »mehr« als ein Cashflow: Zeigt der Cashflow »nur« die insgesamt verfügbaren Mittel, berücksichtigt der Finanzfluß auch die bereits gegebene Verwendung dieser Mittel beispielsweise für Zwecke der Schuldentilgung oder Investition. Er zeigt also die gleichsam »übrigen« Mittel. Das erklärt auch die Herkunft dieses Systems aus Bankerkreisen, die den Finanzfluß als Indikator für die Bonität eines Kreditschuldners verwenden. Bonität ist aber die Fähigkeit des Kreditschuldners, seine Zahlungsverpflichtungen vollständig und zeitgerecht zu erfüllen – was bei Neuaufnahme von Darlehen einen entsprechenden Finanzfluß (und nicht etwa »nur« einen Cashflow) voraussetzt.

5.7.3. »Erfolg vor Zinsen und Steuern«

Kann man das Finanzfluß-Kennzahlensystem als Weiterentwicklung der Cashflow-Kennziffer betrachten, so kann der Erfolg vor Zinsen und Steuern als Fortentwicklung von EBIT gesehen werden. Anders als der Finanzfluß ist dieses Kennzahlensystem an der Gewinn- und Verlustrechnung orientiert, berücksichtigt aber ebenfalls nur Daten, die aus dem Jahresabschluß ersichtlich sind. Diese werden aber weiter ausgewertet, als es in der EBIT-Kennzahl der Fall ist:

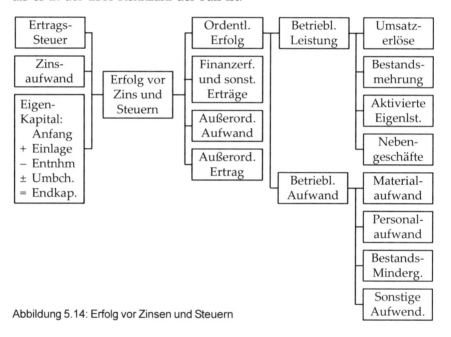

Abbildung 5.14: Erfolg vor Zinsen und Steuern

Auch dieses System denkt eher aus Bankensicht, denn die »Erfolg vor Zinsen und Steuern«–Kennziffer in der Mitte enthält nicht wie EBIT einen Ergebniswert, sondern einen Wert des übrigbleibenden Ergebnisses nach Berücksichtigung von Änderungen, die über die Gewinn- und Verlustrechnung hinausgehen – wie z.B. die Eigenkapitaltransaktionen. Da das Handelsrecht für den Einzelabschluß keine Eigenkapitalveränderungsrechnung kennt, wie sie in den IFRS vorgeschrieben ist, wird es durch dieses System erweitert.

5.7.4. RL-System

Anders als die bisherigen Kennzahlensysteme ist das Rentabilitäts-Liquiditäts-Kennzahlensystem (RL-Kennzahlensystem) weniger ein in sich geschlossenes System aus Formeln, sondern eher ein Modell der Zusammenhänge einzelner betrieblicher Größen. Wie auch andere Systeme kulminiert das RL-System in der Rentabilität, die als ordentliches Ergebnis nach Steuern definiert wird, und in der Liquidität. Leider ist es nur teilweise dem externen Bilanzanalytiker zugänglich, weil es interne Größen verwendet, die aus dem Jahresabschluß nicht ersichtlich sind.

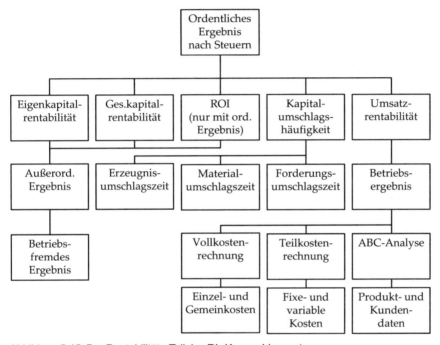

Abbildung 5.15: Der Rentabilitäts-Teil des RL-Kennzahlensystems

Der *Rentabilitätsteil* des Systems setzt die Eigen- und die Gesamtkapitalrentabilität voraus, definiert den ROI nur aufgrund des ordentlichen Ergebnisses und legt die Kapitalumschlagshäufigkeit und die Umsatzrentabilität zugrunde. Im Zusammenhang mit der Kapitalumschlagshäufigkeit stehen weitere Umschlagshäufigkeiten nämlich der Forderungen, des Materials und der Produktläger, wobei nur die Forderungsumschlagszeit aus dem Abschluß berechnet werden kann. Für die Umschlagshäufigkeit in Lägern bestehen verschiedene Rechenverfahren, die jedoch stets Kennziffern der Disposition wie den Eisernen Bestand oder den Durchschnittsbestand voraussetzen. Diese stehen externen Bilanzlesern aber in der Regel nicht zur Verfügung.

Die Umsatzrentabilität steht im Zusammenhang mit dem Betriebsergebnis, das wiederum mit der Kostenrechnung und der ABC-Analyse in Zusammenhang steht. Die Kostenrechnung wird hier in Voll- und Teilkostenrechnung unterschieden, wobei wir die Vollkostenrechnung als den Teil der Kostenrechnung definieren, der auf Einzel- und Gemeinkosten beruht, während die Teilkostenrechnung auf fixen und variablen Kosten basiert. Die ABC-Analyse schließlich kann für Material- und Kundendaten durchgeführt werden und bietet strategische Entscheidungshilfen hinsichtlich Marketing bzw. Beschaffungsverhalten.

Da die Auswertungen im unteren Teil nur aufgrund unternehmensinterner Daten möglich sind, spricht man hier auch vom besonderen Teil des RL-Systems. Nur der obere Teil ist – weitgehend – aufgrund von Abschlußdaten zugänglich.

Der *Liquiditätsteil* basiert im wesentlichen auf der Anlagedeckung, den drei Liquiditätskennziffern und dem Verschuldungsgrad:

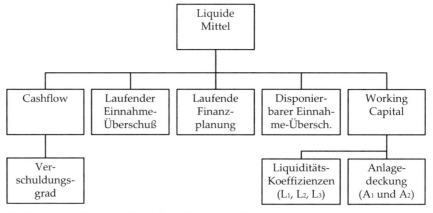

Abbildung 5.16: Der Liquiditätsteil des RL-Kennzahlensystems

Hierbei besteht ein Zusammenhang der Anlagedeckung und Liquidität mit dem Working Capital, und des Verschuldungsgrades mit dem Cashflow. Zudem gehen aber auch die laufenden und die disponierbaren Einnahme-Überschüsse und die laufende Finanzplanung in die Gesamtbewertung ein. Auch dieser Teil ist damit dem externen Bilanzanalytiker nicht vollständig zugänglich, da die Finanzplanung alle künftigen Ein- und Auszahlungsvorgänge vorwegnimmt und aufgrund der sonstigen pagatorischen Daten wie erwarteter Kundeneinzahlungen oder erforderlicher Schuldentilgungen den Kapitalbedarf prognostiziert. Solche Daten sind nirgendwo offenlegungspflichtig. Das Modell ist daher für den internen Controller interessanter als für den externen Bilanzanalytiker.

5.8. Analyse nichtfinanzieller Leistungsindikatoren

Durch das Bilanzrechtsreformgesetz wurde mit Wirkung ab 2005 für große Kapitalgesellschaften auch die Verpflichtung eingeführt, nichtfinanzielle Leistungsindikatoren im Lagebericht offenzulegen (§ 289 Abs. 3 HGB). Das Gesetz nennt Informationen zu Umwelt- und Arbeitnehmerbelangen als Beispiel; die Offenlegungspflicht ist also nicht auf diese Bereiche beschränkt. Die dargestellten Daten müssen gemäß § 289 Abs. 1 Satz 3 HGB unter Bezugnahme auf die Daten des Jahresabschlusses erläutert werden. Dies öffnet die Tür zu einer Vielzahl von Auswertungsverfahren, die bisher eigentlich eher im Marketing verbreitet waren, die nunmehr aber auch aufgrund von Jahresabschlußdaten eine vertiefte Beurteilung der Lage der Unternehmung erlauben.

Alle diese Methoden haben die Eigenschaft, eher qualitativ als quantitativ zu sein. Sie sind daher eher strategisch orientiert und erlauben eine langfristige eher als eine punktuell-kurzfristige Einschätzung. Sie kondensieren die Ergebnisse nicht in einer Ergebniszahl, die am Gipfel einer Pyramide steht, sondern vermitteln ein gleichsam »unscharfes« Bild, das Branchen- und Marktkenntnis beim Abschlußleser voraussetzt. Da es keinen Katalog offenzulegender Tatbestände gibt (§ 289 Abs. 3 HGB spricht nur von nichtfinanziellen Leistungsindikatoren »wie« Daten über Umwelt- und Arbeitnehmerbelange, überläßt die Auswahl der offenzulegenden Daten also dem bilanzierenden Unternehmen), sind nicht immer alle Verfahren anwendbar. Wir präsentieren an dieser Stelle einige besonders häufige Methoden.

5.8.1. Stärken-Schwächen-Analyse

Die Stärken-Schwächen-Analyse ist die vermutlich grundlegendste qualitative Auswertung. Sie besteht in der Einschätzung relevanter Faktoren im Vergleich zum Markt bzw. zur Konkurrenz. Relevante Merkmale werden hierbei ordinal skaliert eingeschätzt:

	Sehr gut	Gut	Mittel	schlecht	Sehr schlecht
Eigenes Know-how	☐	☐	☐	☐	☐

Abbildung 5.17: Ordinal skalierte Stärken/Schwächen-Bewertung eines Merkmales

Der Vergleich des betrachteten Merkmals mit dem Marktdurchschnitt erbringt, daß das abschließende Unternehmen besser, gleich oder schlechter als die Mitbewerber positioniert ist. Es ist also eine Stärke oder eine Schwäche. Um dies zu beurteilen, muß der Bilanzanalytiker über Marktkenntnisse verfügen und eine relative Einschätzung des betrachteten Unternehmens vornehmen können. Er muß wissen, welche Merkmale für den angestrebten Erkenntniszweck relevant sind und diese möglichst so auswählen, daß sie sich in Kategorien ordnen lassen. Für diese Merkmale wird dann die Beurteilung durchgeführt. Die Visualisierung der Ergebnisse erbringt ein Stärken-Schwächen-Profil:

Kriterium	Unterkriterium	– Rating +
Marketing	Öffentliches Image des Produktes	○ ○ ○ ○ ●
	Öffentliches Image des Unternehmens	○ ○ ○ ○ ●
	Bekanntheitsgrad	○ ○ ○ ● ○
	Marktpenetration	○ ● ○ ○ ○
	Service und Kundendienst	○ ○ ○ ○ ●
	Preise	○ ● ○ ○ ○
	Vertriebssystem	● ○ ○ ○ ○
	Kommunikationspolitik	○ ● ○ ○ ○
Forschung und Entwicklung	Image als innovatives Unternehmen	○ ○ ○ ● ○
	Eigenes Know-How (»Humankapital«)	○ ○ ○ ● ○
	Innovationspotential	○ ○ ○ ● ○
	Anteil beherrschter Prozesse	○ ○ ○ ● ○
Produktion	Kosten	○ ○ ● ○ ○
	Qualität	○ ○ ○ ○ ●
	Kapazität	● ○ ○ ○ ○
Management und Mitarbeiter	Motivation	○ ○ ○ ● ○
	Flexibilität, Know-How	○ ○ ○ ● ○
	Kreativität	○ ○ ○ ○ ●
	Kosten	○ ○ ● ○ ○

Abbildung 5.18: Beispiel einer gegliederten Stärken-Schwächen-Analyse

Dieses Verfahren stammt eigentlich aus dem Marketing, wo es extern (durch Kunden, die ohne Betriebsblindheit oder Angst vor Arbeitsplatzverlust antworten) und intern (durch Mitarbeiter, die mehr interne Betriebskenntnisse besitzen) durchgeführt wird. Die Stärken-Schwächen-Analyse ist damit im Grunde eine Rating-Methode, die auch zu einem Rating-Gesamtwert kondensiert werden kann, wenn man die einzelnen Bewertungen mit Zahlenwerten von »1« für »sehr gut« bis zu »5« für »sehr schlecht« benotet.

Eine Vielzahl von Auswertungen können auf diesen Daten aufgebaut werden. Alle diese Auswertungen haben gemeinsam, qualitativ zu sein, also keine Kennzahlen im »traditionellen« Sinne zu sein. Häufig wird

»nur« visualisiert, also ein Ergebnis graphisch dargestellt. Eine solche qualitative zweidimensionale Darstellung eignet sich gut zur Systematisierung möglicher Strategien. Man spricht dann von einem Portfolio. Ein einfaches Beispiel ist das Chancen-Risiken-Portfolio:

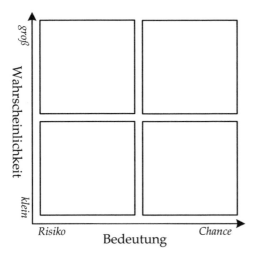

Abbildung 5.19: Die Chancen-Risiken-Matrix aufgrund der Stärken-Schwächen-Analyse

Alle Merkmale der Stärken-Schwächen-Analyse werden hier daraufhin ausgewertet, wie wichtig sie für die Unternehmung sind. Auch das erfordert vertiefte Marktkenntnis beim Beurteiler. Er muß beispielsweise überlegen, ob das innovative Image der Unternehmung wahrscheinlich einen künftigen Nutzen verspricht. Falls ja, gehört es in der Darstellung nach oben und könnte als stille Reserve im Sinne eines originären Firmenwertes verstanden werden, für den jedoch ein Bilanzierungsverbot besteht. Elemente, die positiv beurteilt wurden, gehören in die rechte Seite der Darstellung, denn sie sind Chancen; Merkmale, die negativ beurteilt wurden, gehören in die linke Hälfte, denn sie sind Risiken. Aus dem Inhalt der einzelnen Felder nach der Auswertung kann die Geschäftsleitung Strategien für die künftige Entwicklung des Geschäfts ableiten; für die Bilanzanalyse läßt die Auswertung Prognosen künftiger Risiken und Potentiale zu. Das ist auch die offensichtliche Intention des Gesetzgebers, der ja auch die Risikoberichterstattung im Lagebericht mit dem Bilanzrechtsreformgesetz seit 2005 erheblich verschärft hat.

Problematisch kann die Vergleichbarkeit mehrere Abschlüsse sein, da es – außer für die in § 289 Abs. 2 Nr. 2 HGB genannten Risikoarten – keinen Katalog zu berichtender Risiken und Leistungsindikatoren gibt. Die Auswertung verschiedener Abschlüsse ist damit vielfach zu heterogen, um wirklich vergleichbare Ergebnisse zu erzeugen. Die Stärken-Schwächen-Analyse eignet sich daher meist nur zum Vergleich ähnlicher Unternehmen z.B. der gleichen Branche.

Analyse nicht-
finanzieller
Leistungs-
indikatoren

5.8.2. SWOT-Auswertung

Trägt man auf der senkrechten Achse der Chancen-Risiken-Darstellung nicht die Wahrscheinlichkeit, sondern die Zeit auf, so kommt man zur sogenannten SWOT-Matrix:

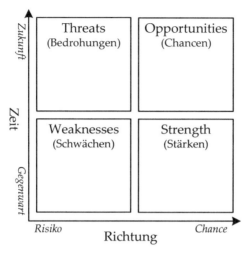

Abbildung 5.20: Die SWOT-Matrix als Chancen-Risiken-Nachfolgeauswertung

Kann man diese einfache, aber flexible Analyse im Marketing beispielsweise zur strategischen Gestaltung des Sortiments oder zur Positionierung des Unternehmens im Konkurrenzumfeld verwenden[1], eignet sie sich im Zusammenhang mit der Bilanzanalyse aufgrund der Datenlage des Lageberichtes zur langfristigen Risikoabschätzung. Das Verfahren trägt damit dazu bei, einem sachverständigen Dritten einen Überblick über die strategische Lage des Unternehmens zu verschaffen. Anders als die Chancen-Risiken-Auswertung erlaubt diese Methode insbesondere eine Abschätzung künftiger Entwicklungen. Alle Merkmale der Chancen-Risiken-Ausgangsdaten müssen hierbei auf die Gegenwart und die Zukunft bezogen werden.

Das Verfahren wird manchmal auch als »SOFT-Matrix« bezeichnet; insbesondere die Industrie- und Handelskammern sind dafür bekannt, aber beispielsweise auch bei Horváth[2] findet sich diese Bezeichnung.

Varianten der Methde differenzieren in externe und in interne Umwelt. Die Stärken und Schwächen seien hinsichtlich der internen Um-

---

1 Vgl. unter anderem Simon / von der Gathen, »Das große Handbuch der Strategieinstrumente. Alle Werkzeuge für eine erfolgreiche Unternehmensführung«, Frankfurt/M. 2002.

2 Horváth, »Controlling«, München 1998, S. 370.

welt zu sehen und die Chancen und Bedrohungen mit Blick auf die externe Umwelt. Diese Unterscheidung ist aber für die reine Bilanzanalyse wenig bedeutsam.

5.8.3. »Boston Consulting« Portfolio

Eine der bekanntesten strategischen Auswertungen ist die sogenannte Boston Consulting Matrix, auch als Marktanteils-Wachstums-Portfolio bekannt. Die einst von der Unternehmensberatungsfirma Boston Consulting Group[1] eingeführte Auswertung hat inzwischen den Status eines Allgemeinguts erlangt und wird sehr häufig im Marketing eingesetzt.[2] Berichtet ein Unternehmen aber seine Produktbereiche, so daß abgrenzbare Marktbereiche darstellbar sind, so läßt sich die Auswertung auch aufgrund des Jahresabschlusses machen.

Darstellungskriterien sind, wie schon der Name sagt, der relative Marktanteil und das Wachstum der jeweiligen Produktbereiche. Je nach der einfachen Differenzierung in »groß« und »klein« kommt man dann zu vier Produktsegmenten:

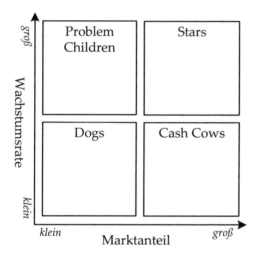

Abbildung 5.21: Das Grundmodell der »Boston Consulting Matrix«

Ein Bilanzleser, der die Lage eines Unternehmens beurteilen will, kann die einzelnen Produktbereiche oder Teilmärkte, die das Unternehmen

---

1 http://www.bcg.de/
2 Zum Beispiel in Geml/Lauer, »Das kleine Marketing-Lexikon«, 3. Aufl., Düsseldorf 2004; es gibt aber ungezählte andere Quellen.

bedient, in Gestalt von Kreisen einzeichnen, deren Größe relativ zu dem durch die Produktbereiche erzielten Umsatz oder, besser, Deckungsbeitrag ist:

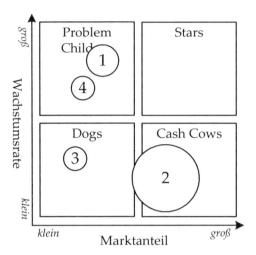

Abbildung 5.22: Eine Produktanalyse im Rahmen der »Boston Consulting Matrix«

Hierbei ist bedeutsam, daß die Produkt- und Marktentwicklung ein sukzessives Fortschreiten der Produkte idealerweise durch alle vier Segmente bewirkt. Man spricht in diesem Zusammenhang vom Produktlebenszyklus:

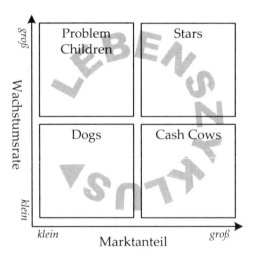

Abbildung 5.23: Der Produktlebenszyklus im Rahmen der »Boston Consulting Matrix«

Kennzahlenaus-
wertung des
Jahresabschlusses

Dies erlaubt eine strategische Auswertung. Im vorstehenden Beispiel wären die Produktbereiche Nr. 1 und Nr. 4 beispielsweise Nachwuchsprodukte. Die Unternehmung muß sie am Markt etablieren und den Marktanteil erhöhen. Negativ muß bemerkt werden, daß derzeit kein Star-Produkt besteht, aber wenn die Produkte Nr. 1 und Nr. 4 erfolgreich eingeführt werden, können sie beide zu Star-Produkten werden und damit die Haupterfolgsträger der Unternehmung werden.

Derzeit besteht im Beispiel eine »Cash Cow« mit dem Produktbereich Nr. 2. Hier sollte nichts mehr entwickelt werden, denn dieses Produkt wird in Zukunft vom Markt verschwinden. Dafür kann hier aber »abkassiert« werden, indem die Kosten gesenkt und die Umsätze u.a. durch Erschließen neuer Vertriebskanäle möglichst lange hoch gehalten werden.

Produktbereich Nr. 3 schließlich ist ein Abschaffungskandidat; ein erfolgreicher Neustart des Produktes (»Re-launch«) kann hieraus jedoch wieder ein zukunftsträchtiges Produkt machen.

Die Lage der Unternehmung sieht damit, abgesehen vom Fehlen eines »Star«-Produktes, gar nicht so schlecht aus.

5.8.4. Ansoff-Matrix

Das sogenannte Produkt-Markt-Portfolio, das nach seinem Begründer Igor Ansoff auch als Ansoff-Matrix bekannt ist, kann schließlich verwendet werden, die grundsätzliche Produktstrategie eines Unternehmens zu beurteilen:

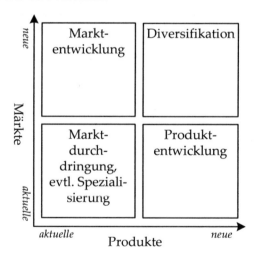

Abbildung 5.24: Das Produkt-Markt-Portfolio nach H. Igor Ansoff

Ansoff untersucht[1], inwieweit ein Unternehmen neue Produkte und/oder neue Märkte bearbeitet. Dabei ist meist aus den qualitativen Jahresabschlußdaten zu erkennen, ob das Unternehmen neue oder bestehende Produktbereiche auf neuen oder bestehenden Märkten betreibt. Wer mit aktuellen Produkten ausschließlich auf aktuellen Märkten bleibt, muß die Marktpenetration vertiefen. Dies ist meist die Strategie des Spezialisten. Ein solches Unternehmen kann zu einem Spezialisten auf seinem Gebiet werden, riskiert aber den Totalabsturz, wenn der jeweilige Markt bzw. das jeweilige Produkt obsolet werden. Besonders bei technischen Märkten kann dies ein Risiko sein. Ein Unternehmen, das mit neuen Produkten auf neuen Märkte einsteigt, betreibt Diversifikation. Diese Strategie ist an sich viel risikoreicher als die der Spezialisierung, weil neue Produktbereiche und neue Märkte auch gänzlich neues Know-how erfordern, schafft aber bei Krisen ein zweites Standbein, was die Existenz des Unternehmens langfristig sichern kann.

5.9. Vergleich von Abschlüssen mit der Nutzwertanalyse

Die aus einem Jahresabschluß ersichtlichen Daten sind inkonsistent. Sie sind teilweise numerisch, und können dann in Kennzahlen verdichtet werden, aber teilweise auch qualitativ, und können dann höchstens in Portfolio-Darstellungen systematisiert aber nicht berechnet werden. Das macht Vergleiche problematisch. Die aus der Entscheidungstheorie stammende Nutzwertanalyse erlaubt, auch so unterschiedliche Daten in einen einheitlichen Ergebniswert zu verdichten – allerdings um den Preis einer gewissen Subjektivität. Dies erleichtert den Vergleich auch sehr unterschiedlicher Jahresabschlüsse etwa aus unterschiedlichen Branchen, um z.B. Investitionsentscheidungen zu fällen. Das Verfahren ähnelt damit einer Rating-Methode.

Die Arbeitsschritte bei Aufstellung einer Nutzwertanalyse sind:

1. Definition der Zielstellungen, die durch die Nutzwertanalyse untersucht werden sollen;
2. Ableiten von Bewertungskriterien in Gestalt von Grenzwerten, Kennzahlen oder qualitativen Eigenschaften der einzelnen zu bewertenden Sachverhalte der zu vergleichenden Abschlüsse;
3. Gewichtung der einzelnen Bewertungskriterien nach subjektiver Nutzenfunktion des Bearbeiters;
4. Bewerten der einzelnen Jahresabschlüsse nach den zuvor aufgestellten Kriterien; und

[1] Ansoff, »Corporate Strategy«, Penguin Books, 2001.

5. Ausmultiplikation der einzelnen Zeilen und Addition der Spalten der Entscheidungsmatrix zu einem Punkte-Rating für die betrachteten Vergleichsobjekte.

6. Die optimale Entscheidung ist die mit dem Maximalwert der Additionsoperation aus Schritt 5.

Betrachten wir ein *Beispiel*: Ein Investor definiere seine Nutzenfunktion aus zehn verschiedenen Kriterien (Schritt 1 und 2), die unterschiedliche Wichtigkeit für ihn haben (Schritt 3). Die Prozentgewichtung ist die individuelle Nutzenfunktion:

i	Kriterium	Gewicht
1	Anlagedeckung	5%
2	Erste Liquidität	5%
3	Zweite Liquidität	10%
4	Eigenkapitalquote	5%
5	Cashflow Profitability	20%
6	EBIT	5%
7	Eigenkapitalrentabilität	20%
8	Finanzfluß	20%
9	SWOT-Auswertung	5%
10	Strategische Sortimentspolitik	5%
		100%

Für jedes Kriterium muß jetzt eine Bewertungsskala aufgestellt werden, was eine hochgradig subjektive Einschätzung der Wirklichkeit bedeutet und wiederum die persönliche Nutzenfunktion des Beurteilers artikuliert. Dies ist eine Vorbereitung zu Schritt Nr. 5. Beispielsweise würde das Kriterium Nr. 3 »Zweite Liquidität« zwischen »unter 90 %« mit »0 Punkte« bis zu »> 135 %« mit 100 Punkten bewertet. Dies könnte folgende Skala ergeben:

L_2	Bewertung
< 90 %	0
ab 90 % unter 95 %	10
ab 95 % unter 100 %	20
ab 100 % unter 105 %	30
ab 105 % unter 110 %	40
ab 110 % unter 115 %	50
ab 115 % unter 120 %	60
ab 120 % unter 125 %	70
ab 125 % unter 130 %	80
ab 130 % unter 135 %	90
ab 135 %	100

Dies ist eine ausschließlich subjektive Einschätzung, die die Anforderungen des Beurteilers artikuliert.

Vergleich von
Abschlüssen mit
der Nutz-
wertanalyse

Die subjektive Zuweisung metrischer Skalen zu rationalen (Nr. 1 bis 8) oder ordinalen oder gar nominalen Merkmalen (Nr. 9 und 10) ist aber auch ein Vorteil des Verfahrens, da branchentypischerweise erreichbare oder eben unerreichbare Werte auf diese Art artikuliert werden können. Beispielsweise sind in der Finanzbranche weitaus höhere Rentabilitäten zu erzielen als in Produktionsbetrieben. Eine für einen Produktivbetrieb sehr gute Bewertung wäre daher für einen Finanzdienstleister noch lange kein erstrebenswertes Ziel. Es könnten daher mehrere beispielsweise branchenspezifische oder etwa auch länderbezogene Bewertungsskalen parallel benutzt werden. Die willkürliche Zuordnung von Punktebewertungen zu bestimmten Analyseergebnissen kann damit die Nutzwertanalyse an Branchengegebenheiten anpassen oder gar unterschiedliche Wirtschaftszweige erst vergleichbar machen, wenn nämlich verschiedenen Abschlüssen aus verschiedenen Branchen unterschiedliche Skalenwerte zugewiesen werden.

Hauptnachteil der Methode ist, daß Katastrophenwahrscheinlichkeiten nicht als solche ausgewiesen werden. Eine sehr schlechte erste Liquidität kann beispielsweise eine Insolvenzgefahr darstellen. Dies würde nur mit ganzen 5 % in das Kalkül eingehen. K.o.-Kriterien wie konkrete Insolvenzgefahr müssen also vorher definiert und Abschlüsse, die sie enthalten, von der Analyse ausgeschlossen werden.

Untersucht der Beurteiler nun drei Jahresabschlüsse der Unternehmen »A«, »B« und »C«, so müßte er alle Ergebnisse mit den zuvor definierten Punkteskalen bewerten und gewichten (Schritt 4 und 5). Die Summe der gewichteten Bewertungen ergibt die Gesamtbeurteilung (Schritt 6). Das könnte so aussehen:

i	Gewicht	A	Rating	B	Rating	C	Rating
1	5%	50	2,50	100	5,00	40	2,00
2	5%	30	1,50	80	4,00	50	2,50
3	10%	80	8,00	60	6,00	90	9,00
4	5%	50	2,50	40	2,00	80	4,00
5	20%	90	18,00	50	10,00	100	20,00
6	5%	40	2,00	60	3,00	60	3,00
7	20%	80	16,00	80	16,00	90	18,00
8	20%	100	20,00	60	12,00	90	18,00
9	5%	60	3,00	20	1,00	100	5,00
10	5%	80	4,00	20	1,00	100	5,00
Ergebnis			**77,50%**		**60,00%**		**86,50%**

Es gilt hier also:

$$Rating_i = Punkteergebnis_i(Objekt_j) \times Gewichtung_i \qquad \text{F 5.99}$$

»Objekt« ist hierbei der jeweils analysierte Jahresabschluß »A«, »B« und »C«, und der Zähler i steht für die in die Untersuchung einbezogenen *n* Kriterien, also im Beispiel die zehn anfangs ausgewählten Beurteilungsmaßstäbe. Für die Gesamtbeurteilung gilt:

$$Ergebnis = \sum_{i=1}^{n} Rating_i$$

F 5.100

Diese einfache Fassung der Nutzwertanalyse setzt jeweils Prozentgewichtungen und Prozentbeurteilungen im Bereich von Null bis Hundert voraus, um Ergebnisse im Wertebereich von 0 % bis 100 % zu erzeugen.

Die hier demonstrierte Fassung der Nutzwertanalyse ist nicht die einzige Variante dieses Verfahrens. Eigentlich gibt es »die« Nutzwertanalyse gar nicht, sondern eine Vielzahl einander mehr oder weniger ähnlicher Rating-Verfahren, die alle gleichermaßen genutzt werden können, aber u.U. unterschiedliche Ergebnisse produzieren.

Vergleich von
Abschlüssen mit
der Nutz-
wertanalyse

6.
Fallbeispiel

6.1. Vorbemerkung

In diesem Abschnitt präsentieren wir ein kleines Fallbeispiel eines fiktiven Produktionsunternehmens, das als Wiederholung und Vertiefung zu den vorstehenden Kapiteln gedacht ist. Der Leser wird dabei mit drei Arten von Problemen konfrontiert:

- Einige Dinge sind reine Wiederholungen. Man muß Kennziffern, Vorschriften und Bilanzpositionen wissen, um sie in diesem Beispiel richtig auswerten zu können.
- Einige andere Probleme erfordern Können. Man muß es vorher geübt haben, um hier damit klarzukommen. Können setzt Wissen voraus.
- Schließlich gibt es in ein paar Fällen die Anforderung, Neues aus Bekanntem zu erkennen. Dies erfordert, Wissen und Können aus bekannten Situationen in neue, unbekannte Situationen zu übertragen. Man spricht daher auch vom sogenannten »Transferwissen«. Dies ist die höchste Anforderung in Klausuren und anderen Prüfungen.

Zur Verbesserung der Übersichtlichkeit werden die Schemata nach §§ 266, 275 HGB nur verkürzt angewendet, aber viele der zuvor dargestellten Konzepte kommen dennoch vor.

Im folgenden Kapitel finden sich zunächst die Rahmendaten und die Untersuchungsziele; wer möchte, kann es dann erst selbst versuchen und dann in den beiden folgenden Kapiteln die Lösung nachschlagen. Dozenten und Lehrer können Kapitel 6.2 als Aufgabe für die Studenten oder Lehrgangsteilnehmer verwenden. Es kommt darauf an, für jedes Untersuchungsziel die jeweils richtigen Ausgangsdaten zu finden und in korrekter Weise auszuwerten. Die Ergebnisse sind zunächst quantitativ, danach qualitativ.

6.2. Ausgangsdaten

Die Erfurter Technikspielzeug AG (ETS AG; Marke: »ETS«) ist ein alteingesessenes mittelständisches Unternehmen, das sich auf verschiedenartigste Steuerungsanlagen für Modelleisenbahnen spezialisiert hat. Hierfür hält die ETS ein Patent auf eine spezielle Art von Funkfernsteuerung für Modellspielzeuge. Mehrere Konkurrenten vertreiben Systeme, die dem der ETS technisch unterlegen, am Markt aber bekannter sind. Das Unternehmen wird in fünfter Generation als Familienbetrieb geführt; während der Sohn des Inhabers als »Computerfreak« gilt, ist der Inhaber selbst mit 72 Jahren stockkonservativ und will von dem »modernschen Zeug« eigentlich nichts wissen.

Zur Herstellung der Steuergeräte in ihrem Werk bei Stotternheim in Thüringen benötigt das Unternehmen spezielle Mikrochips, die von einem Zulieferer aus Shanghai geliefert werden. Die Amerikaner beäugen dies mit Mißtrauen, seit ein ganz ähnlicher Schaltkreis im Fluglageregelungssystem einer nordkoreanischen Scud-Rakete entdeckt wurde, die im Ochotskischen Meer nördlich von Japan abgestürzt war.

Wie fast überall im Spielzeugbereich macht auch die ETS AG ihr halbes Jahresgeschäft in den vier bis sechs Wochen vor Weihnachten. Die Produkte der Marke »ETS« sind etwas teurer als die der Konkurrenz, gelten aber auch als qualitativ besser. Neben Kooperationen mit großen Händlern in Deutschland haben sie seit zwei Jahren eine gutfunktionierende Zusammenarbeit mit der US-Spielwarenkette »You'R'Toys«, die im vergangenen Jahr schon 40 % des Umsatzes erbrachte. Neuerdings scheinen auch mehrere große europäische Einzelhandelsketten auf die ETS AG aufmerksam geworden zu sein.

Die Aktien der ETS AG befinden sich zu 100 % im Familienbesitz. Es gibt keine Tochtergesellschaften.

Am Schluß zweier aufeinanderfolgender Berichtsperioden legt die ETS AG die nachstehenden Gewinn- und Verlustrechnungen vor:

	Vorjahr	Berichtsjahr
Umsatzerlöse	130.000 T€	135.000 T€
RHB, Wareneinsatz	75.000 T€	61.000 T€
Rohertrag	55.000 T€	74.000 T€
Erträge aus Anlageabgängen	0 T€	4.000 T€
Erträge aus Herabsetz. der WB auf Fordg.	20 T€	0 T€
Erträge aus Finanzanlagen	50 T€	20 T€
Erträge aus Auflösung von Rückstellungen	500 T€	110 T€
Zwischenergebnis	55.570 T€	78.130 T€
Personalaufwand	43.000 T€	45.000 T€
Abschreibung auf Anlagen	4.000 T€	5.500 T€
Einstellung in Wertberichtigung auf Ford.	0 T€	100 T€
Zinsen und ähnliche Aufwendungen	3.800 T€	4.200 T€
Steuern vom Einkommen, Ertrag	0 T€	1.000 T€

Sonstige Steuern	200 T€	250 T€
Sonstige Aufwendungen	12.000 T€	13.000 T€
Jahresfehlbetrag	7.430 T€	
Jahresüberschuß		9.080 T€
Gewinnvortrag aus Vorjahr	30 T€	
Verlustvortrag aus Vorjahr		2.700 T€
Zwischenergebnis	7.400 T€	6.380 T€
Entnahmen aus offenen Rücklagen	4.700 T€	
Einstellungen in offene Rücklagen		2.280 T€
Bilanzverlust	2.700 T€	
Bilanzgewinn		4.100 T€

In den gleichen beiden Jahren werden die folgenden Bilanzen vorgelegt:

AKTIVA Vorjahr Berichtsjahr

Anlagevermögen:

	Vorjahr	Berichtsjahr
Grundstücke mit Geschäftsgebäuden	14.500 T€	13.500 T€
Grundstücke mit Wohngebäuden	2.000 T€	1.800 T€
Maschinen und Anlagen	13.500 T€	24.450 T€
Betriebs- und Geschäftsausstattung	2.000 T€	1.800 T€
Finanzanlagen (über vier Jahre)	500 T€	400 T€

Umlaufvermögen:

	Vorjahr	Berichtsjahr
Vorräte	60.000 T€	51.000 T€
Forderungen aus L&L	25.000 T€	20.000 T€
Sonstige Vermögensgegenstände	2.000 T€	1.000 T€
Zahlungsmittel	300 T€	900 T€
Rechnungsabgrenzung	150 T€	350 T€
Bilanzverlust	4.000 T€	0 T€
	123.950 T€	115.200 T€

PASSIVA Vorjahr Berichtsjahr

Eigenkapital:

	Vorjahr	Berichtsjahr
Grundkapital	16.000 T€	16.000 T€
Rücklagen		
gesetzliche	0 T€	319 T€
freie	0 T€	1.961 T€
Bilanzgewinn	0 T€	4.100 T€
Wertberichtigung auf Forderungen	300 T€	380 T€

Rückstellungen:

	Vorjahr	Berichtsjahr
Pensionsrückstellungen	3.000 T€	3.800 T€
Rückstellungen für Gewährleistung	6.000 T€	6.800 T€

Steuerrückstellungen	0 T€	700 T€

Verbindlichkeiten:

Langfristige (über vier Jahre)	1.150 T€	16.150 T€
Lfr. Verb. gegenüber Kreditinstituten	41.000 T€	40.000 T€
Verbindlichkeiten aus L&L	17.000 T€	12.000 T€
Wechselverbindlichkeiten	16.500 T€	990 T€
Sonstige Verbindlichkeiten	22.500 T€	11.100 T€
Rechnungsabgrenzung	500 T€	900 T€
	123.950 T€	115.200 T€

Das Unternehmen verfügt in beiden Jahren über eine ungenutzte Kreditlinie auf dem Girokonto der Hausbank i.H.v. 500 T€. Durch die hohe Qualität der Produkte sind Gewährleistungsfälle vergleichsweise selten und treten fast immer kurz nach dem Kauf auf.

Die Geschäftsleitung bittet Sie um ein Gutachten zur Lage der Unternehmung, das über folgende Dinge Auskunft geben sollte:

- Eine sinnvolle Aufbereitung der Bilanz ist vorzunehmen. Hierbei sollen Umgliederungen und Umbewertungen durchgeführt werden, wenn dies sinnvoll ist. Natürlich gibt es mehrere Möglichkeiten, wie dies aussehen kann; alle die Lösungen werden akzeptiert, die den nachfolgenden Untersuchungszielen dienen, und die die erforderlichen Neubewertungen richtig vornehmen.
- Die Finanzierung der Unternehmung ist mit Blick auf das anstehende Rating durch die Hausbank zu durchleuchten.
- Aus dem gleichen Grund soll die Zahlungsfähigkeit beurteilt werden. Auf Veränderungen vom Vorjahr zum Berichtsjahr soll eingegangen werden.
- Die Rentabilität der Gesellschaft soll in den beiden betrachteten Berichtsperioden beurteilt werden. Relevante Verfahren sollen angewandt werden, insofern sie mit den zur Verfügung stehenden Daten durchführbar sind.
- Schließlich soll eine strategische Analyse der Situation der Gesellschaft vorgenommen werden. Diese soll, wie es bei den meisten strategischen Auswertungsverfahren der Fall ist, qualitativ sein, was nicht heißt, daß keine Zahlenwerte verwendet werden dürfen. Eine geeignete Visualisierung ist anzuwenden. Insbesondere ist auch auf die Risiken der zukünftigen Entwicklung einzugehen.

Mehrere verschiedene Lösungen sind möglich, die aber alle zu sehr ähnlichen Ergebnissen kommen sollten. Eine Lösung ist richtig, wenn sie Auswertungsinstrumente sinnvoll einsetzt.

6.3. Numerische Auswertung

Die Aufbereitung der Bilanz ist die Grundlage der folgenden Analysen. Sie könnte folgendermaßen aussehen:

Aufbereitung der Bilanz der ETS AG

AKTIVA	Vorjahr		Berichtsjahr	
Anlagevermögen:				
Sachanlagen	32.000 T€	26,745 %	41.550 T€	36,187 %
Finanzanlagen	500 T€	0,418 %	400 T€	0,348 %
Umlaufvermögen:				
Vorräte	60.000 T€	50,146 %	51.000 T€	44,417 %
Forderungen	26.700 T€	22,315 %	20.620 T€	17,959 %
Zahlungsmittel	300 T€	0,251 %	900 T€	0,784 %
Rechnungsbgrenzung	150 T€	0,125 %	350 T€	0,305 %
Summe	119.650 T€	100,000 %	114.820 T€	100,000 %

PASSIVA	Vorjahr		Berichtsjahr	
Eigenkapital	12.000 T€	10,029 %	22.380 T€	19,491 %
Langfristiges Fremdkapital	45.150 T€	37,735 %	59.950 T€	52,212 %
Kurzfristiges Fremdkapital	62.000 T€	51,818 %	31.590 T€	27,513 %
Rechnungsbgrenzung	500 T€	0,418 %	900 T€	0,784 %
Summe	119.650 T€	100,000 %	114.820 T€	100,000 %

Abbildung 6.1: Aufbereitung der Bilanz der ETS AG

Es fällt auf, daß in beiden Jahren die Bilanzsumme in der Aufbereitung der Bilanz kleiner ist als im Ausgangszahlenwerk. Dies liegt nicht an der ungenutzten Kreditlinie i.H.v. 500 T€, die wir aus Gründen der Klarheit und Übersichtlichkeit in beiden Fällen hier (noch) nicht berücksichtigt haben. Es liegt in diesem Fall auch nicht an Stillen Reserven, obwohl es daran liegen könnte. In diesem Fall hat das im wesentlichen zwei Gründe:

- Die Forderungen aus Lieferungen und Leistungen wurden für Zwecke der Bilanzanalyse mit den Wertberichtigungen aus der Gewinn- und Verlustrechnung verrechnet;
- das Eigenkapital des Vorjahres wurde mit dem Bilanzverlust des Vorjahres verrechnet.

Man beachte ferner, daß die Pensionsrückstellungen zu den langfristigen Verbindlichkeiten gehören, die Steuer- und die Gewährleistungsrückstellungen jedoch zu den kurzfristigen Schulden.

Die hierauf aufzubauende Kennzahlenrechnung umfaßt horizontale und vertikale Kennziffern. Man beachte, daß die vertikalen Kennziffern für sich genommen nichts aussagen; sie können hier allerdings durch einen Vergleich der beiden Rechnungsperioden aussagekräftig werden.

Die horizontalen Kennziffern haben i.d.R. eine für sich genommen bereits bedeutsame Sachaussage.

Die Auswertung der Finanzierung wäre hier:

	Vorjahr	Berichtsjahr
Erste Anlagedeckung	36,923 %	53,349 %
Zweite Anlagedeckung	175,846 %	196,257 %
Eigenkapitalquote	10,029 %	19,491 %
Fremdkapitalquote	89,971 %	80,509 %

Die Unternehmung hat damit in beiden Perioden zwar die »goldene Bilanzregel« verfehlt, aber sehr wohl die »silberne Bilanzregel« eingehalten. Die Finanzierung ist also solide und hat Potential »nach oben« in der Weise, daß die Investition in Anlagevermögen durch Fremdkapital möglich ist. Die Ausgangszahlen zeigen, daß dies ja bereits im Berichtsjahr geschehen ist. Die qualitativen Daten deuten zudem an, daß eine Ausweitung des Geschäfts insbesondere im Rahmen der Kooperation mit großen Handelsketten sinnvoll ist. Dies könnte weitere Investitionen erforderlich machen.

Die Eigenkapitalquote hat zwar an sich keine isolierte Aussage, aber sie ist vom Vorjahr auf das Berichtsjahr angestiegen (und die Fremdkapitalquote ist umgekehrt gefallen). Dies ist eine positive Entwicklung. Insofern ist der Wert aussagekräftig.

Die Auswertung der Zahlungsfähigkeit berücksichtigt die ungenutzte Kreditlinie i.H.v. 500 T€ und ergibt dann die folgenden Ergebnisse:

	Vorjahr	Berichtsjahr
1. Liquidität	1,290 %	4,432 %
2. Liquidität	44,355 %	69,706 %
3. Liquidität	141,129 %	231,149 %

Es ist schwierig, die 1. Liquidität isoliert zu betrachten. Für beide Rechnungsperioden zeigt sich aber, daß die verfügbaren Geldmittel einschließlich der ungenutzten Kreditlinie deutlich unter der Summe der kurzfristigen Verbindlichkeiten liegt. Dies gilt, auch wenn das Beispiel dies nicht im Detail zeigen kann, vermutlich auch für die Verbindlichkeiten gegenüber Sozialversicherungen und Finanzbehörden. Die fürsorglichen Sozialkassen haben bekanntlich ganze Abteilungen, die sich mit nichts als der Beantragung von Insolvenzverfahren bei Zahlungsverzug der Beitragsschuldner befassen. Das Finanzamt kann zwar Steuerstundungen gewähren, tut dies in der Praxis aber meist nicht bei der Umsatzsteuer. Das Unternehmen gerät damit in einer Notlage und kommt an dem Rand der Zahlungsunfähigkeit.

Die 2. Liquidität liegt in beiden Berichtsperioden deutlich unter 100 %. Dies ist i.d.R. ein Zeichen für zusätzliche Absatzprobleme. Die ETS AG hat also nicht nur mit schlechter Zahlungsmoral der Abnehmer zu kämpfen (dafür kann sie u.U. nichts), sondern auch mit viel zu schlechten Absatzzahlen (und dafür kann sie in aller Regel was). Allerdings ist vom Vorjahr auf das Berichtsjahr eine Verbesserung eingetreten. Die möglicherweise bevorstehende Kooperation mit der US-Spielwarenkette »You'R'Toys« könnte das Ruder noch herumreißen. Für sich genommen ist das Ergebnis bis hierher eher schlecht.

Die 3. Liquidität schließlich ist in beiden Rechnungsperioden weit über der 2. Liquiditätskennziffer (jeweils ca. das Dreifache). Dies kann auf ein zu großes Lager hindeuten. Alleine die Vorräte betragen im Vorjahr knapp über 50 % der Bilanzsumme (und im Berichtsjahr immerhin noch ca. 44 %). Auch wenn wir im gegebenen Kontext die Details der Branche nicht untersuchen können liegt doch die Vermutung nahe, daß dies viel zu viel ist. Aber auch hier ist eine Verbesserung eingetreten.

Der Geschäftleitung sind also aus den bisherigen Ergebnissen folgende Ratschläge zu geben:

- Das Mahnwesen dringend verbessern und Forderungen eintreiben;
- über Änderungen am Sortiment, am Absatzmarkt oder am Marketing Mix nachdenken, um den Verkauf zu verbessern (was ja anscheinend schon unterwegs ist);
- die Lagerführung verbessern, d.h. insbesondere den Umfang der Lagerung deutlich reduzieren, was mit dem vorstehenden Schritt Hand in Hand gehen kann (etwa, wenn man sich von selten verkauften Artikeln ganz trennt);
- eine ABC- und eine XYZ-Analyse wären also vermutlich die ersten und wichtigsten weiterführenden Analysewerkzeuge;
- schließlich sollte investiert werden, und die 2. Anlagedeckung zeigt, daß noch ein Spielraum für weiteres Fremdkapital gegeben ist. Allerdings könnte es problematisch werden, die Bank zu überzeugen.

Man beachte, daß in der Gewinn- und Verlustrechnung die Zeilen »Jahresüberschuß« bzw. »Jahresfehlbetrag« die wesentlichen Gewinnmaße des externen Rechnungswesens sind. Man erhält dann die folgenden Ergebnisse:

	Vorjahr	Berichtsjahr
Gewinn	-7.430 T€	9.080 T€
Eigenkapitalrentabilität	-61,917 %	40,572 %
Gesamtkapitalrentabilität[1]	-6,210 %	7,908 %
Umsatzrentabilität	-5,715 %	6,726 %

Eine deutliche Verbesserung von der Vor- auf die Berichtsperiode ist sichtbar. Auch wenn wir keine Mindestrentabilitätszahl haben ist offensichtlich, daß eine Eigenkapitalrendite i.H.v. 40,572 % ein ausgezeichneter Wert ist.

---

1 Wir haben auf S. 135 erläutert, weshalb nach Ansicht des Autors bei der Berechnung der Gesamtkapitalrentabilität der Fremdkapitalzins nicht addiert werden darf.

Das Beispiel zeigt aber zugleich, daß die Gewinn- und Verlustrechnung nur die halbe Wahrheit enthält und Zahlungsgrößen mindestens ebenso wichtig sind: die ETS AG ist in Gefahr, Gewinn zu erwirtschaften und trotzdem in das Insolvenzverfahren zu rutschen. Man kann, so lehrt uns dieses Beispiel, Gewinn erzielen und gleichzeitig pleite gehen.

Auswertungen, die relative Zahlen ergeben, sind meist für sich alleine schon aussagekräftig während absolute Zahlen nur im Vergleich relevant sind. Da hier das Vorjahr mit dem Berichtsjahr verglichen werden kann, sind auch Kennzahlen wie EBT, EBIT oder EBITDA bedeutsam. Stellvertretend demonstrieren wir das hier an der EBIT-Größe:

		Vorjahr	Berichtsjahr
	Jahresüberschuß	-7.430 T€	9.080 T€
+	Zinsen und ähnliche Aufwendungen	3.800 T€	4.200 T€
+	Steuern vom Einkommen und vom Ertrag	0 T€	1.000 T€
+	Sonstige Steuern	200 T€	250 T€
=	EBIT	-3.430 T€	14.530 T€

Die Zahlen mögen für sich wenig aussagen, aber die Veränderung ist aussagekräftig: Es handelt sich um eine deutliche Verbesserung. Wir haben zwar gesehen, daß sich das Unternehmen hinsichtlich seiner Zahlungsfähigkeit in einer Notlage befindet, stellen hier aber wie schon in der Gewinn- und Verlustrechnung fest, daß die Dinge sich gerade zum Besseren wenden. Dies ist für die Prognose u.U. hochrelevant, denn ausschließlich aufgrund der Liquiditätsdaten müßte man von einer bevorstehenden Insolvenz ausgehen; diese Daten hingegen sind durchaus vorteilhaft.

Die Auswertung des Betriebserfolges bestätigt dieses dem Grunde nach positive Bild:

		Vorjahr	Berichtsjahr
	Umsatzerlöse	130.000 T€	135.000 T€
−	Materialaufwand	75.000 T€	61.000 T€
−	Personalaufwand	43.000 T€	45.000 T€
−	Abschreibungen auf Sachanlagen	4.000 T€	5.500 T€
−	Sonstige betriebliche Aufwendungen	12.000 T€	13.000 T€
−	Sonstige Steuern	200 T€	250 T€
=	Betriebserfolg	-4.200 T€	10.250 T€

Man beachte, daß in diesem (vereinfachenden) Beispiel weder Bestandsveränderungen noch aktivierte Eigenleistungen vorliegen. Die Betriebserfolgsrechnung braucht also nur die unmittelbar mit der Betriebstätigkeit zusammenhängenden Aufwendungen zu berücksichtigen. Die sonstigen Steuern sind natürlich insbesondere die mit dem Gewerbe zusammenhängenden Steuern; die Ertragsbesteuerung (Körperschaftsteuer, Kapitalertragsteuer) sind Steuern auf den Gewinn und damit natürlich nicht Teil dieser Rechnung.

6.4. Qualitative Auswertung

Auch schon im Rahmen dieses einfachen Beispieles sind qualitative Auswertungen möglich. Hierzu sind die verbalen Daten im Ausgangsbeispiel und die qualitativen Erkenntnisse aus dem Zahlenwerk zu berücksichtigen. Die qualitative Auswertung ist eher strategisch orientiert und enthält Aussagen über die Überlebensfähigkeit der Unternehmung. Sie ist im Rahmen der Risikoberichterstattung im Lagebericht seit 2005 ein vorgeschriebener Bestandteil des Jahresabschlusses.

Hier kann man stellvertretend für eine Vielzahl weiterer denkbarer Auswertungen eine SWOT-Analyse aufstellen:

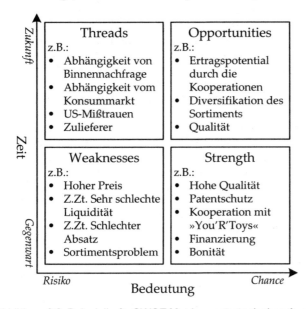

Abbildung 6.2: Beispielhafte SWOT-Matrix zur strategischen Auswertung des Beispiels

Schwächen (*Weaknesses*) sind alle negativen qualitativen und quantitativen Aussagen über die Gegenwart. Sie werden in der Zukunft zu Bedrohungen (*Threads*) und müssen beseitigt oder durch Stärken ausgeglichen werden. Beispielsweise wird aus den gegenwärtigen vergleichsweise hohen Preisen in Zukunft eine Bedrohung, weil die ETS AG weitgehend von der Binnenmarktnachfrage im Konsumgüterbereich abhängig ist. Der Konsument hat aber derzeit ein geradezu mit Stacheldraht geschütztes Portemonnaie, denn er hat ab 2007 nicht nur eine höhere Umsatzsteuer zu verkraften, sondern auch höhere Zwangssozialabgaben und sinkende Reallöhne. Er wird daher zuerst an den nicht unbedingt lebensnotwendigen Güter sparen – wie beispielsweise Spielzeugeisenbahnen.

Stärken (*Strengths*) hingegen sind positive qualitative und quantitative Aussagen über die Gegenwart, die in der Zukunft zu Chancen (*Opportunities*) werden. Beispielsweise sind die hohe Qualität der Produkte und der bestehende Patentschutz ein gegenwärtiger Wettbewerbsvorteil, also Stärken. In Kombination mit der Kooperation mit der US-Spielwarenkette kann dies zu einer erheblichen Ausweitung der Umsätze auch in geographische Regionen führen, die von der deutschen Wirtschaftskrise nicht betroffen sind.

Die qualitative Auswertung erweitert und vertieft damit das aus der Kennzahlenrechnung gewonnene Bild. Anders als die numerische Analyse erfordert sie jedoch Branchenkenntnisse, die in diesem Beispiel nicht weiter berücksichtigt werden. Beispielsweise muß der »sachverständige Dritte« (§ 238 Abs. 1 Satz 2 HGB) wissen, was die hier angedeutete Kooperation mit der Handelskette »wirklich« wert ist. Die Einzelhandelskette WalMart beispielsweise hat nach einigen Jahren Verlusten und viel öffentlicher Kritik an ihren Managementmethoden im Sommer 2006 den deutschen Markt wieder aufgegeben. Eine Kooperation mit diesem Einzelhändler könnte daher in der Praxis wertlos sein.

Die Anforderungen an die Sachkenntnis des Bilanzinterpreten sind bei der qualitativen Analyse höher als bei der quantitativen Interpretation. Insbesondere muß der Bilanzleser über qualitative Sachkenntnis verfügen, um qualitative Daten interpretieren zu können. Etwa muß der Bilanzanalytiker einschätzen können, welchen Stellenwert die von der ETS AG angebotenen Steuergeräte für Modelleisenbahnkäufer wirklich haben – und welche möglicherweise anderen Einsatzgebiete bestehen. Das aber ist in den Ausgangsdaten angedeutet: wenn ein »ganz ähnlicher Schaltkreis« im Fluglageregelungssystem einer nordkoreanischen Scud-Rakete entdeckt wurde, könnte dies auf andere mögliche Anwendungsgebiete deuten. Es könnte sein, daß der fragliche Chip und die von der ETS angewandte Technologie auch beispielsweise in der Luft- und Raumfahrt einsetzbar und nützlich sind. Ist dies der Fall, so besteht die Möglichkleit, das Sortiment nicht um weitere, noch bessere und ggfs. noch speziellere Modellsteuerungen zu erweitern (Sortimentsvertiefung, Spezialisierung), sondern völlig neue Produktbereiche aufzunehmen (etwa Raketensteuerung, Raumfahrttechologie oder dergleichen). Dies wäre eine Diversifikation, also eine Verbreiterung des Sortiments.

Das aber ist für die strategische Einschätzung bedeutsam, denn anders als bei der weiteren Spzialisierung wäre durch eine Verbreiterung des Sortiments eine Absicherung gegen die Risiken des bisherigen Marktes möglich. Da die Luft- und Raumfahrt vom Konsumgüter- und Spielzeugmarkt unabhängig ist, würden die möglicherweise zu erwartenden Krisen auf dem lokalen Markt für Modellspielzeuge nicht mehr oder nicht mehr so stark auf das Unternehmen durchschlagen, wenn es zugleich an Luftfahrtunternehmen und -hersteller verkaufen kann. Eine Diversifikation dient damit der langfristigen Überlebenssicherung durch Streuung des Marktrisikos.

7.
Anhang

7.1. Übersicht über die Inhalte der Bilanz nach § 266 HGB

Große und mittelgroße Kapitalgesellschaften i.S.d. § 267 HGB haben die in § 266 Abs. 2 und Abs. 3 HGB bezeichneten Posten gesondert und in der vorgeschriebenen Reihenfolge auszuweisen. Für kleine Kapitalgesellschaften gibt es Erleichterungen. Für Personengesellschaften bestehen keine entsprechend präzisen Reglementierungen, weil die §§ 265 ff. HGB für sie nicht anwendbar sind.

Aktiva:

A. Anlagevermögen:
    I.   Immaterielle Vermögensgegenstände:
        1. Konzessionen, gewerbliche Schutzrechte und ähnliche Rechte und Werte sowie Lizenzen an solchen Rechten und Werten;
        2. Geschäfts- oder Firmenwert;
        3. geleistete Anzahlungen.
    II. Sachanlagen:
        1. Grundstücke, grundstücksgleiche Rechte und Bauten einschließlich der Bauten auf fremden Grundstücken;
        2. technische Anlagen und Maschinen;
        3. andere Anlagen, Betriebs- und Geschäftsausstattung;
        4. geleistete Anzahlungen und Anlagen im Bau.
    III. Finanzanlagen:
        1. Anteile an verbundenen Unternehmen;
        2. Ausleihungen an verbundene Unternehmen;
        3. Beteiligungen;
        4. Ausleihungen an Unternehmen, mit denen ein Beteiligungsverhältnis besteht;
        5. Wertpapiere des Anlagevermögens;
        6. sonstige Ausleihungen.
B. Umlaufvermögen:
    I.   Vorräte:
        1. Roh-, Hilfs- und Betriebsstoffe;
        2. unfertige Erzeugnisse;
        3. fertige Erzeugnisse und Waren;
        4. geleistete Anzahlungen.
    II. Forderungen und sonstige Vermögensgegenstände:
        1. Forderungen aus Lieferungen und Leistungen;

    2. Forderungen gegen verbundene Unternehmen;

    3. Forderungen gegen Unternehmen, mit denen ein Beteiligungsverhältnis besteht;

    4. sonstige Vermögensgegenstände.

  III. Wertpapiere:

    1. Anteile an verbundenen Unternehmen;

    2. eigene Anteile;

    3. sonstige Wertpapiere;

  IV. Kassenbestand, Bundesbankguthaben, Guthaben bei Kreditinstituten und Schecks.

C. Rechnungsabgrenzungsposten

Passiva:

A. Eigenkapital:

  I. Gezeichnetes Kapital;

  II. Kapitalrücklage;

  III. Gewinnrücklagen:

    1. gesetzliche Rücklagen;

    2. Rücklagen für eigene Anteile;

    3. satzungsmäßige Rücklagen;

    4. andere Gewinnrücklagen.

  IV. Gewinnvortrag/Verlustvortrag;

  V. Jahresüberschuß/Jahresfehlbetrag.

B. Rückstellungen:

  1. Rückstellungen für Pensionen und ähnliche Verpflichtungen;

  2. Steuerrückstellungen;

  3. sonstige Rückstellungen.

C. Verbindlichkeiten:

  1. Anleihen,
    davon konvertibel;

  2. Verbindlichkeiten gegenüber Kreditinstituten;

  3. erhaltene Anzahlungen auf Bestellungen;

  4. Verbindlichkeiten aus Lieferungen und Leistungen;

  5. Verbindlichkeiten aus der Annahme gezogener Wechsel und der Ausstellung eigener Wechsel;

  6. Verbindlichkeiten gegenüber verbundenen Unternehmen;

  7. Verbindlichkeiten gegenüber Unternehmen, mit denen ein Beteiligungsverhältnis besteht;

  8. Sonstige Verbindlichkeiten,
    davon aus Steuern,
    davon im Rahmen der sozialen Sicherheit.

D. Rechnungsabgrenzungsposten

Dieses Schema ist unter Umständen noch um »Ausstehende Einlagen auf das gezeichnete Kapital«, »Aufwendungen für Ingangsetzung und Erweiterung des Geschäftsbetriebs«, »Sonderposten mit Rücklageanteil« sowie »Rückstellungen...« bzw. »Rechnungsabgrenzungsposten für latente Steuern« zu ergänzen.

Kleine Kapitalgesellschaften können bereits bei Aufstellung des Jahresabschlusses bestimmte Bilanzpositionen zusammenfassen und eine verkürzte Bilanz aufstellen (§ 266 Abs. 1 Satz 3 HGB). Sie haben lediglich die mit Buchstaben und römischen Zahlen bezeichneten Posten gesondert und in der vorgeschriebenen Reihenfolge zu übernehmen. Mittelgroßen Kapitalgesellschaften sind bestimmte Erleichterungen hinsichtlich der Bilanzgliederung erst im Rahmen der Offenlegung gestattet (§ 327 HGB), nicht schon bei der Aufstellung.

7.2. Übersicht über die Inhalte der Gewinn- und Verlustrechnung nach § 275 HGB

Die Gewinn- und Verlustrechnung enthält die Aufwendungen und Erträge des Unternehmens und ist damit eine Vorschaltrechnung zum Eigenkapitalkonto, auf das sie sich mit ihrem Ergebnis direkt auswirkt. Durch steuerrechtliche Sondervorschriften ist das GuV-Ergebnis aber oft wenig aussagekräftig für den Erfolg eines Unternehmens. Das Handelsgesetzbuch schreibt dem Bilanzierenden zwei Rechenverfahren vor, unter denen gewählt werden darf.

7.2.1. GuV-Gliederung nach dem Gesamtkostenverfahren

Beim Gesamtkostenverfahren werden alle Aufwendungen einer Periode mit den in ihr erbrachten Leistungen verglichen (§ 275 Abs. 2 HGB). Diese Leistungen umfassen die Umsatzerlöse, die Bestandsveränderungen und die anderen aktivierten Eigenleistungen.

1. Umsatzerlöse
2. Erhöhung oder Verminderung des Bestandes an fertigen und unfertigen Erzeugnissen
3. andere aktivierte Eigenleistungen
4. sonstige betriebliche Erträge
5. Materialaufwand:
   a) Aufwendungen für Roh-, Hilfs- und Betriebsstoffe und für bezogene Waren
   b) Aufwendungen für bezogene Leistungen
6. Personalaufwand:
   a) Löhne und Gehälter
   b) soziale Abgaben und Aufwendungen für Altersversorgung und für Unterstützung,
      davon für Altersversorgung
7. Abschreibungen:
   a) auf immaterielle Vermögensgegenstände des Anlagevermögens und Sachanlagen sowie auf aktivierte Aufwendungen für die Ingangsetzung und Erweiterung des Geschäftsbetriebes

b) auf Vermögensgegenstände des Umlaufvermögens, soweit diese die in der Kapitalgesellschaft üblichen Abschreibungen überschreiten

8. sonstige betriebliche Aufwendungen
9. Erträge aus Beteiligungen
   davon aus verbundenen Unternehmen
10. Erträge aus anderen Wertpapieren und Ausleihungen des Finanzanlagevermögens,
    davon aus verbundenen Unternehmen
11. sonstige Zinsen und ähnliche Erträge,
    davon aus verbundenen Unternehmen
12. Abschreibungen auf Finanzanlagen und auf Wertpapiere des Umlaufvermögens
13. Zinsen und ähnliche Aufwendungen,
    davon an verbundene Unternehmen
14. **Ergebnis der gewöhnlichen Geschäftstätigkeit**
15. außerordentliche Erträge
16. außerordentliche Aufwendungen
17. **außerordentliches Ergebnis**
18. Steuern vom Einkommen und vom Ertrag
19. sonstige Steuern
20. **Jahresüberschuß/Jahresfehlbetrag**

7.2.2. GuV-Gliederung nach dem Umsatzkostenverfahren

Beim Umsatzkostenverfahren werden den Verkaufserlösen einer Periode die Aufwendungen der abgesetzten Leistungen gegenübergestellt. Es werden also nicht alle Aufwendungen, die in einer Periode entstanden sind, berücksichtigt, sondern nur diejenigen, welche mit den in der Abrechnungsperiode abgesetzten Leistungen (Umsätzen) in Zusammenhang stehen. Dementsprechend werden als Erträge nur die Umsatzerlöse der Periode berücksichtigt. Nicht einbezogen werden die Bestandsveränderungen an fertigen und unfertigen Erzeugnissen sowie die anderen aktivierten Eigenleistungen.

1. Umsatzerlöse
2. Herstellungskosten der zur Erzielung der Umsatzerlöse erbrachten Leistungen
3. Bruttoergebnis vom Umsatz
4. Vertriebskosten
5. allgemeine Verwaltungskosten
6. sonstige betriebliche Erträge
7. sonstige betriebliche Aufwendungen
8. Erträge und Beteiligungen,
   davon aus verbundenen Unternehmen
9. Erträge aus anderen Wertpapieren und Ausleihungen des Finanzanlagevermögens,
   davon aus verbundenen Unternehmen
10. sonstige Zinsen und ähnliche Erträge,
    davon aus verbundenen Unternehmen

11. Abschreibungen auf Finanzanlagen und auf Wertpapiere des Umlaufvermögens
12. Zinsen und ähnliche Aufwendungen,
    davon an verbundene Unternehmen
13. **Ergebnis der gewöhnlichen Geschäftstätigkeit**
14. außerordentliche Erträge
15. außerordentliche Aufwendungen
16. **außerordentliches Ergebnis**
17. Steuern vom Einkommen und vom Ertrag
18. sonstige Steuern
19. **Jahresüberschuß/Jahresfehlbetrag**

Zwar führen Gesamtkosten- und Umsatzkostenverfahren zum gleichen Jahresüberschuß, doch sind die Anforderungen, die das Umsatzkostenverfahren an die Betriebsabrechnung stellt, wesentlich höher, da hier über die Kostenartenrechnung hinaus eine Kostenstellen- und Kostenträgerrechnung für die Kostenzurechnung erforderlich ist. Grund dafür ist die funktionale Aufteilung der betrieblichen Aufwendungen nach den Bereichen Herstellung (Position 2: Herstellungskosten der zur Erzielung der Umsatzerlöse erbrachten Leistungen), Vertrieb (Position 4: Vertriebskosten) und allgemeine Verwaltung (Position 5: allgemeine Verwaltungskosten).

7.3. Zusammenfassung über die Inhalte des handelsrechtlichen Anhanges

Die folgende Zusammenstellung enthält die nach §§ 284 bis 288 HGB und anderen relevanten Rechtsquellen erforderlichen Angaben, die Kapitalgesellschaften im Anhang zu Bilanz und GuV-Rechnung machen müssen. Nur steuer- und handelsrechtliche Erläuterungspflichten wurden aufgenommen, nicht aber solche aus anderen Rechtsgebieten. Alle §§ ohne Gesetzesbezeichnungen sind aus dem HGB.

A. Pflichtangaben für sämtliche Kapitalgesellschaften
1. Angaben wahlweise in Bilanz oder im Anhang

§ 265 Abs. 3	Mitzugehörigkeitsvermerke bei Bilanzpositionen, die aussagen, wie ein Posten behandelt wurde, der in der Bilanz oder GuV in mehrere Positionen zugleich gehören könnte
§ 268 Abs. 2	Darstellung der Entwicklung des Anlagevermögens sowie der Aufwendungen für die Ingangsetzung und Erweiterung des Geschäftsbetriebes
	Angabe der Geschäftsjahresabschreibungen für die Einzelpositionen des Anlagevermögens
§ 268 Abs. 6	Als Rechnungsabgrenzungsposten ausgewiesenes Disagio i.S.d. § 250 Abs. 3 HGB

§ 268 Abs. 7	Haftungsverhältnisse nach § 251 HGB, was insbesondere die Eventualverbindlichkeiten betrifft
§ 273	Angabe der Rechtsgrundlagen für den Sonderposten mit Rücklageanteil
§ 274 Abs. 1	Angabe der Rückstellungen für latente Steuern
§ 285 Satz 1 Nr. 1	Angabe des Gesamtbetrages der Verbindlichkeiten • mit einer Restlaufzeit von mehr als 5 Jahren • die durch Pfandrechte oder ähnliche Rechte gesichert sind

2. Angabe wahlweise in Gewinn- und Verlustrechnung oder im Anhang

§ 277 Abs. 3	Angabe der außerplanmäßigen handelsrechtlichen Geschäftsjahresabschreibungen
§ 281 Abs. 2	Angabe der Einstellungen in den sowie Auflösungen aus dem Sonderposten mit Rücklagenanteil
§ 281 Abs. 2	Angabe des Betrages der im Geschäftsjahr nach steuerlichen Vorschriften vorgenommenen Abschreibungen auf das Anlage- und Umlaufvermögen

3. Angabe ausschließlich im Anhang

§ 264 Abs. 2	Allgemeine Jahresabschlußerläuterung zur Vermittlung eines den tatsächlichen Verhältnissen entsprechenden Bildes; der Jahresabschluß soll unter Beachtung der Grundsätze ordnungsmäßiger Buchführung ein den tatsächlichen Verhältnissen entsprechendes Bild der Vermögens-, Finanz- und Ertragslage der Kapitalgesellschaft vermitteln
§ 265 Abs. 1	Erläuterungen zu Unterbrechungen der Darstellungsstetigkeit (Grundsatz der Methodenstetigkeit)
§ 265 Abs. 2	Angabe und Erläuterung nicht mit dem Vorjahr vergleichbarer Beträge einzelner Jahresabschlußpositionen, etwa wenn fundamentale Änderungen in Geschäftsprozessen oder in der wirtschaftlichen Umwelt eingetreten sind
§ 265 Abs. 2	Angabe und Erläuterung angepaßter Vorjahresvergleichszahlen
§ 265 Abs. 4	Angabe und Begründung, wenn wegen mehrerer Geschäftszweige eine Ergänzung der vorgeschriebenen Gliederung vorgenommen wird (das ähnelt schon stark einer Segmentberichterstattung)
§ 265 Abs. 7	Erläuterung zusammengefaßter Jahresabschlußpositionen
§ 268 Abs. 4	Erläuterung von Beträgen größeren Umfanges, die Vermögensgegenstände betreffen, die erst nach dem Stichtag rechtlich entstehen
§ 268 Abs. 5	Dgl., für Verbindlichkeiten, die erst nach dem Stichtag rechtlich entstehen
§ 269	Erläuterungen zu aktivierten Ingangsetzungs- und Erweiterungskosten des Geschäftsbetriebes
§ 274 Abs. 2	Erläuterungen zu aktivischer Steuerabgrenzung
§ 277 Abs. 4	Erläuterungen zu außerordentlichen Aufwendungen/Erträgen, die für die Beurteilung der Ertragslage nicht von untergeordneter Bedeutung sind (inkl. aperiodischer Beträge)
§ 280 Abs. 3	Angabe des Betrages, der aus steuerlichen Gründen unterlassenen Zuschreibungen

§ 284 Abs. 2	Erläuterung der Bilanz- und GuV-Positionen sowie der angewandten Bewertungsmethoden
§ 284 Abs. 2	Erläuterung der Umrechnung von Fremdwährungspositionen in Euro
§ 284 Abs. 2	Erläuterung der Änderung von Bilanzierungs- und Bewertungsmethoden (Grundsatz der Methodenstetigkeit)
§ 284 Abs. 2	Angabe der stillen Reserven aus der Anwendung von Verbrauchsfolgeverfahren wie z.B. des FIFO-Verfahrens
§ 284 Abs. 2	Angabe über die Einbeziehung von Fremdkapitalzinsen in die Herstellungskosten
§ 285 Satz 1 Nr. 6	Aufspaltung der Ertragssteuern auf das Ergebnis der gewöhnlichen Geschäftstätigkeit und das außergewöhnliche Ergebnis
§ 285 Satz 1 Nr. 9	die für die Tätigkeit im Geschäftsjahr gewährten Gesamtbezüge (Gehälter, Gewinnbeteiligungen, Bezugsrechte und sonstige aktienbasierte Vergütungen, Aufwandsentschädigungen, Versicherungsentgelte, Provisionen und Nebenleistungen jeder Art). In die Gesamtbezüge sind auch Bezüge einzurechnen, die nicht ausgezahlt, sondern in Ansprüche anderer Art wie z.B. Aktien umgewandelt oder zur Erhöhung anderer Ansprüche verwendet werden. Außer den Bezügen für das Geschäftsjahr sind die weiteren Bezüge anzugeben, die im Geschäftsjahr gewährt, bisher aber in keinem Jahresabschluß angegeben worden sind. Bezugsrechte und sonstige aktienbasierte Vergütungen sind mit ihrer Anzahl und dem beizulegenden Zeitwert zum Zeitpunkt ihrer Gewährung anzugeben; spätere Wertveränderungen, die auf einer Änderung der Ausübungsbedingungen beruhen, sind zu berücksichtigen. Bei einer börsennotierten Aktiengesellschaft sind zusätzlich unter Namensnennung die Bezüge jedes einzelnen Vorstandsmitglieds, aufgeteilt nach erfolgsunabhängigen und erfolgsbezogenen Komponenten sowie Komponenten mit langfristiger Anreizwirkung, gesondert anzugeben. Dies gilt auch für Leistungen, die dem Vorstandsmitglied für den Fall der Beendigung seiner Tätigkeit zugesagt worden sind. Hierbei ist der wesentliche Inhalt der Zusagen darzustellen, wenn sie in ihrer rechtlichen Ausgestaltung von den den Arbeitnehmern erteilten Zusagen nicht unerheblich abweichen. Leistungen, die dem einzelnen Vorstandsmitglied von einem Dritten im Hinblick auf seine Tätigkeit als Vorstandsmitglied zugesagt oder im Geschäftsjahr gewährt worden sind, sind ebenfalls anzugeben. Ferner sind anzugeben: die Gesamtbezüge (Abfindungen, Ruhegehälter, Hinterbliebenenbezüge und Leistungen verwandter Art) der früheren Mitglieder der bezeichneten Organe und ihrer Hinterbliebenen sowie die gewährten Vorschüsse und Kredite unter Angabe der Zinssätze, der wesentlichen Bedingungen und der gegebenenfalls im Geschäftsjahr zurückgezahlten Beträge sowie die zugunsten dieser Personen eingegangenen Haftungsverhältnisse.
§ 285 Satz 1 Nr. 10	Namentliche Aufführung der Unternehmensorgane (Geschäftsführungsorgane sowie Aufsichtsrat)
§ 285 Satz 1 Nr. 11	Angabe zu Beteiligungen (Name, Sitz, Anteil am Kapital, Eigenkapital, letztes Ergebnis) i.H.v. mindestens 20%

Zusammenfassung
über die Inhalte des
Anhanges

§ 285 Satz 1 Nr. 11a	Name und Sitz unbeschränkt haftender Gesellschafter der Kapitalgesellschaft
§ 285 Satz 1 Nr. 13	Gründe für die planmäßige Abschreibung des Geschäfts- und Firmenwertes
§ 285 Satz 1 Nr. 14	Angabe über Mutterunternehmen und Konzernabschlüsse, wenn das bilanzierende Unternehmen selbst eine Tochtergesellschaft ist
§ 285 Satz 1 Nr. 15	bei Personenhandelsgesellschaften i.S.d. § 264a Abs. 1 HGB Name und Sitz der Gesellschaften, die persönlich haften, was insbesonere die GmbH & Co. betrifft
§ 285 Satz 1 Nr. 16	Die Compliance-Erklärung im Zusammenhang mit dem Corporate Governance Kodex (§ 161 AktG)
§ 285 Satz 1 Nr. 17	bei börsennotierten Gesellschaften (die ab 2005 gemäß den IFRS offenlegungspflichtig sind) das Honorar, das für die Abschluß-prüfung, sonstige Bestätigungs- und Bewertungsleistungen, Steuerberatung und sonstige Leistungen von Wirtschaftsprüfern erfaßt wurde
§ 285 Satz 1 Nr. 18	für jede Kategorie derivativer Finanzinstrumente Art und Umfang dieser Instrumente, der beizulegende Wert, der Buchwert und die Bewertungsmethode
§ 285 Satz 1 Nr. 19	für die zu den Finanzanlagen gehörenden Finanzinstrumente (also für langfristige Anlagen) der beizulegende Zeitwert und Angaben über außerplanmäßige Abschreibungen bzw. falls diese unterlassen wurden, weshalb mit einer nur vorübergehenden Wertminderung zu rechnen ist

B. Zusätzliche Pflichtangaben für mittelgroße Kapitalgesellschaften
1. Angabe wahlweise in Bilanz oder im Anhang

| § 327 | Angabe zusätzlicher Bilanzpositionen, die über den Mindestumfang der Bilanz für kleine Kapitalgesellschaften i.S.d. § 267 HGB hinausgehen, wenn die Bilanz nur in der für kleine Kapitalgesellschaften vorgeschriebenen Form veröffentlicht wird |

2. Angaben ausschließlich im Anhang

§ 285 Satz 1 Nr. 3	Angabe des Gesamtbetrages der sonstigen finanziellen Verpflichtungen, die nicht in der Bilanz erscheinen und auch nicht nach § 251 HGB anzugeben sind, sofern diese Angabe für die Beurteilung der Finanzlage von Bedeutung ist
§ 285 Satz 1 Nr. 7	Aufgliederung der Arbeitnehmerzahl nach Gruppen
§ 285 Satz 1 Nr. 8 b)	Bei Anwendung des Umsatzkostenverfahrens: Angabe von Personalaufwand
§ 285 Satz 1 Nr. 9	Angabe der Bezüge der Geschäftsführung sowie von Aufsichtsorganen (nach Gruppen getrennt)

C. Weitere Pflichtangaben für große Kapitalgesellschaften

| § 285 Satz 1 Nr. 2 | Angaben für jede in der Bilanz ausgewiesene Verbindlichkeitsposition |
| § 285 Satz 1 Nr. 4 | Aufgliederung der Umsatzerlöse nach Tätigkeitsbereichen und Regionen |

§ 285 Satz 1 Nr. 5	Erläuterung des Einflusses steuerlicher Maßnahmen auf das Jahresergebnis und der daraus resultierenden künftigen Belastungen
§ 285 Satz 1 Nr. 8	Bei Anwendung des Umsatzkostenverfahrens: Angabe des Materialaufwandes und des Personalaufwandes des Geschäftsjahres
§ 285 Satz 1 Nr. 12	Angaben zu in der Bilanz nicht gesondert ausgewiesenen Rückstellungen mit erheblichem Umfang

D. Zusätzliche Pflichtangaben

§ 42 Abs. 3 GmbHG	Angabe der Ausleihungen, Forderungen und Verbindlichkeiten gegenüber Gesellschaftern der GmbH (wahlweise in der Bilanz oder im Anhang)
Art. 24 Abs. 3 EGHGB	Angabe, wenn bei erstmaliger Aufstellung des Anlagespiegels statt historischer Werte Buchwerte übernommen wurden
Art. 28 Abs. 2 EGHGB	Angabe der Deckungslücken aus Pensionsverpflichtungen, die vor dem 01.01.1987 begründet wurden

7.4. Abkürzungen

A	Anlagedeckung
AfA	Absetzung für Abnutzung
AG	Aktiengesellschaft
AK	Anschaffungskosten
AktG	Aktiengesetz
AO	Abgabenordnung
AV	Anlagevermögen
BAB	Betriebsabrechnungsbogen
BewG	Bewertungsgesetz
BFH	Bundesfinanzhof
BilKoG	Bilanzkontrollgesetz
BilMoG	Bilanzrechtsmodernisierungsgesetz
BilReG	Bilanzrechtsreformgesetz
BMF	Bundesminister der Finanzen
C_0	Anfangswert (Zinseszinsrechnung)
CFP	Cashflow Profitability (Cashflow Umsatzverdienstrate)
C_n	Endwert (Zinseszinsrechnung)
eG	Eingetragene Genossenschaft
EBIT	Earnings before Interest and Taxes (Ergebnis vor Zinsen und Steuern)
EBITDA	Earnings before Interest, Taxes, Depreciation and Amortization (Ergebnis vor Zinsen, Steuern, Abschreibung und Tilgung)
EBITDASO	Earnings before Interest, Taxes, Depreciation, Amortisation and Stock Options (Ergebnis vor Zinsen, Steuern, Abschreibung, Tilgung und Mitarbeiter-Aktienoptionen)
EBITDAX	Earnings before Interest, Taxes, Depreciation, Amortization, Depletion and Exploration Expenses (Ergebnis vor Zinsen, Steuern, Abschreibung, Tilgung, Abbau- und Explorationsaufwendungen)
EBT	Earnings before Taxes (Ergebnis vor Steuern)

EGHGB	Einführungsgesetz zum Handelsgesetzbuch
EK	Eigenkapital
EStG	Einkommensteuergesetz
EStH	Einkommensteuerhinweise
EStR	Einkommensteuerrichtlinien
EZB	Europäische Zentralbank
EuGH	Europäischer Gerichtshof
F	Formel
FE	Fertigerzeugnisse
FIFO	First In First Out
FK	Fremdkapital
GbR	Gesellschaft bürgerlichen Rechts
GenG	Genossenschaftsgesetz
GG	Grundgesetz
GK	Gesamtkapital
GmbH	Gesellschaft mit beschränkter Haftung
GmbHG	GmbH-Gesetz
GoB	Grundsätze der ordnungsgemäßen Buchführung
GuV	Gewinn- und Verlustrechnung
i	Zinssatz
IAS	International Accounting Standards
IFRS	International Financial Reporting Standards
HGB	Handelsgesetzbuch
HIFO	Highest In First Out
HK	Herstellungskosten
KapCoRiLiG	Kapitalgesellschaften- und Co-Richtlinie-Gesetz
kfr.	Kurzfristig
KG	Kommanditgesellschaft
KStG	Körperschaftsteuergesetz
KWG	Kreditwesengesetz
L	Liquidität
lfr.	Langfristig
LIFO	Last In First Out
LOFO	Lowest In First Out
L&L	Lieferungen und Leistungen
M	Geldmenge (Volkswirtschaft)
M_1	Nominalwert aller Geldzeichen
M_2	M_1 plus Nominalwert aller Buchgelder auf Sichtkonten
M_3	M_2 plus Nominalwert aller Buchgelder auf kurzfristigen Terminkonten
M_4	M_3 plus Nominalwert aller Buchgelder auf langfristigen Terminkonten
n	Anzahl von Perioden (Zinseszinsrechnung)
OHG	Offene Handelsgesellschaft
PublG	Publizitätsgesetz
q	Preis (in Formeln)
R	Richtlinie
RAP	Rechnungsabgrenzungsposten
RHB	Roh-, Hilfs- und Betriebsstoffe
R_{min}	Mindestrentabilität
ROI	Return on Investment (Investitionsverzinsung)
SOFT	Strength, Opportunity, Failure, Thread (Stärke, Chance, Schwäche, Risiko)
SV	Sozialversicherung
SWOT	Strength, Weakness, Opportunity, Thread (Stärke, Schwäche, Chance, Risiko)

UFE	Unfertigerzeugnisse
UStG	Umsatzsteuergesetz
UV	Umlaufvermögen
VAG	Versicherungsaufsichtsgesetz
WB	Wertberichtigung
x	Menge (in Formeln)

7.5. Literatur

7.5.1. Bücher

Ansoff, H. Igor, »Corporate Strategy«, Penguin Books, 2001.

Baetge, Jörg, Kirsch, Hans-Jürgen und **Thiele, Stefan**, »Bilanzen«, Studienausgabe, 8. Aufl., Düsseldorf 2005.

Baum, Heinz-Georg, Coenenberg, Adolf G. und **Günther, Thomas**, »Strategisches Controlling«, 3. Aufl., Stuttgart 2004.

Baumbach, Adolf, Hopt, Klaus J. und **Merkt, Hanno**, »Handelsgesetzbuch (HGB). Beck Kurzkommentare, Band 9«, 32. Aufl. München 2005.

Berger, Axel, Ellrott, Helmut, Förschle, Gerhart, Hoyos, Martin und **Sarx, Manfred**, »Beck'scher Bilanz-Kommentar«, 6. Aufl. München 2005.

Buchner, Robert, »Finanzwirtschaftliche Statistik und Kennzahlenrechnung«, München 1996.

Coenenberg, Adolf G., »Jahresabschluß und Jahresabschlußanalyse«, 20. Aufl., Stuttgart 2005.

Coenenberg, Adolf G. und **Salfeld, Rainer**, »Wertorientierte Unternehmensführung. Vom Strategieentwurf zur Implementierung«, Stuttgart 2004.

Döring, Ulrich und **Buchholz, Rainer**, »Buchhaltung und Jahresabschluß«, Mit Aufgaben und Lösungen, Berlin 2005.

Geml, Richard und **Lauer, Hermann**, »Das kleine Marketing-Lexikon«, 3. Aufl., Düsseldorf 2004.

Groll, Karl-Heinz, »Das Kennzahlensystem zur Bilanzanalyse. Ergebniskennzahlen, Aktienkennzahlen, Risikokennzahlen«, München und Wien 2004.

Horváth, Péter, »Controlling«, München 1998.

Küting, Karlheinz und **Weber, Claus-Peter**, »Die Bilanzanalyse«, Stuttgart 1994.

Lachnit, Laurenz, »Bilanzanalyse. Grundlagen – Einzel- und Konzernabschlüsse – Internationale Abschlüsse – Unternehmensbeispiele«, Wiesbaden 2004.

Lombriser, Roman und **Abplanalp, Peter A.**, »Strategisches Managment«, Zürich 1998.

Nagel, Thomas, »Risikoorientierte Jahresabschlußprüfung«, Schriftenreihe Rechnungslegung, Steuern, Prüfung, München 2005 (Neuauflage November 2006).

Schmolke, Siegfried, **Deiterman, Manfred** und **Rückwart, Wolf-Dieter**, »Industrielles Rechnungswesen – GKR«, 24. Aufl., Darmstadt 2004.

Schmolke, Siegfried, **Deiterman, Manfred** und **Rückwart, Wolf-Dieter**, »Industrielles Rechnungswesen – IKR«, 34. Aufl., Darmstadt 2006.

Simon, Hermann und **von der Gathen, Andreas**, »Das große Handbuch der Strategieinstrumente. Alle Werkzeuge für eine erfolgreiche Unternehmensführung«, Frankfurt/M. 2002.

Weber, Manfred, »Bilanzen lesen«, Haufe Taschenguide Band 4, Freiburg 2005.

Zingel, Harry, »BWL-Formelsammlung«, Weinheim 2006.

Zingel, Harry, »IFRS-Formelsammlung«, Weinheim 2005.

7.5.2. Internet

Die Web-Quellen sind oft aktueller als Bücher und geben Auskunft über neuste Entwicklungen:

- Boston Consulting Group:
  http://www.bcg.de/

- Horváth & Partners
  http://www.horvath-partners.com

- Webseite des Autors:
  http://www.zingel.de

7.6. Index

A

ABC-Analyse 119, 150, 154
Abfluß liquider Zahlungsmittel 92
Abgänge 47
Abgeld 32
Abgrenzung der Instandhaltungsaufwendungen 31
Abgrenzungsgebot 28
Abnutzbares Anlagevermögen 40
Abschlußanalyse 25, 52
Abschreibung 37, 38, 53
Abschreibung nach Gesetzesvorgabe 41
Abschreibungen 47
Abschreibungen auf Finanzanlagevermögen 124
Abschreibungsaufwandsquote 123
Abschreibungsmethode 41
Abschreibungsquote 124
absolute Kennzahlen 107
Abzinsung 65
Abzinsung der Verbindlichkeiten 38
AfA-Tabelle 41, 44
Aktiengesellschaft 16, 73, 75
Aktiengesetz 13, 15, 103
aktive latente Steuerabgrenzung 62, 63
Aktivierung 39
Aktivierung von Ingangsetzungsaufwendungen 31
Aktivierungs- und Passivierungsfähigkeit 27
Aktivierungsgebot 30
Aktivierungsverbot 29, 30
Aktivierungswahlrecht 30
allgemeiner Guthabenzins 65, 66, 97, 127
allgemeines Unternehmensrisiko 65, 66, 97, 127
Als Aufwand berücksichtigte Zölle 31
Amortisationszeit 122
andere Gewinnrücklagen 56, 72, 75, 120
Anhang 17, 21, 22, 23, 181
Anlagedeckung 109, 110, 111, 115, 172
Anlagedeckungskennziffer 109
Anlagegitter 47
Anlageintensität 116, 117
Anlagespiegel 39, 47
Anlagevermögen 28, 29, 39, 47, 110
Ansatz- und Bewertungsvorschriften 11
Anschaffungs- oder Herstellungskosten 39
Anschaffungskosten 34, 35, 47
Anschaffungskostenminderungen 35
Ansoff-Matrix 161
Anspannungskoeffizient 121
Anstalten des öffentlichen Rechts 24
antizipative Posten 69
Arbeits- oder Dienstverhältnis 60
Arbeitsanteil 71
Arten von Kennziffern 106
Asset 82
Aufbereitung der Bilanz 83
Aufbereitung der Gewinn- und Verlustrechnung 92

Aufbereitung für die Wirtschaftlichkeitsrechnung 95
Aufbereitung nach Betriebserfolg 97
Aufbereitung nach der Grundstruktur der Bilanz 83
Aufbereitung nach Fristigkeit 87, 88, 90
Aufbereitung nach Sachbezug 91
Aufbereitung nach Zahlungsgleichheit 98
Aufwand 69
Aufwands-USt. 31
Aufwandsrückstellungen 31, 60
Aufwandsstruktur 96
Aufwandsstrukturrechnung 96
Auslandsabhängigkeit 126
außenwirtschaftlicher Zahlungsverkehr 67
Außerbilanzgeschäfte 66, 67, 68
außerbilanzielle Posten 59, 66
außerordentliches Ergebnis 93, 94
außerplanmäßige Abschreibungen 76
außerplanmäßige Absetzung 42
außerplanmäßige Wertmehrung 40
außerplanmäßige Wertminderung 40
ausstehende Einlage 73, 120
Auswertung der Zahlungsfähigkeit 172
Auswertung des Hauptgeschäftes 93
Auswertung nach Art der Posten 93
Auszahlung 69
Autohändler 113, 114

B

Bargeld 112
Barwert 38
Barwertformel 65
Baubranche 113
Bedrohungen 175
beizulegender Stichtagswert 37
beizulegender Zeitwert 77
Bemessungsgrundlage 75
Bereich Forschung und Entwicklung 124
Berufsakademie 9
betriebliche Altersversorgung 35
Betriebsaufgabe 39
Betriebserfolg 97
Betriebsergebnis 93, 132, 149
betriebsnotwendiges Anlagevermögen 137
betriebsnotwendiges Umlaufvermögen 137
betriebsnotwendiges Vermögen 137, 138
Betriebsrentabilität 138
Betriebsvermögen 27
Beurteilung der Nutzungsdauer 31
Bewertung 33
Bewertung der Forderungen 52, 53
Bewertungsgesetz 13
Bewertungsgrundsätze 33
Bewertungsmaßstäbe 34
Bewertungsvereinfachungsverfahren 33, 48, 78
Beziehungskennzahlen 107, 108